原住民族土地權之探討— 以花蓮太魯閣族為例(下)

邱寶琳　著

東華大學原住民民族學院　出版

中華民國 101 年 5 月

國家圖書館出版品預行編目(CIP)資料

原住民族土地權之探討：以花蓮太魯閣族為例 / 邱寶琳著.
-- 初版. -- 花蓮縣壽豐鄉：東華大學原住民民族學院,
2011.12-2012.05
　冊；　公分. -- (東華原住民族叢書；16,19)
ISBN 978-986-03-0462-6(上冊：平裝). --
　ISBN 978-986-03-2696-3(下冊：平裝)
　　1.土地制度　2.財產權　3.臺灣原住民　4.太魯閣族
554.2933　　　　　　　　　　　　　　　　100025230

原住民族土地權之探討—
以花蓮太魯閣族為例(下)

著　　者／邱寶琳
發 行 人／吳天泰
出 版 者／國立東華大學原住民民族學院
　　　　　地址：974 花蓮縣壽豐鄉志學村大學路二段一號
　　　　　電話：03-8635754
　　　　　網址：http://www.ndhu.edu.tw/~/cis/
展售門市／國家書店松江門市
　　　　　地址：臺北市松江路 209 號 1 樓
　　　　　電話：02-2518-0207
　　　　　國家網路書店
　　　　　網址：http:// www.govbooks.com.tw
　　　　　台中五南文化廣場
　　　　　電話：04-22260330　　　　　傳真：04-22258234
　　　　　地址：臺中市中區中山路 6 號
定　　價／(平裝)新台幣 350 元
出版日期／2012 年 5 月初版

GPN:1010101103
ISBN：978-986-03-2696-3

感　謝

行政院原住民族委員會

鼓勵及贊助

目　錄

圖目次

表目次

第五章 當代太魯閣族原住民 土地糾紛議題的反思

　　第三章整理太魯閣族觀點的原住民族土地權利運作與社會文化概念；第四章對國家現有法令管理制度的變遷與規範原住民族土地權利也作了分析。本章在這些基礎，針對兩項太魯閣族人與保留地管理執行機關對傳統土地權利的爭取案例，呈現國家在行政命令上「擬制」否定原住民族土地權利的保留地制度設計。

　　原住民土地糾紛會回到最根本問題，既如何確認真實(*balay*)與糾紛調解(*psbalay*)的問題。在現代國家與原住民族社會都認為這一套機制是很重要，但問題關鍵在於糾紛解決流程背後之價值標準卻有很大的差異，甚至因此對於土地權利的定義存在顯著的落差。為此，本研究將尋找一個共同認同的價值基點，既回到國家保障人民基本人權以及憲法肯任多元文化價值的族群關係，在原住民族為保障族人依據傳統社會文化生存與生存環境的永續。藉由基本人權與人性尊嚴，來重新思考原基法所宣稱政府「承認原住民族土地與自然資源權利」以及尊重「資源利用方式、土地擁有利用與管理模式之權利」，並在司法行政程序尊重「傳統習俗、文化及價值觀」，並反思嘗送立法院審議的「原住民族土地及海域法草案」。

第一節　太魯閣族社會的土地糾紛案例

第四章整理 1960 年代保留地清查或總登記完成之前，山地人民使用「既存占有」保留地的權利保障，並排除平地人民、公營事業及公務機關的租用。

但在「蕃地國有」的行政邏輯上，原住民族既存占有的傳統土地權是常常被侵犯的，尤其在總登記之前。原住民族土地糾紛大致上可以分為三大類：國家與原住民之糾紛、原住民間之土地糾紛，以及原住民與非原住民間之土地糾紛。所有的問題都需要先回到問題的原點：澄清原住民族土地權的內涵；而研究國家與原住民族之間的傳統土地糾紛是此問題的切入點。有關原住民與非原住民間之土地糾紛的類型因超出本研究主要範圍，暫時作為未來研究議題。本研究起源的兩件原住民與國家的土地糾紛既屬於第一類型。而在部落研究過程中，也發現有許多原住民間之土地糾紛案例，可以用 1966 年保留地放領制度法制化為時間切點。

啟發本研究的兩件案例所呈現的事件脈絡，在發生權利糾紛的時間及土地屬性看似沒有明確的關連，但在權利爭取過程所遇到最核心的議題及最大的障礙，會發現共同指到「原住民族土地權利」的實質內涵以及國家設計法律制度的保障機制。依據之前所整理現有國家原住民土地制度的意義，原住民保留地權利只在土地總登記及 1966 年保留地開發管理辦法修訂之後，依法登記分配才受國家保障。而政府對非原住民保留地且為原住民傳統耕作的土地也呈現這樣的情景，使用期間久遠且

未登錄土地的土地權利，也受到國家法令的否認與排除，尤其當國家有公共使用的規劃之時，人民開墾改良未登錄傳統土地的權利也無法保障[1]。

壹、原住民族與國家的土地糾紛

秀林鄉文蘭部落土石流案（案例一）與花蓮縣秀林鄉富世部落舊台電宿舍案（案例二）與所要求的原住民族土地權利是自日治時期就依據傳統土地習慣的傳統土地，有明確的邊界及開墾耕作者以及繼承制度，發生的時間都在土地總登記之前。主要差別是發生原因，案例一是發生土石流使大片耕地無法在總登記時登記，成為縣政府或財產局管理公有土地；案例二是台電強佔土地長期使用而成為公有保留地。另外差別是人數，案例一牽涉人數有一百多人，案例二只有四五戶。

一、花蓮縣秀林鄉文蘭村土石流河川地案例介紹

秀林鄉文蘭村土石流河川地案（案例一）位於花蓮縣鯉魚潭與文蘭村間，屬文蘭段 124 地號等 26 筆，約 30 公頃土地。自日據之前已經為太魯閣族人耕作使用。但在 1950 年左右的颱風引發土石流，而這些傳統土地在土地總登記之後被登記為河

---

[1] 另外有兩個參考案例，在研究上可以提供相同的國家與原住民族土地權利糾紛的研究。首先，是豐濱鄉阿美族的石梯坪風景區案。1970 年之前阿美族人已經耕作使用且 1990 年曾經申請增劃編，但發生遺失申請資料且在 1993 年被強制撥用給東管處開發，國有財產局及東管處也認為撥用程序有明顯瑕疵而願意部份歸還土地權利，並同意增劃編為保留地的處理方式。另外，台東市卑南溪出海口保安林案是面積約 90 公頃 205 戶的案例，也是自 1950 年代開墾耕作至今還未登錄也未種植防風林，林務局也傾向解決防風林替代方案後解編之。但本研究暫時排除此兩案例。

川地，無法登記於簿冊之中。在多年的堤防興建與土地改良之後，已經有部分重新成為可以耕作土地，並自 1979 年起申請。鄉民「歸還」傳統耕地土地權利的申請案中，秀林鄉公所 97 年 3 月 5 日秀鄉建地字 0970003628 號函，以「無使用調查紀錄和無相關使用資料」來拒絕，且本案「自 1979 年起村民各案申請無數，均一一被阻止不受理」。

1．該土地使用的歷史脈絡與法律背景：

有關土石流發生是可調查的。1951 年空照圖顯示，確實有土石流發生的跡象，且由土石流旁邊還留有耕地的田埂分布，土石流區域應該之前是有原住民族耕作的可能。而申請人在同時整理出現在地籍圖上的土地地號與當初的使用人家族與其後代的名字。圖 5-1 將空照圖與地籍圖的調查作對應。從太魯閣族傳統土地制度的角度，土地是由哪些家族家長開墾的，則其名字就與土地產生在社會 *gaya* 規範上連結，所以，申請者會認為這樣的整理就已經表明了原住民傳統土地權利的主張。因為若從管利辦法的公開招墾角度，任何原住民將都有機會主張任意區塊公有保留地的設定權利。

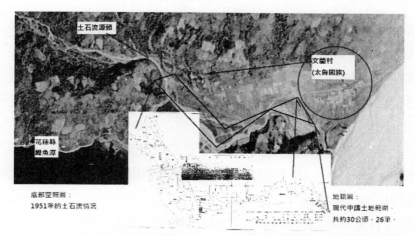

圖來源：工研院能資所保存資料與 2009/7/2 文蘭村說明會標示人名的地籍圖。

圖 5-1：1951 年文蘭村土石流後的空照圖與現代地籍圖的申請區域

　　依據土地法第 12、13 條的規定，私有土地在流失成河川地之後，私有土地權利視為「消滅」，並成為國有土地管理。但，當土地經過改良而重新回復原狀並經證明之後，原先土地所有者就有重新「回復」權利以及優先取得水流變遷而增加土地的權利。如果原住民在其傳統土地已經取得私人所有權，則自然可以主張回復原先的土地權利。但執行機關並不這樣認為。

　　依據管理辦法，申請人雖然在傳統土地習慣擁有社會共識所認知之的土地使用的名分，但在管理辦法土地總登記之前已經被土石流消滅，而地籍簿冊來不及紀錄。申請人調查整理的土地與家族長輩名字連結之調查過程也是以耆老的記憶與口述資料為基礎，而非文字證據。然而，秀林鄉公所依法翻閱地籍簿冊，作出「無土地使用權源」而拒絕受理的處份，是「依法

妥處」的行政裁量。而管理辦法第六條有關鄉土審會的調查調解機制也因執行機關的前置審查而無法受理，故調查機制被限縮在地籍簿冊登記範圍之內，這一層條件過濾之後才有被調查調處的機會。所以，本案會發生傳統開墾耕作之事實真相與法律擬制公有荒地招墾之事實真相，存在衝突。

　　部落耆老口述歷史及 1951 年空照圖說明在土石流之前，原住民確實有在此開墾耕作的可能，且機率很高。但是，部落菁英組成的專業管理機關卻可以忽略自己族人的哭訴與抗議，而堅持只翻閱地籍簿冊就自我認知已經盡到國家管理（人民）土地與保障（人民）財產權的責任，如此依據地籍簿冊的文字證明資料而否定耆老口述歷史資料，限制了原基法所規範政府承認原住民族土地權的完整性。另一方面，在管理機關執行工作的部落菁英在認知的原住民族土地權利的救濟位階與分配程序，翻轉了族人依據傳統土地制度管理的習慣，並翻轉了族群的傳統土地制度與社會文化。

　　1979 年到 2009 年間，原住民經過 30 年的申請、抗爭活動，只能由民主抗議程序及選舉政治手段，主張傳統土地的權利；使得主張土地權利的族人或是參與管理的部落菁英在如此的土地制度生存，族群文化與社會價值被扭曲與拉扯，而不自知。另一方面，管理機關面對被迫習慣抗爭與採用政治手段的原住民，也無法順利的開發該鯉魚潭觀光景點的整體發展。

2．鄉民的陳情與鄉公所的說明會：

　　2008 年 3 月執行機關以「無使用調查記錄和無相關使用資料」拒絕本案傳統土地權利的「歸還」。但在 2009 年 7 月的陳

情確有戲劇的轉變。文蘭村長在鄉長重新民選前半年，向鄉公所提出陳情。鄉長與民代的支持下，鄉公所主動協調在文蘭村活動中心舉行說明會，會議名稱為「本鄉文蘭村民陳情文蘭段124 地號等 16 筆原住民保留地籍 165-3 地號等 10 筆縣府公有地儘速<u>放領</u> 1 案說明會」，筆者也出席該說明會並作以下的整理。

　　以下擷取重要的對話[2]，首先是村長在會議開始之前對村民的溝通。

> 村長：本次會議是土地說明會而已，我們先聽他的說明。聽過他的話之後，我們的訴求是表明這<u>些土地過</u>去是如何使用，鄉公所他們怎麼可能會知道。這些土地是我們老人家就使用了，那怎麼會這樣規劃，其中還有保留（縣政府）公園區。… <u>我們今天的目標是：</u><u>趕快把土地還給部落</u>（註：並不是討論<u>分配</u>給村民），這是最重要的。… 今天我們會請黃○○作發言，因為他很清楚整個事情的過程。陳情書的資料是他提供的，我再請村幹事整理這一張訴求，而這一張<u>地圖的</u><u>標示</u>是我們很辛苦整理來的。所以，請不要說村長不聰明，還是很認真的工作。最後，請族人專心聽他（註：指鄉長）的話，我們一定要表達訴求。

從村長的談話，此說明會的發起是由村長與幾個幹部發動的，並主張土地的權利是自日治之前依據 gaya 開始使用傳統土地的

---

[2] 說明會發言的對話內容加註底線，是筆者為強調發言者陳述內容重點之處而標示。

社會事實；鄉公所是不知道的、只有老人家知道。其中所謂的地圖標示是將地籍圖的土地編號與該土地原先有的開墾使用家族的名字做整理並標示在地籍圖上的工作，如圖 5-1 的地籍圖所標示的名字，也就是傳統土地權利在現代地籍圖上紀錄的工作。而本次陳情主要訴求就是「土地還給部落」。

　　鄉長蒞臨之後說明會開始，並安排了會議程序，且做立場的說明。

> 鄉長：大家手上都有這一張嗎？（註：村長陳情與鄉公所整理的一份資料）因為我們這一個案子是從83年開始，我們就不要再說明了，這個資料就有嘛！那我們就請相關單位針對你們的問題進行說明。這樣好不好？... 其實（保留地）地都是他原民會的，鄉公所及縣政府是代管機關。縣府的部分請○科長說明，原民會的部分由原民會說明。對鄉公所來講，所有陳情人的土地是他們傳統的，或是老人家以前真的有耕作的話，事實上，我們願意全部配合！我們願意全部配合！如果有什麼困難，可能要請原民會說明與輔導。

鄉長在開場對會議流程的安排，使說明會最重要的事實確認及陳情資料有關內容的真實性確認，並沒有在說明會中被呈現及強調，並跳到各機關的回應與滿足陳情鄉民的需求。其中，也表達鄉公所對於原住民傳統土地權利的立場：如果真的是以前老人家耕作的，鄉公所願意全部配合。而此所謂的配合也就是提送分配計畫，不是採用歸還的程序，因為國家法令規定只有

分配的規則。但鄉公所這樣的立場在案例二卻有所異。從鄉長對會議程序有關事實調查的安排可以跳過，這一部分可見鄉公所雖然需要原民會「指導」，但卻可以完全主導耕作事實之確認。

　　前任鄉長暨現任○縣議員也澄清自己以前受國家法令限制的無奈。

　　○縣議員：我的心裡是這樣想：『如果土地是你們的，就是你們的了！』我的政見發表一定是這樣子！我在當鄉長的時候，有 gaya(註：指國家法律)，兩長官也作了說明，我不再多說！....我們是為了什麼？為的是我們原住民的權益啊！他（註：指縣政府的都市計畫）把我們（的區域）規劃為垃圾場保護區綠帶，這一些的 gaya 都要突破！我們當公務員，我們一定要依法！這是我們目前的問題！剛剛有提到縣有公有地需要經過議會，另外還有行水區，水利法 18 還是 28 條，只要是行水區都不能設定為保留區，免得受到水災的損害！不要當作買一杯礦泉水！這是 Gaya，（當我作鄉長的時候，）公務員必須依法處理，而需要解套！但是我現在是縣議員，當公文來到縣議會，有關現有土地，我會力爭到底！除了都市計畫變更，不是一天兩天，可能需要一兩年，需要一段時間，不要擔心，我自以前就說過：『這是你的土地，就是你們的！』有關許鄉長可以請他們提報提報，經過議會這裡我一定

　　沒有問題！但後面還有國有財產局！我一定站在你們
的立場。『該是我們原住民的，就是我們原住民的！』
我們不惜抗議！如果需要帶隊陳情，我願意帶領各位
到議會陳情！我們互相勉勵！我一定站在一起！

　　縣議員○先生陳訴，當鄉長受國家法令限制的無奈，就算
內心強烈主張要尊重原住民族傳統土地權利，也要「依法行
政」。此次發言，議員連說了兩次「如果土地是你們的，就是
你們的」。此句話主張了太魯閣族傳統土地制度的概念與現代
國家土地制度下的權利的連結；前一項「你們的」，表示太魯
閣族傳統土地制度的概念，也就是依據 gaya 而先佔暨開墾土地
者在持續耕作土地之後，也就擁有土地權利。後一項「你們的」，
表示這樣的傳統土地權利也可以轉換為現代國家土地制度下的
權利，既舉行本說明會的目標。在民主政治運作中，鄉長作為
保留地管理的執行機關首長而必須依法行政，以及縣議員作為
原住民民意代表必須以民意（與自己利益）為依歸。但議員這
樣的立場在案例二卻有所異。

　　鄉長代表了執行機關的立場，立委、縣議員代表了民意的
表達。主管機關如何面對這樣的問題呢？主管機關出席代表的
回應做簡要整理。首先，機關代表迅速而專業地分析本案應該
可以處理的方式，並依據法律建議，規劃如圖 5-2 的處理方式。
對於陳情人過去為何辛苦地爭取近 40 年才得到這些專業的正面
回應，機關代表並無法正面的回覆，只提出這樣的看法。

　　我們○○○（註：機關名稱）要依法處理的，是現在

的狀況及<u>現在的</u>問題。⋯ 我無法負責當時都市計畫設
定的問題！當時都市計畫是如何情況，不是我的權
責，而且是<u>過去式</u>了，我無法清楚回答！如果各位還
是有需要解釋的，可以行文縣府反應，將事由與疑問
向都市計畫詢問。都市計畫委員會議，他們會給予你
們適當的答覆！⋯如果這一次的會議與都市計畫變更
有關，開會之前，應該行文都市計畫相關單位參與。
我不是都市計畫權責。

機關代表陳述是對國家土地法律的專業意見。但陳情案件在同
樣的條件下，管理機關專業意見卻有現在可以解決與去年無法
處裡的不同立場。這些專業是否可以發揮，並且回應原住民族
土地權利主張，必須經過地方政治勢力協商的過程。問題在於
管理機關主管是否有了決定，尤其是地方主管，而不是這些專
業公務員可以決定的。何以會有這樣大的行政裁量的彈性空間
呢？因爲行政命令與管理制度是用救濟式分配及審查，處理原
住民族土地權利的主張，而土地使用證明資料並不是必須要
件。原住民族土地權利只用行政命令保障，而非多元文化與反
省殖民歷史的法律制度設置。

　　鄉公所在協調會依據主關機關代表依法處理的建議及爭議
土地地目的不同類型，做成以下三種工作方向。但我們必須理
解，主關機關代表專業的意見是在鄉長支持陳情人傳統土地權
利主張之後，才有被表達的空間。既主管機關尊重執行機關的
行政裁量權。如圖 5-2 所示。首先，地籍簿冊有登載部分直接

分配(如圖 case1)，已經登記為公有保留地部份(如圖 case2)進行分配計畫與放領規劃；第二，在堤防外之行水區的國有土地(如圖 case4)進行地目變更，再進行增劃編動作；第三，在縣政府管理的公共預定地(如圖 case3)則尋求都市計畫變更，在成為農牧用地之後進行解編放領。

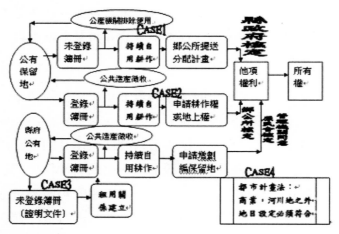

圖來源：本研究繪製。

圖 5-2：文蘭村說明會中解決土地權利爭議的四種類型與處理程序

3. 案例分析：

　　鄉公所 2008 年拒絕受理到 2009 年主動舉辦說明會的這一年間，本案到底發生什麼條件的變化，使主張土地權利的原住民得到管理機關願意尊重「原住民族土地權利」的承諾呢？由陳請資料來觀察，管理機關在所有的調查資料並沒有呈現已經確認原住民確實是遠自日治時期以來土地使用並被土石流沖毀

的證據，也不在乎族群傳統土地使用習慣是如何約束前項傳統土地自日治以來的使用與繼承，甚至也不必提供任何空照圖以及佐證耕作資料。主管機關就現有資料顯示，只是完全接受陳情人的土地主張，並「確認」現況使用人，也就是在會勘調查之時的四鄰證明，至於這申請者在這區域耕作的歷史脈絡以及社會文化規範並不重要。這樣土地主張的調查基礎無關於原基法所謂「尊重」傳統土地使用習慣之調查，也無關於政府「承認」原住民族土地權之本意。因為陳情資料呈現的是 1993 年原住民到縣議會遊行抗爭的紀錄與結果，而此結果是抗爭之後迫使縣政府進行複丈的記錄。但這些資料在 2008 年秀林鄉公所做成「無使用調查記錄和無相關使用資料」結論之前已經提供過，除了 2009 年底的地方選舉是外在環境的改變。

　　本案在地籍簿冊上沒有土地使用權源之證明記錄，未登載原住民在土石流之前的耕作事實。陳情人也沒有呈現耕作歷史的佐證資料調查，但主管機關可以由去年否決而今年突然採信原住民的土地主張，同意協助解編公共造產的開發，並且增劃編給申請者為私有保留地。如果這樣立場變遷的原因在於行政裁量權的「自由心證」，則執行機關之行政裁量的任意變遷將會是法治保障人民權利的最大疑慮。即便這一件案例的原住民爭取到分配的權利，也將喪失固有傳統土地權利的族群認同，以及自覺醒爭取歸還傳統土地的意識。另一方面，已經有部份的土地在前幾年解編為公有保留地，但是這一部份原住民在沒有任何「使用權源證明文件」下，可以取得執行機關的分配承諾，其基礎只在於執行機關在一年之間突然翻轉，「相信」族

人陳述那是族人傳統土地，就法治的基礎來說，「原住民族土地權利」的定義可以是依據「行政裁量權」，而行政機關可以浮動定義。

本案鄉長與縣議員曾經職位交換，而原住民菁英當選鄉長必須依法行政、都自我限制在保留地行政命令內，必須改變對原住民族土地權利的立場，並產生「內部殖民」的效果。雖通過原基法，政府態度決定了所謂「政府承認原住民族土地與自然資源權利」實質內容。如果政府假借反省制度不完備之名，進行過去保留地制度的法制化，則政府的承認與尊重將只是使原住民族土地權利更被扭曲。「土海法草案」在完全沒有反省殖民歷史脈絡的情況下，也沒有檢討歷年來否定原住民傳統土地制度之文化脈絡，反而使殖民統治的土地制度的邏輯被法制化。

原住民要爭取傳統土地權利沒有明確的法令依靠，需結合執行機關與地方政制關係，甚至必須採用非平和協商的政治手段爭取，比如採用遊行抗爭及地方民意機關的結合，也扭曲了原住民族的傳統社會文化。這條件對人權的保障更是一種扭曲；既主張傳統土地權利人數比較少的案例中，在政府不主動調查與沒有分配壓力情況下，與該土地有歷史淵源的原住民在人數稀少的情況，無法有效主張傳統土地權利。筆者在部落其時接觸到很多這樣的案例，在法律制度沒有像加拿大「印地安主張委員會」[3]或紐西蘭「條約結案署」[4]的協助平台，沒有土地

---

[3] 1990 年加拿大發生密克（Meech）湖事件及歐卡（Oka）事件，政府主導主張與協商過程，球員兼裁判，發生主張程序不公正，故主張成立獨立的團體，來媒介土地權爭議。政府 1991 年就成立「印地安主張委員會」（Indian

糾紛調查機關可以主動協助原住民調查與爭取的情況，現有法律程序技術門檻過高而陳情人多會放棄爭取。這樣的問題被埋沒而忽視掉了，而這種問題有多嚴重，並沒有正確的調查與統計資料可以呈現，實乃國家保障原住民族土地權的盲點。

二、花蓮縣秀林鄉富世村舊台電宿舍案例介紹

　　花蓮縣秀林鄉富世段 255 地號 1.5 公頃的土地變遷歷史是筆者接觸案例中無法取得管理機關承諾調查耕作事實與分配放領的案件，反而凸顯出國家管理原住民土地的殖民統治心態與資源攫取立場，並展現國家現有原住民族土地制度的核心概念，很有代表性。本案曾經進入到台北高等行政法院之審理與判決，及電視媒體多次的報導揭露[5]。所以，列為本研究之主要參考案例。

1．本案土地使用的歷史脈絡與法律背景：

　　依據本案爭議土地的 1983 年保留地現況調查表（圖 5-3），記載「土地權屬」與「土地利用現況」兩大類資料。「土地權屬」包含「權利人」與「現使用人」，並註明台電租用土地。「土地利用現況」記錄土地總登記前，台電 1952 年 11 月起「使用」該地，興建立霧溪發電廠備勤宿舍。且註明台電在 1974 年，既 1969 年係爭土地登記公有保留地之土地總登記之後，才正式

Claims Commission, ICC），作為獨立團體，針對原住民提出主張的事件，履行公正的第三人調查及調解的任務。
[4] 紐西蘭政府成立「毛利土地法庭」及「威坦基（Waitangi）委員會」多年之後，1995 年司法部再成立獨立的「條約結案署」，主動協助有傳統土地爭議的原住民蒐集資料、整理證據力達到足與政府提起訴訟，甚至直接進行協商談判。這是為提升解決原住民土地訴求效率及多元管道。
[5] 原住民族電視台於 2009 年 2 月 17 日等多次的每日新聞報導，於 2009 年 2 月 27 日（第 544 集）7 月 3 日（第 562 集）的原住民新聞雜誌報導。

向管理機關申請土地「租用」。1952 年 12 月 25 日省政府才以四一府民丁字第一二三五五三號令（附錄十一）規範公營事業機關如何申請租用、並取得民政廳同意，繳納租金使用。從時間順序以及圖 4-9 台電 D 東電字第 09809000021 號函承認是無租約下使用保留地，顯見地籍簿冊同時也紀錄台電違法占用原住民保留地。但是，管理機關對陳情原住民質疑台電是違法占用保留地的事實也為漠關注。另外，現況調查員的紀錄也是台電員工口述歷史的紀錄，紀錄現況與過去的使用，且潛在地限制以強勢使用者才擁有論述土地使用的權利，而被排除之原使用的弱勢原住民則沒有申訴權利。

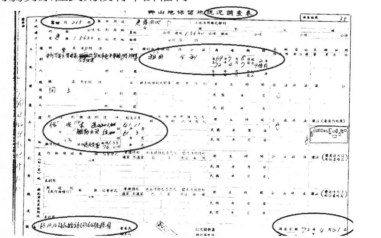

圖來源：參考案例之公文附件。（圖示標記調查時間 民國 72 年 4 月 21 日）

圖 5-3：案例二系爭土地的『山地保留地現況調查表』

另外，這些土地調查是建立在國家尚未承認原住民族土地權利的殖民歷史背景的文字證據，在 2005 年原基法通過之後需

要重新檢視。表 4-1 整理 1966 年之前，山地人民依計劃自行開墾；之後，1966 年管理辦法第七條規範，「土地測量完竣地區」對其「所使用土地」之分配條件。1990 年之後管理辦法第八條第一項規範，要求「開墾完竣」且「自行耕作」之分配條件，並以地籍簿冊的文字證據爲開墾完竣證明。而台電在登記之時既已成功強占原墾耕原住民之土地，台電佔用才是管理機關承認的「法律事實」，認爲該土地當初公有荒地召墾或原始合法使用人爲台電公司，且因機關使用而歸爲公有保留地。鄉公所對於親身經歷被台電強制排除耕作的原住民耆老，期望被鄉公所調查實際經歷並記錄口述歷史的期望，也因簿冊未登載而否定耆老陳情。這樣的法律政策主要是保障了公營事業與公產機關穩定佔用原住民傳統土地的法律基礎，也必然違反自由知情同意的原則，而犧牲原住民族土地權利。如果地籍簿冊明確登載原住民被排除使用的歷史，現行管理機關是否會依據原基法第 20 條而保障原住民族土地權呢？

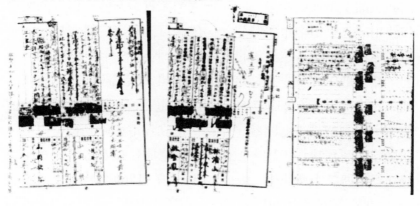

圖來源：日治戶籍引自花蓮縣秀林鄉戶政事務所，參考附錄九，本研究整理。

**圖 5-4：日治時期陳情人家族戶籍資料以及昭和十年吉田初三郎
　　　　繪製地圖**

　　但依據申請人自行調查的佐證資料，昭和十年（1935）吉
田初三郎手繪地圖顯示，該土地之前確實是某些原住民開墾耕
作使用，且發電廠也未興建。另依據日治時期戶籍資料，陳松
梅在昭和八年嫁入該部落的陳天道家。昭和 9 年（1934 年）之
前，該土地原先至少有特定四個太魯閣家族已經開墾耕作該土
地。依據耆老口述，1957-58 年間，台電在沒有協商及補償的情
況下，強制架設鐵絲圍籬，作爲台電立霧電廠備勤宿舍用地，
並排除原住民耕作土地，致使原墾耕之原住民在土地總登記時
無法登載傳統土地使用。最後，該土地在 1960 年代土地清查及
總登記時，依據土地使用者爲登記客體之原則，台電違法被「漂

白」，且保留地公有化。但這樣的口述歷史與佐證資料所呈現地土地使用過程，是被管理機關所否認的「歷史事實」。

　　《花蓮縣誌》與太魯閣國家公園委託學者調查資料顯示，台電立霧電廠是 1940 年之後興建，1944 年 3 月完工，但同年 8 月被颱風摧毀，且正值戰爭末期而荒廢。直到 1952 年台電才開始修復該電廠。從時間脈絡，地籍簿冊記載台電 1952 年 11 月才開始正式使用該土地屬實，但侷限在舊房舍；而戶籍資料與耆老口述都指出，該土地在日據末期已經興建房舍與耕作，這正合陳情耆老口述歷史，地籍簿冊所記載有誤。原墾耕原住民可以持續耕作未建房舍之土地，與日治時期警察依據傳統土地習慣、鼓勵原住民耕作相符。耆老李紅櫻陳述，自己約在 1957-58 年親身經歷台電架設鐵絲圍籬、強制排除使用該土地的歷史。公務機關不可能會將這違法強占的行為以公文紀錄，而耆老願意出面法院公證傳統耕作事實，但管理機關也視為無法令依據之口述歷史。本案例二之相關佐證資料，參考（附錄九）整理補充。

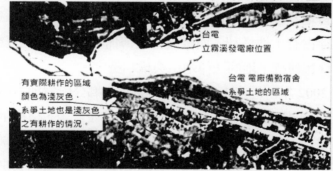

圖來源：美軍空照圖局部放大，工研院能資所保存，本研究整理。

圖 5-5：1948 年案例二系爭土地的空照圖以及耕作狀況

　　另外，直接的證據是 1948 年空照圖（圖 5-5）呈現該地有住家及耕作狀況，沒有圍籬隔絕，且此空照圖顯示在馬路邊已經有建築物存在。但 1983 年 4 月 21 日調查的地籍簿冊（圖 5-3）依據台電員工口述說明某種不正確的歷史事實而登載台電 1952 年 11 月才興建房舍，且成為法律承認的文字證據。地籍簿冊登載與空照圖之紀錄差異，莫非表示 1948 年空照圖的建築物是在 1952 年簿冊登載台電興建房舍之前，已經有原住民在此興建房舍？可見地籍簿冊並非全然正確，只是土地清查時，優勢土地使用者的片段口述紀錄；但管理機關卻視為唯一證據，使其它圖文佐證資料都無法推翻調查不詳實的地籍簿冊，乃保留地制度「擬制」「蕃地國有」之殖民國家現狀。本案例中，現有國家法律保障台電使用與鄉公所公共造產的合法性。即便耆老口述歷史與佐證資料修正了地籍簿冊有明顯疏漏或錯誤，而管理機關也寧願依據錯誤的「法律事實」，否決遭受排除使用耆老的陳情，執行否定原住民族土地權利之山地行政。以本案為例，國家保留地制度與行政命令的法律政策明顯呈現：不保障原住民族既存占有土地權利，而維護地籍簿冊登載機關或公營事業佔用原住民傳統土地的法律地位與權利穩定。

　　在 2002 年台電停止租用該土地之時，鄉公所為地方發展的需要，依據開發管理辦法第 22 條的公共造產計畫，積極爭取該土地興建「太魯閣族文化館」之公共造產計畫。同時，原墾戶家族代表基於傳統土地使用習慣以及家族耆老期望爭取原先開墾土地的權利，希望爭取該土地得以恢復原墾家族耕作之權利，產生與公部門的土地權利糾紛。2003~2009 年間原墾家族後

代進行三次土地權利申請，申請主張包含 2003 年「歸還」傳統土地（依傳統習慣與民法）、2007 年「增劃編」原住民保留地，及 2007 年底「分配」有歷史淵源的土地（依管理辦法第 20 條）。但管理機關以「台端等人與上開土地並無使用權源證明文件，並依法受配現有自住房用地」理由拒絕，其中所謂「土地使用權源證明」即指圖 5-3 等土地清查的地籍簿冊。但真正的原因是鄉公所計畫進行公共造產，屬於公益；陳情人的分配申請爭取傳統土地權利視爲私益。管理機關都認爲公益的優先順序高於私益的考量。

　　2009 年本案在台北高等行政法院審理與判決。因爲法律沒有規範土地總登記之前的原住民土地權利，判決建議執行機關依據『行政程序法』調查事實真相。但行政機關還是行文陳情人否定原住民傳統土地權利及調查事實立場，並認爲簿冊沒有登載而無進行事實調查之必要[6]，而仍無法解決。

2. 現有土地管理制度的處理：

　　由現有保留地管理辦法的規範分析，雖然族人有日據時期戶籍資料、舊地圖、空照圖、十數位耆老之口訴歷史證明等自行調查資料。但是，土地登記簿冊只登載台電 1952 年起「佔用」、1974 年起「租用」，並未記錄到耆老陳述原住民耕作的事實，而保留地管理機關排除法律上承認耆老口述歷史以及查證空照

---

[6] 行政程序法第 20 條所定義本法的「當事人」包含「對行政機關陳情之人」。執行機關花蓮縣秀林鄉公所 2009 年 7 月 8 日秀鄉經字第 0980010608 號函行文拒絕閱卷申請人調閱資料，依據地籍簿冊名單來解讀行政程序法定義之「當事人」，實際上是明顯蓄意誤解法規，阻礙事實真相調查。

圖、舊地圖的使用情況。因為與法律擬制的法政策與法律事實衝突，故這些自行調查資料即便屬實也沒有行政效力。所以，管理機關對於原住民自行調查的資料並非依法定土地清查程序的記錄資料，所記錄的歷史就算是事實真相，管理機關仍然認為在法律上忽略。另外，保留地開發管理辦法第 8,9 條只說明原住民『得』申請設定土地權利，但是政府受理之後『應該』依據什麼事實的標準規範及賦予當事人相對什麼權利，管理辦法也沒有明定地籍簿冊之前的案例處理。因為法律上只有執行機關提出分配計畫的權力，與該土地有歷史淵源的原住民沒有主張土地請求權。

　　管理執行機關依舊以否定原住民人格權的模式，如日令第 26 條，以地籍簿冊為唯一證明文件，來否定當事人申請調查事實與主張分配的資格。由花蓮縣秀林鄉 2008 年 6 月 24 日<u>秀鄉農觀字第 0970009368 號函</u>回覆陳情人公文，解釋保留地使用權源記錄以及合法使用人認定資格的確認標準。其依據乃行政院原民會 2007 年 5 月 3 日<u>原民經字第 9600220322 號文</u>的函示，而此函示的議題是解釋保留地造林撫育計畫之「禁伐補償費」與「造林獎勵金」的<u>合法使用人</u>認定資格，對於原住民保留地合法使用人資格的限制由原民會公文函示第一項的所有權人，放寬到第四、五項的「且依據鄉公所山地保留地使用清冊記載有案者」。如圖 5-6 所示，執行機關對本案採用此函，解釋「禁伐補償費」與「造林獎勵金」發放之保留地合法使用人資格，作為保留地申請設定人資格。主管機關原希望執行機關對陳情人主張能「依法妥處逕復」，但鄉公所卻堅持「合法使用人資

「格」作爲「設定保留地權利『申請人』資格」，且主管機關成共犯而默認之。

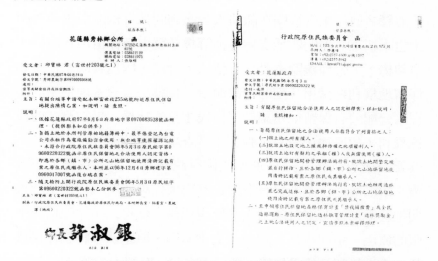

圖 5-6：花蓮縣秀林鄉 2008 年 6 月 24 日秀鄉農觀字第 0970009368
　　　號函與原民會附件。

　　但權利內容演變來說，其實兩者並不衝突，因爲保留地合法使用人資格乃是後來的權利；而本案主要議題是申請保留地設定權利的資格，乃是取得權利之前置階段的資格；理論上這兩項標準應該不相同。陳情人多次函文原民會與鄉公所指證此乃錯誤引用，不然管理辦法第 20 條分配的申請資格就不應該有「尚未受配人」在列。因爲尚未受配者應沒有在地籍簿冊登載，也不符合「保障原住民生計」之管理辦法的目的及補救耕地不足的增(劃)編問題。政府及部落菁英至今對「否定蕃人人格」、「土地使用權源證明」與「事實」概念未變（附錄十，2010..10.01

秀鄉經字第 0990017322 號）。

　　進一步來了解，何以管理的執行機關如此堅持本案採此方式解釋？何以主管機關在陳情人多次詢問執行機關引用錯誤函示也不糾正，還明顯地支持這種解釋？就現有保留地管理的法令架構下，管理機關確實是「依法」行政，因為我國原住民族保留地權利是採用分配的行政命令、也就是公有荒地招墾的流程。分配公有保留地是屬於原住民才有的特權，是救濟式的特殊權利，故原住民沒有主動請求調查事實與分配設定的權利。既鄉公所可以在某些需求上依據行政裁量，決定救濟或不救濟；故「可以」不理會耆老口述歷史與佐證資料，單單依據查閱地籍簿冊沒有登載陳情人之使用紀錄，就可以排除陳情人主張的原因。這與憲法肯認多元文化原則、原基法承認原住民族傳統土地權利及尊重傳統土地習俗文化，有很大的落差。

3. 土地管理機關的立場：

　　土地管理機關對申請人主張該傳統土地權利，已經明確要求依據地籍簿冊。管理機關認定在土地會勘時候的土地使用記錄，才是土地使用的「法律事實」及產生法律效力的證據。所以，「地籍簿冊」是管理機關認定的「土地使用權源證明文件」，是國家認為原住民主張土地權利的申請依據。在另一方面，對於土地不足或申請分配的案件，卻可以不依據地籍簿冊處理，因為符合管理辦法公有荒地招墾的原則以及辦法第 20 條的分配資格，更明確地說，當原住民「順服」國家主權，才有機會賦予分配土地的權利。

　　執行保留地管理的公務員是通過國家考試的部落菁英，鄉

土審會也是由熟知傳統土地使用規範的部落耆老組成；但他們
順服法律事實。但礙於法令制度未明確規範政府該如何調查簿
冊遺漏登載之事實真相，及應賦予原住民什麼樣相對的權利；
管理機關鄉公所為避免落入圖利私人的疑慮，甚至拒絕依據管
理辦法第六條委託「鄉土審會」進行調查調處，致使原墾耕作
的家族無法調查台電強佔真相。另一方面，鄉公所也提出在該
地興建「太魯閣族文化館」的公共造產計畫並進行審查，該計
畫是屬於公共的利益，有明確的需要及法令的依據，所以管理
機關得以取得申請的優先許可。

4. 原墾戶原住民申請土地的立場：

　　申請者認為族人依據傳統土地制度開墾耕作該土地，該土
地已屬於此族人名字之下，就表徵傳統土地權利，並與該土地
產生血源的連結。對於台電架設鐵絲圍籬並排除佔用是違反傳
統土地制度，需要「歸還」權利。耆老李紅櫻指出，「我是親
自遭受台電偷去土地的人，我說的話都不相信，卻相信台電講
的，沒有關係，鄉公所拿去用也不會好，*ki bi utux*」。這句話呈
現的傳統土地概念就如第三章的介紹，是主張 *gaya/utux* 傳統文
化與社會規範的土地權利。

　　耆老對於土地利用則有傳統分享的看法。認為鄉公所使用
台電強佔原住民原墾地興建「太魯閣族文化館」，是違反傳統
Gaya 且污衊傳統文化的作為。鄉公所如果先尊重其傳統土地權
利並承認土地屬於其名字，既保障族人傳統土地權利，則族人
願意依據傳統習慣溝通協商，給予鄉公所整體有效開發利用，
則鄉公所的開發才受 *utux* 的看顧。

5．部落族人的立場：

　　該土地位處太魯閣國家公園的路口，若興建「太魯閣族文化館」將帶來旅遊商機與部落產業發展。所以，族人也都期望鄉公所公共造產帶動部落的發展。但原墾戶家族把土地變遷歷史整理並呈現出來，族人反應簡要整理如下：部落耆老願意出面記錄所看過的土地使用歷史，也尊重原墾家族爭取土地的權利，並表示與公共造產不一定衝突。但較年輕的族人則不清楚傳統土地制度的規範，也缺乏爭取傳統土地權利的熱誠。甚至，有些部落菁英提出現代土地制度已經明確登記屬於公有原住民保留地，鄉公所公共造產也是部落發展的需要，進而質疑原墾戶家族主張土地權利的基礎。

　　部落族人這樣的反應呈現原住民對傳統土地權利的理解情況，也在自己族群內部轉變：即將凋零的耆老都還堅信原住民族土地權利但不知道如何表述傳統權利及理解現有國家法律規範。這份土地權利的信念隨著年齡降低而遞減，既世代間遞減的情況，甚至年輕族人學習現代教育，但對自己傳統土地使用習慣、社會文化價值以及土地制度變遷歷史也不清楚。

6．台北高等行政法院的判決：

　　台北高等行政法院判決書雖然駁回原墾戶家族三點訴之聲明，但也提供了新的思考。判決書第 17-18 頁的說明理由也作了重點提示，執行機關應該受理原住民申請，並依據『行政程序法』調查事實真相的原則，進行受理、調查、會勘、審理、核定的程序[7]。其中也指出，原墾戶如果主張歸還土地的概念，

---

[7] 判決書之理由第 17 頁第 1-5 行註明，「花蓮縣政府始為…土地改配與否之權

則排除再行政訴訟救濟範圍之外，而進入地方法院程序，必然因文字證據而敗訴。判決書理由說明（第 18 頁、第 12-18 行）指出：

債權之發生必須由<u>行政機關形成</u>，而且通常是行政處分方式為之，蓋公法上<u>法律關係</u>之形成，國家基於<u>高權作用</u>，享有優先形式之權限，且在公法上，<u>事實涵攝於法律之過程</u>通常比較複雜，應由行政機關先依<u>行政程序法</u>之相關要求<u>認定事實、適用法律</u>，再將所形成之法律關係以行政處份之外觀對外呈現，藉由法律關係之<u>公示作用</u>，確保<u>法之安定性</u>。（參考圖 5-7，右半邊的第 18 頁）

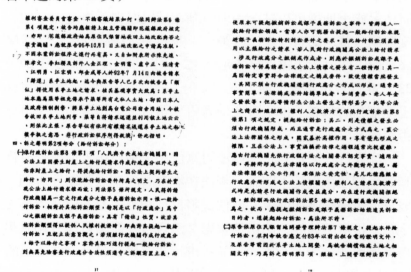

圖 5-7：台北高等行政法院判決書 97 年訴字第 1668 號之第 17-18 頁，理由說明部分內容。

責機關，應就原告...土地改配之申請為<u>准駁</u>，<u>不因本案訴訟程序之進行而有異</u>。」所以，高等行政法院認為執行機關應該受理申請，做成審查意見，轉呈主管機關花蓮縣政府做核定。

　　上文最關鍵的部分在於「<u>事實</u>涵攝於<u>法律</u>之過程通常比較複雜...，藉由法律關係之<u>公示作用</u>，確保<u>法之安定性</u>」，其中藉由法律規範的公示程序、規範「法律事實」認定的基礎是什麼？以及法律適用的原則是什麼？最高行政法院法官的認知還是：「法律的安定性」遠高於新發展的原住民族主張「既存占有」但被機關剝奪的傳統土地權利，公文證據能力可否定耆老實際遭遇。

　　依據第四章整理國家保留地制度的殖民歷史脈絡與行政機關解讀「行政程序法」的思考，管理機關或判決法官的認知是：原住民族土地權可以被合法地限制在殖民歷史脈絡之保留地制度擬制「蕃地國有」之<u>法政策</u>下；並且完全排除採用憲法增修條文對原住民族議題肯定多元文化之原則，以及原基法第 20、23、30 條尊重傳統土地習俗、文化、社會價值等承認原住民族土地權利的基礎，也不參考學者研究報告。地籍簿冊法律事實否定耆老口述。

　　高等行政法院對管理辦法對原住民主張傳統土地調查與權利的現行法律規範不明確，無法在本次訴訟確立強制性規範、要求行政機關應如何協助原住民將自行調查與耆老口述資料文字化並提供證據能力的法律基礎。法官曾在辯論過程鼓勵原墾戶家族與鄉公所進行溝通，並尋求行政院原民會及立法委員的（修法）協助，避免司法權侵犯行政權與立法權。然，原墾戶家族七年多來經歷無數次的陳情立法委員與抗議行政機關，走入司法救濟乃不得已之手段[8]，受限與現有保留地制度未規範與不

---

[8] 本案有位 92 歲耆老，是原開墾耕作者，在申請過程過世。本案得以進行訴願及行政訴訟，乃有特殊條件的協助。但更多案例連陳情都無能為力，更

完備，竟然也無法解決。

　　從司法機關救濟原住民族土地與自然資源權利的角度，2010年2月9日臺灣高等法院刑事判決98年度上更(一)字第565號，對「司馬庫斯櫸木事件」的三位違反森林法的原告，作出無罪判決。判決理由陳述，審查過程接受部落長老、環境自然資源學者、人類學者調查報告等的觀點，強化原基法第20條由原住民族觀點解釋政府承認原住民族土地與自然資源權利的內涵。這是我國政府正式採用多元文化觀點承認原住民族權利的判決，是歷史里程碑，行政、立法、司法機關反思現行國家原住民族法律體系欠缺的窘境。

7. 綜合分析：

　　以下由第四章整理與本參考案件相近時期租用保留地的相關法令與公文函示規定、以及原基法之後的原住民族土地權利這兩個面向來討論分析：

（1）以事件發生當時，總登記前的法令分析---台電違法排除原住民使用

　　本案其實是司法機關與行政管理機關的共同怠惰之發展。因為本案證據齊全，相關法律事實，權利規範都已經很清楚。將本案相關公文資料、佐證資料、耆老口述歷史對照在一起，可以將該保留地使用變遷歷史整理在圖5-8。而背景是：國家與太魯閣族在1895、1914、1945年間欠缺合意過程。

　　本案發生台電占用局部區域並興建房舍的時間，依據地籍

不可能進行訴願及行政訴訟或媒體揭露。也有兩位70多歲爭取該土地的耆老在筆者完稿本研究之前過世，只留下未完遺願。

簿冊登載是在 1952 年 11 月。而依據部落耆老口述，強制架設鐵絲圍籬的時間是 1957-58 年之間。所以本案第一次的保留地土地糾紛是台電公司與該地「既存占有」使用傳統土地的原住民之間的土地糾紛，也就是圖 5-8 的中間菱形方塊。

　　這時期是有明確的 1948 年管理辦法與 1953 年七月「臺電公司銅門工程處租用銅門村保留地案」公文及 1952 年 12 月(四一)府民丁字第一二三五五三號令之行政函示的規範：平地人民、公營事業機關必須在沒有原住民使用的保留地，向管理機關申請租用，在省政府民政廳同意租用之後，依法建立租約，明定租期與租金，在申請人繳納租金下「租用」。而公務機關須申請並待民政廳同意，則依土地法第 26 條申請「撥用」。

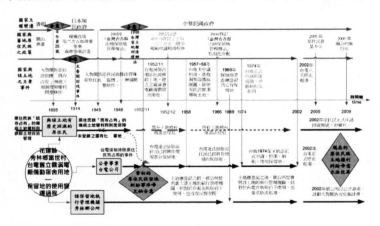

圖來源：**本研究繪製**。菱形標示兩次土地糾紛，紅線是土地權利變遷。1895
　　　　年日令 26 號、1914 年太魯閣戰役、1948 年臺灣省土地清理辦法乃
　　　　欠缺合意過程

圖 5-8：參考案例二的土地使用變遷及國家變遷與政府法令的時
　　　　間順序整理

從原住民自行調查佐證資料（參考附錄九），本案確實有特定原住民持續使用祖先「既存占用」的傳統土地，並應受 1948 年管理辦法之保障。但是，台電公司在 1952 年 11 月，既(四一)府民丁字第一二三五五三號令發布前一個月，就開始占用並興建房舍，顯見是未向主管機關申請、也未經民政廳同意之下，就強制進入保留地占用；此實屬違法，也難怪台電公司回復公文（圖 4-9）就自稱「在無租約」下使用。另外，台電公司也在 1948 年前後，在無租約及未經民政廳同意下，並且未與土地使用中的原住民協商，既強制架設圍籬，排除原住民使用，更是明顯地違背當時管理辦法與函示命令。

秀林鄉公所作為執行管理機關，原先「應」輔導原住民取得保留地的他項權利（管理辦法第七條）。但是，對於與該土地有歷史淵源之原住民主張回復之前被侵犯的傳統土地權利，並提出明顯的佐證資料、證明地籍簿冊是遺漏登載台電侵犯過程，且台電已明顯違反當時申請租用與同意程序而逕行占用之後，鄉公所執行管理上還是忽視原住民的土地主張，反而依據台電的一紙說明（圖 4-9）來確認地籍簿冊所謂台電占有的總登記狀況。同時，鄉公所竟反過來指正原住民是沒有「土地使用權源」、祖先也沒有使用土地之記錄。台電在 1974 年與管理機關申請租用之後，前項違法強占原住民耕作保留地之事件被合法化與「漂白」。鄉公所同時強調太魯閣族文化館興建計劃之公益與必要性。

原住民持續陳情，甚至兩次進入行政法院程序、並數次監察院調查，鄉公所認為原住民只是爭取分配保留地之私益，而

延宕區域發展之公共造產的公益。顯見：原住民在殖民歷史脈絡的保留地管理辦法中，主張原住民族「既存占有」的傳統土地權利，是不可能取得回復土地的「請求權」，也不可能得到獨立公平的調查程序。因為鄉公所作為執行管理機關，也是公共造產的保留地使用土地機關，產生「國家兩難」或「諾斯悖論」的情況；參與管理的原住民菁英也進入「內部殖民」的特殊境遇。

（2）原基法之後的原住民族土地權利觀點---反省總登記前的法
　　　令欠缺與侵犯

　　當台電 2002 年停止租用之後，且原住民已經提出陳情「回復」傳統土地權利，管理機關就應該重新檢視本案證據資料，依法救濟。而秀林鄉公所不應該球員兼裁判的角色，再用另外一次的公共造產，產生第二次、甚至多重傷害原住民族土的權利。

　　　原住民當事人認為，本案核心問題在於土地總登記之前，原住民是否真的耕作該土地呢？以及是否已經改革地籍簿冊之前的保留地使用之「法律事實」調查的新程序呢？且當時是否屬於原基法要求政府承認的原住民族土地權？如果部落耆老陳述與佐證資料的「社會事實」屬實，則台電是如何由原住民傳統土地取得佔用土地的權利呢？以及過程是否符合當時保留地制度呢？既圖 4-13，租用條件是限制在原住民「均未予於利用，且對山胞一切鈞無妨礙」的條件呢？台電公司作為公營事業機關可以在土地總 登記之前，公然違法而強制排除原來開墾耕作的原住民嗎？

　　但是，從 2002 年台電公司停止租用該地之後的發展，發生第二次新的原住民土地糾紛爭議，如圖 5-8 右半邊的菱型示意：原住民主張回復傳統土地權利與鄉公所開發公共造產的原住民族土地糾紛。現今管理機關在原住民主張回復傳統土地權利之後還持續忽視。甚至憲法、原基法與兩公約已經重新規範保障原住民族土地權利的標準呢？故不斷的請求執行機關調查耆老口述歷史與佐證資料的真實性，更主張國家承認傳統土地並法制保障才是真正原住民族土地權利保障的「公益」。

　　管理執行機關鄉公所則關注在該土地如何順利進行公共造產，此開發滿足部落族人的發展需求，才是原住民「公益」。鄉公所因為此公共造產而認為該土地沒有必要進行分配計畫，也沒有必要處理陳情人請求調查台電當時如何由原住民耕作的傳統土地取得佔用的歷史。因為法令規範認定地籍簿冊指明台電租用，為維持公務機關的行政目的與安定性、而視此為不可推翻的土地使用證明文件，並視台電公司為當時合法使用人，而不是原先在此開墾且被排除使用的原住民。顯見管理機關在管理原住民保留地的目標上，為保障國家機關權益而掩蓋事實真相，發生「諾斯悖論」的現象。

　　依據殖民脈絡的土地制度與管理機關的行政邏輯，那就表示原住民在土地總登記之前依據傳統土地使用習慣分配土地資源，除了沒有原住民族土地權利之外，連地上權及土地改良的勞動成果都不被保障，公營事業或公家單位可以不需要協商補償、撥用程序，就可以直接「合法」「圈地」，使用原住民傳統使用中的土地，而這種土地剝奪的「社會事實」在土地總登

記之時會被登記為正常使用狀態而合法化。然而，<u>這是否就是</u>
<u>原基法所稱的政府承認原住民傳統土地權利及尊重傳統土地使</u>
<u>用習慣與文化價值？</u>

整理本案執行機關的公文，呈現我國原住民土地制度的窘
境。原基法明確地調整了國家承認原住民族土地權利的概念，
符合多元文化的基礎並修正國家殖民目的之土地制度，但保留
地的主管機關與執行機關還是自我限縮、依據殖民概念的行政
命令為核心的管理。行政主管機關在尊重執行機關行政裁量權
下也只要求執行機關「妥處逕復」。訴願、行政訴訟的司法救
助也無法發揮功能。監察院也不斷的請主管機關「妥處逕復」。
國家原為憲法保障人民基本人權而存在的機器，竟毫無發揮功
能。主管機關認知管理辦法的行政命令凌駕於原基法的法律位
階是需要修正，且是違背法治保障人民權利的原則，然而民主
機制數人頭的遊戲在此也沒有辦法發揮功效。

三、兩件參考案例的比較

本研究整理兩件案例的異同，如表 5-1。如果由整理表格來
說，執行機關與民意代表等部落菁英在兩件土地糾紛案例的立
場不同，宣稱對文蘭部落支持原住民的傳統土地權利主張；但
對富世部落舊台電宿舍（案例二）卻以公共造產為由，拒絕受
理、調查，並否定原住民傳統土地權利主張。而主管機關對此
矛盾也尊重執行機關的行政裁量權，認同公益開發優於分配私
益的解釋。

憲法增修條文宣稱肯認多元文化，原基法宣稱的政府承認
原住民族土地與自然資源權利、尊重原住民傳統土地習俗文化

與價值觀，並且要國家法律制度保障。如果，上述所宣稱的原則與人民權利是真的，現代國家保留地管理辦法是否滿足國家以法律保護人民基本權利的法治要求呢？如果，當代憲法多元文化協商原則是真的，現代國家有哪些程序與方法來調處糾紛呢？這些問題將是本章藉由土地糾紛案例將要探討的重點。

　　兩案雖然發生時間、理由不同，對原住民族來說都是在爭取傳統土地權利。但對管理機關來說也都屬同一件事情：在保留地或傳統土地的管理上，土地總登記之時，地籍簿冊沒有登載陳情人在傳統土地使用的文字證據，並且兩案例的土地都有公共造產的「公益」需要。兩案對管理機關最大的不同只有一項：案例一牽涉的數十個家庭及公民人數有百位以上，並得以舉行遊行抗議、影響公共造產或影響緊繃的選舉等政治活動；不需要充分的整理自行調查資料，也有機會迫使執行機關正視他們的存在；案例二牽涉的人數只有五戶家庭，人單勢薄，就算提供自行調查資料與耆老進行公證（附錄九）口述歷史，執行機關也拒絕調查採證。

表 5-1：原住民族與國家的傳統土地權利糾紛的兩件案例比較。

案例 項目	案例一：秀林鄉文蘭 土石流案	案例二：秀林鄉富世 舊台電宿舍案
土地編號	花蓮縣秀林鄉文蘭段 124 等 26 筆	花蓮縣秀林鄉富世段 255 地號
面積	約 30 公頃	約 1.5 公頃
爭取族群	太魯閣族	太魯閣族
爭取人數*	數十戶家族，上百人公民	五個家族
國家對應	秀林鄉公所 花蓮縣政府	秀林鄉公所　花蓮縣政府

項目 ＼ 案例	案例一：秀林鄉文蘭土石流案	案例二：秀林鄉富世舊台電宿舍案
機關	國有財產局　行政院原民會	行政院原民會　台電(公營企業)
事件時間	1950 年代颱風引發大片土石流，傳統土地變為河川地，土地總登記無法登載。提防興建後，改良土地，而成公有土地。	1956 年台電在無租約與撥用補償下強佔傳統耕作土地。土地總登記時成為公有保留地。實際發生公產機關排除使用的情況。
事件內容	土地總登記前發生大片土石流，使 30 甲傳統耕作地登記為行水區，也無法進行土地總登記。	土地總登記前台電強佔原住民傳統耕作土地，並在土地總登記之後，才取得正式租用契約。
當初發生土地糾紛時的土地屬性	1950 年代，未登錄的原住民保留地，因颱風變成河川地行水區。 日治時期已經開墾，但在土地總登記之前的土石流而無法登錄。	日治時期已經開墾，並依傳統土地制度使用。1956 年，未登錄的原住民保留地。公產管理機關台電在未協商補償下，強制架設鐵絲圍籬，排除原墾耕原住民使用。
目前爭議土地現況	主要為公有土地(包含縣府管理土地)及行水區。部份最近被解編為公有保留地。興建提防，土地改良，有些持續耕作，或有些沒人使用之荒地。	公有保留地。 1969 年土地總登記因台電佔用而設定為公有保留地。2002 年，台電停止租用，並鄉公所申請公共造產，規劃作文化館。並拒絕分配予原住民
申請主要相關法令	增劃編保留地、開發管理辦法	增劃編保留地、　開發管理辦法
土地主張提呈證據*	耆老口述，1993 年鄉公所實地勘查資料，遊行抗議與陳情記錄。	耆老口述歷史與公證，空照圖，舊地圖，日治戶籍資料，彩色照片等。
原住民主張土地權利的基礎	自日治時起，已經依據傳統土地制度開墾耕作之土地。	自日治時起，已經依據傳統土地制度開墾耕作之土地。
原住民爭	陳情、遊行抗議、說明會	陳情、遊行抗議、電視媒體

項目＼案例	案例一：秀林鄉文蘭土石流案	案例二：秀林鄉富世舊台電宿舍案
取族群權利的方式	鄉公所縣政府同意配合解編，但有地目變更的問題。	鄉公所拒絕調查事實真相，否定原住民土地權利。
地方民意代表意見*	鄉民代及縣議員都支持族人爭取傳統土地權利的論點，並希望儘速放領。	鄉民代及縣議員並不支持族人爭取土地的論點，但希望儘速公共造產的開發。
管理機關態度與發展現況*	2008 年公所以無土地使用權源證明而拒絕分配。2009 年 7 月秀林鄉公所在相同證據下，舉辦說明會，採信傳統權利主張，主動協調機關，協助放領行政程序。主管機關支持鄉公所的分配態度。	秀林鄉公所拒絕陳情人提供的自行調查資料，也拒絕調查與分配。原民會與縣政府依據公益優先於私益，認同鄉公所的公共造產與拒絕分配之態度。

資料來源：本研究整理。註：標示*的項目，為兩參考案例差異條件的部分。

　　由案例一的發展來看，文蘭村的原住民主張傳統土地權利在 40 多年的努力，終於得到鄉公所與縣政府的尊重與承認。從主管機關原先都市計劃開發該土地作為附近鯉魚潭風景區的公務機關用的來看，主管機關在承認該 30 甲土地為原住民族傳統土地的同時，這情況也代表主管機關將無法隨意規劃該土地之公共造產之用，而必須與原始使用的原住民族家族協商，或甚至可以預見該協商的結果會是放棄這一項都市開發計畫案在該土地的局部使用。如果從這樣的結果推論，原住民族主張傳統土地權利的成功基礎在於管理機關放棄該土地公共造產的開發與合作經營的協商空間，既原基法第 20 條所謂政府原住民族土地權利的基礎在現有保留地開發管理辦法竟然是以管理機關放棄該土地開發使用的規劃為基礎。因為現有保留地制度與主管

機關在思考原住民土地權利的概念是「零和」遊戲規則，同時原住民族也在爭取傳統土地權利的過程中被訓練出採用完全所有權的排他性主張並進行抗爭，才有機會取得主官機關的重視、妥協與協商的機會。現有保留地開發管理辦法的原住民族土地權利的配置是否是最適於原住民族文化延續與族群發展的模式，看來是否定的。對主管機關來說，面對原住民爭取傳統土地權利的抗爭中，案例一的土地雖然在鯉魚潭周邊，但限制使用或低度開發近五十年的時間，這代表主管機關浪費了土地利用的機會。對原住民族本身來說，在成功爭取傳統土地的過程中，使用了某些政治手段，也扭曲自己傳統土地的社會文化價值；當重新取得傳統土地權利之後，是否可以有效維護傳統土地習慣與傳統文化之實踐、或培養族人在現有市場管理技術、投資經營該土地在風景區的發展或合作計畫，是未被族人重視的或反省的。從這樣的發展來說，非合作條件環境，將無法發展互惠的管理制度與社會關係，反而走向獨大或雙輸的衝突。

　　案例二調查重點在於台電原初取得土地租用的事實為何？以及原住民族土地保障的法令制度是否完備？陳情人自行調查資料是否有法律效力？原墾家族可以依據「行政程序法」及「資訊公開法」，申請台電租用土地相關文件，進行調查。但執行機關忽視人民陳情調查事實真相的請求，並認定地籍簿冊的文字證據沒有登載原墾家族使用土地的記錄，視為唯一採信證據；甚至誤解「當事人」的法律定義，拒絕陳情人調閱公文資料申請，明顯呈現機關自我保護立場。從這行政依據的角度延伸，就算事實調查確實總登記之前是原住民傳統耕地，管理機

關對管理辦法的解釋，「擬制」了這些社會事實不屬於法律事實，沒有法律效力。

　　從行政機關處理公文的邏輯分析，解決原住民族土地糾紛議題的核心問題，除了歷史事實調查取得法律事實確認之外，更重要的問題在於管理機關在法律制度對原住民族土地權利的承認與尊重；目前管理機關與保留地制度的觀點還是「蕃地國有」以及國家救濟原住民生計而分配「公有蕃地」私有。2005年原基法通過之後，規範政府或管理機關承認住民族土地與自然資源權利，且是屬於多元文化原則之當代憲法的基本人權以及原住民族的集體權利。但是，從兩件案例現況來看行政機關還是否定之。不論執行機關在案例二對原住民族土地權利主張的完全否定，或案例一由否定轉為肯認，所依據的還是原住民傳統地與保留地屬於國有的基礎，重新創設土地測量與登記開墾的時間、清查土地使用之文字登記作為親自勞動的證據，且採信文字證據的關鍵在於執行機關鄉公所的行政裁量。這樣傳統土地並非承認與歸還原住民族土地權利，乃是救濟與分配。因為，如果原住民族土地權利是原住民身兼公民的一種獨特的權利，就算是只有一個原住民主張傳統土地權利，並提出自行調查證據，國家法律制度也應該主動受理、調查事實、尋求法律制度的糾紛調處與權利保障，這才是法治國家對人民權利的保障。

貳、原住民族土地糾紛調處的三階段工作

　　如何由本研究之分析理論來觀察兩件原住民向管理機關申

請傳統土地糾紛的參考案例呢？多元文化理論與財產權理論提供了差異文化族群之間對於個別族群土地制度之土地權利的認知異同的討論協商空間，並認為土地財產資源最適配置可能有很多種模式。對於國家法律制度保障原住民族土地權利的實踐層次，批判法學與批判種族理論在多元文化的基礎上批判主流族裔建立的原住民土地法律制度否定原住民族土地權利的政治背景；同時，藉由原住民族的「經歷敘述」在多元文化概念的國家制度改革，提供平等對話與權利保障的協商空間。國際人權組織或區域組織藉由原住民族文化權與土地權的確認，來規範傳統土地權利的新安排；而這些新安排必須在多元文化理論與批判種族理論等基礎之上，才可以取得理解。所以，原住民族土地權利的國家法律保障，當回到當代多元文化憲政主義之協商、在國家主權內部依法治原則保障原住民(族)基本人權、原住民族集體權及重新確認原住民族土地權。

2010 年重新思考已經通過的兩公約施行法、聯合國原住民權利宣言、原住民族基本法，營造國家與主流社會重新檢視原住民族土地權利的契機。在時間脈絡接續國際原住民族人權的發展，原住民族土地權利需要回到日本殖民統治初期的文化接觸以來探討；在文化脈絡反省，原住民族土地制度需要從承認族群傳統社會文化來詮釋傳統土地制度以及傳統土地權利的存在以及社會價值探討。從殖民歷史的脈絡與族群文化的脈絡，本文重新定位「蕃地國有」的概念，國家只是階段性任務，對未服從及不熟悉現代制度的原住民族「代管」「蕃地」，長期規劃原住民適應現代土地制度的過程，在森林事業計畫推動集

團移住與保留地制度。1966 年保留地管理辦法的私有化也在山地平地化、社會融合的政策背景下發展。

　　除了國家原住民族土地制度處在改革的十字路口、主流社會需要重新認識原住民族在殖民歷史的傳統土地被奪之外，原住民族自己族群內部現階段也存在被同化與現代化教育的迷失階段。原住民族內部也接受國家數十年的現代教育與保留地制度，宣導「蕃地國有」以及保留地制度的合法性與公益性，族人甚至懷疑自己族群對傳統土地與保留地擁有固有土地權利，尤其是通過國家考試而進入公職、或藉由選舉與政治參與的部落菁英。整個原住民族內部對於原住民族土地權利的概念還需要重新學習與認識，而處在自我重建的過程。

　　近十多年來原住民族土地權利在前述的研究環境被重新檢視。在文化多樣性的時代，對當代憲政主義的安排必須承認所有背景特殊成員的正當需要，Tully（2001：8-11）提出三個步驟：第一步需要實現相互承認（mutual recognition），及排除在預設的文化價值下承認文化多元；這部分也就是本章第二節介紹的認識與承認階段，政府必須學習認識傳統原住民族土地制度，並在法律制度層次予以承認傳統土地權利的存在。原住民族在主張傳統土地權利的過程，也需要理解現代國家採用西方財產權理論建立土地制度的優缺點，理解其評估最佳土地配置的邏輯與效益。第二，相互承認之外要延續文化，並非只用單一的憲政體制去承認所有文化。因「文化」對應為民族主體的情況下，而單一的概念使「民族國家」設定為唯一合法憲政形式，而抹煞了其他差異文化民族的發展空間；這部分也就是在

本章第三節介紹，傳統土地制度與現代土地制度的連結點，在於保障原住民族的基本人權。任何族群的傳統土地制度都蘊含有族群社會文化的價值，在國家肯認多元文化的發展過程，政府都有絕對的責任為差異文化民族保障原住民族土地權利與族群傳統文化的發展。第三，要取得同意，既將文化視為重疊的、互動的，而且內部是經過折衝妥協而形成的。本研究參考 Tully 的概念規劃國家原住民族土地制度的階段性任務，對國家調處原住民族土地糾紛的法律制度改革，提出三階段工作：認識與承認、制度的連結、建立協商平台。

　　第一階段，認識、尊重與承認。國家對原住民族政治主體性的承認，必須先修正 1902 年持地六三郎「理蕃意見書」的認知基礎，也就是重新保障「蕃人」的人格權與財產權，並不以母國經濟發展為唯一目的。這樣的基礎建立在 1948 年制定的世界人權宣言第一條開宗明義地宣示「人皆生而自由、平等地享有尊嚴與權利」，並「被承認為法律上主體之權利」（第六條）或「有權被承認在法律前的人格」（公民與政治權利國際公約第十六條）。反過來，原住民擁有公民資格，也受憲法第 15 條財產權的保障；原住民也擁有集體權利基礎，在原基法第 20、23 條也明確指出「政府承認原住民族土地及自然資源權利」，並尊重原住民族習俗、社會經濟組織型態、資源利用方式、土地擁有利用與管理模式之權利。但這樣的原住民族土地雖然包含「原住民族傳統領域土地及既有原住民保留地」，但不能建立在「理蕃」政策基礎而認定保留地分配模式，而是基於原住民（族）人格權與財產權的承認。

　　政府承認原住民族土地權利必須由多元文化理論與財產權理論的認識基礎，並在所有權之外建立其爲法定物權內容之一。從本研究的脈絡，原住民族土地權除了國家經濟效益之外，還要在承認人格權的基礎上，從族群社會文化、組織祭儀、生存環境、生產技術的脈絡，認識傳統土地制度及所保障土地財產權，而這些必須進入原住民族知識體系的整理。第三章就以太魯閣族傳統土地制度爲例，藉由 *gaya* 規範與 *utux* 信仰的介紹，整理此知識體系的參考模式。對政府或原住民自己，這些知識體系將使傳統土地制度被認識；而政府依據所宣稱的承認傳統土地權利，將明確修正現代保留地法律制度擬制的「蕃地國有」與經濟發展優先的法律政策，並理解原住民族主張傳統土地的權利是求生存、維護尊嚴和謀求幸福的最低標準。

　　在國家與原住民族間，第一階段可以依據原住民傳統領域、原住民族對象、殖民歷史脈絡、國家保留地制度實施期限，配合民族自治區域，定義出原住民族土地權利的人、地、時、事等相關事項與內涵。這個權利是原住民族享有平等、不歧視、人格不侵犯的自由、以及公民和司法正義的基本的個人權利。這部分在本章第二節說明。

　　第二階段，制度的連結在於文化的延續，既憲法保障原住民族的基本人權。在呈現不同族群傳統土地制度的多元文化價值與財產權配置制度基礎之後，原住民族的發展必須正視西方財產權理論所發展的完全私有制與自由市場制度的經濟發展效果。這些財產制度在其社會文化價值基礎上都是土地與自然資源「最有效」配置的制度設計，在功能上都保障土地關係的社

會穩定,其制度的核心都在保障國民生存與人性尊嚴的保障。最大的差異在於原住民族與現代國家對於「最有效」配置的評估概念與技術方法有很大的不同,而兩者對此最大的公約數就是人類世代與自然資源環境的生存與發展之上,並作為兩套土地制度的連結,而且這樣的制度連結必須建立在第一階段認識與承認的基礎上,否則國家強制性制度變遷會侵犯到原住民族土地權利,並產生土地衝突與糾紛調處成本。

人權理事會原住民人權與基本自由狀況特別報告員 Anaya 在 2008 年的報告書中指出,《宣言》在序言第六段已指出此基本規範的理由,是因為認識到「原住民在歷史上因殖民統治和自己土地、領土和資源被剝奪等原因,受到不公正的對待,致使他們尤其無法按自己的需求和利益行使其發展權」,故規範的權利是屬於補救性的措施,包含現在重新主張原住民族土地權利,《宣言》重申原住民族固有的具體權利,而且是「糾正歷史上剝奪原住民族自決權以及…其他基本人權行為而持續至今的結果」。第三節將藉由基本人權的核心價值,作為原住民傳統土地制度與國家原住民土地制度的連結點、並尋求整合的可能。

第三階段,建立協商平台,取得同意。在前兩個階段的發展過程,現行國家保留地制度對於原基法宣稱的原住民族土地權利之法治保障是「制度欠缺」。原住民族土地制度與現代國家土地制度的連結是需要國家建治協商平台,進行雙向溝通,發展雙方同意的新原住民族土地制度。國家需要依據原基法第 30 條所規範的原則,「應尊重原住民族之族語、傳統習俗、文

化及價值觀」，藉由立法、行政、司法三項領域，建立國家法律體系內部的原住民族法律體系，解決原住民議題、保障合法的權利。其中，對原住民族土地權利也需要依此原則建立國家的原住民族土地制度。另一方面，原住民族在經歷現代教育與資本主義社會市場經濟生活之後，認同族群傳統文化與土地習慣在現代社會發展的定位，並且認知傳統土地權利不是國家分配取得的，而是固有傳統土地權利。國家與原住民族確認原住民族土地權利的共識之後，還需要釐清土地資源利用模式、族群發展的評估指標。這些問題需要藉由國家建立的協商平台，而此平台最基本的原則不是在比人數多寡的民主機制，而是少數原住民族對於自己族群事務擁有政治參與的機制，族群的意見不會因為相對少數而被否決。這部分在第四節介紹。

　　本章第二、三、四節將依序介紹這三項階段的工作，並在第四節末段將這三階段工作的概念，拿來分析本章的這兩件原住民傳統土地糾紛之參考案例。

第二節　真實 balay 與調解 psbalay：認識、尊重與承認

　　在思考國家與原住民土地糾紛調解，最首要的工作是國家對原住民族土地權的承認與原住民族依據傳統社會文化而耕作「事實」的認定問題。

　　要認識原住民族土地制度，就必要由其族群社會文化脈絡

了解。以太魯閣族為例，要認識太魯閣族土地制度，就必要由其社會文化脈絡了解 *utux* 信仰與 *gaya* 規範。在實踐土地制度上有兩項重要原則：真誠與謙卑。從太魯閣族語來看社會的核心價值的實踐，真誠稱為 *balay*，而且用 *"balay bi Truku"* 來稱讚最完美的人格。而這字眼也包含整平、平息、調解的意思，當兩方的爭執藉由確認真相而依據 *gaya* 化解，既也用這一個字眼 *psbalay* 來表示調解。太魯閣族在 *utux* 信仰之下，也保有整體生態的概念，人類只是其中的管理者之一，就算是能力強而名聲大的領袖，其實是最遵守 *gaya* 且最謙卑 *smbilaq* 的，相對也取得部落族人的信任與支持。這個族群文化也是社會發展最低交易成本的環境。本節由太魯閣族調解土地糾紛的概念：真實與調解的概念，來說明原住民土地糾紛調處的第一個階段工作：認識與承認。

一、傳統社會的事實真相與國家的法律事實

從太魯閣族傳統土地規範與傳統信仰來看，雖然原住民沒有文字記錄，卻非常重視當面協商與口頭承諾的遵守，因為所有的口頭協議都會在個人內心在 *utux* 信仰上的自我審查。在土地糾紛的調處也在於確認當初的約定為何？誰毀壞 *gaya* 規範？雖然傳統土地制度依靠的方式是 *utux* 信仰的約束力，但族人所追求的還是事實真相 *balay* 的確認，而這些真相是在 *gaya* 規範與社會共善價值的基礎上族人之間土地資源處置的口頭約定。對缺乏文字紀錄的傳統社會族群，遵守口頭承諾就像現代社會遵守文字契約一樣的約束力，更不要說侵犯族人先佔的土地權

利，用現代文字登記的手段排除族人傳統土地的權利。就像耆老許通益先生所說的「我們之前沒有這樣的情況，我們有 *gaya* 與 *utux*。當國家法律管理之後，我們 Truku 才學會用登記偷拿別人的土地。」

　　傳統土地制度要求遵守口頭承諾之外，更要族人自我檢視內在的物質慾望，也許沒有第三人作證，但堅守自己主張土地的行為、過去的語言承諾取得一致，這是傳統社會的 *gaya* 規範，也是在 *ututx* 見證下的約定。這就是本研究所說的「言行合一」的傳統土地規範，就像族人常說的 *"ki bi utux"*，是一種內在的自我慾望的約束。原住民傳統社會文化不會排斥接受現代重視文字契約的社會規範，文字形式的表達對強調口頭承諾的社會是歡迎的，這使得口頭契約可以文字化而清楚權利義務關係。原住民傳統社會文化在現代重視文字契約的社會產生矛盾嗎？應該不是，反而是藉由追求真相的過程，使現代追求發展的動力導向長遠目標：人類世代在自然環境永續生存的可能。

　　另一方面，現代國家對人民法律行為產生法律效果上，尤其是民法，注重「意思表示」這樣的概念。這使當事人的真意，藉由思考及判斷而表達，透過文字或口傳之媒介，正確傳達到其他當事人所正確的理解。這樣的過程只是重新拆解了傳統原住民社會「言行合一」的整套流程，並在人類行為分析上作的細部的階段分析，並給予不同的法律上權利義務的規範。現代法律對於意思表示的形式或媒介包含文字表達與語言傳達，這樣的契約都受到的法律的保障，只是對於不動產、土地財產權利的規範上特別慎重而規定以文字書面與登記為之。對於沒有

文字記錄的原住民社會習慣來說，土地總登記代表了國家藉由實地清查、登記傳統土地使用人的土地歷史與固有權利，產生的文字記錄作為「土地權利來源」的依據。原住民族社會沒有文字書面與國家法律工具，也可以維繫社會秩序與土地關係，此背後主要是在 *utux* 信仰下遵守社會 *gaya* 規範完成的口頭約定（契約），也屬慎重的口頭承諾。所以，傳統土地制度在保障土地關係與社會秩序上，與國家土地制度並不衝突；現代國家法律在原住民族第一次土地總登記時，也並沒有完全排除傳統社會口頭約定作為土地資源權利重新配置的「意思表示」之可能。

　　在土地制度的調處上，傳統原住民社會也存在調處 *psbalay* 機制與規範。*utux* 的審判是傳統太魯閣族社會所認同的，經過自我內心檢視自己與族人口頭約定的真相為何、在 *gaya* 上檢視自己外在行為維護土地財產慾望。這樣的 *utux* 信仰所追求的也是現代行政或司法調查過程的真相確認。只是現代國家定義了「法律事實」、「法律適用」的概念，也就是參考案例二中高等行政法院的判決理由：

> 蓋公法上法律關係之形成，<u>國家基於高權作用</u>，享有優先形式之權限，且在公法上，事實涵攝於法律之過程通常比較複雜，應由行政機關先依<u>行政程序法</u>之相關要求<u>認定事實、適用法律</u>，再將所形成之<u>法律關係</u>以<u>行政處份之外觀</u>對外呈現，藉由法律關係之<u>公示作用</u>，確保<u>法之安定性</u>。（節錄自判決書，參考圖 5-7）

在這樣的現代法律邏輯上，將原住民族土地權利架構在「依行

政程序法之相關要求認定事實、適用法律」，也就是國家規範的行政管理機關對於原住民土地歸屬認定標準與法律程序的問題，並以維繫法之安定性優先於原住民土地權利之保障。如果行政機關依據殖民歷史脈絡與「蕃地國有」的法律政策，既公有保留地「依法」分配的概念，行政機關認為公共造產之公益高於歸還傳統土地權利之私益，既可以不理會傳統土地歷史淵源關係者的歸還土地主張，亦屬合法行政。

　　唯行政機關尊重法律位階優先於管理辦法之原基法第20、23、30條的規定，則判決理由所謂的「認定事實」標準與「適用法律」程序，將會檢討過去管理辦法延續自「理蕃」政策之森林事業計畫的立法程序，並符合兩公約施行法之「公民權利和政治權利國際公約」第27條原住民族固有文化權包含傳統土地權的解釋，且達到《宣言》的人權保障之法治標準。此也就是引文中「國家基於高權作用」的權利基礎：人民的授權國家建立法治之人民主權概念。國家規範原住民族土地管理的權利也是源自於原住民族的授權，而平常在舉行民主選舉的過程往往再被確認。

　　原住民族社會在土地權利關係的確認上，以太魯閣族土地使用 gaya 為例，與現代法律制度調查「法律事實」一樣，都在確認事實真相，並尋求某種社會價值與規範的調處。回到實際的土地糾紛案例，現代國家在行政程序上由原住民土地制度規範以地籍簿冊為唯一證據，並藉由這樣的文字證據限制原住民族依據口述證據與佐證資料，不得作為證明失去傳統土地權利的「法律事實」，並使原住民失去法律上的土地權利。這樣的

土地管理技巧也不斷在殖民統治侵犯原住民土地的過程中出現。日治時期 1895 年的日令第 26 號第一條與國治時期 1947 年台灣省土地權利清理辦法第八條，使得原住民族欠缺土地關係的文字證據，而保留地與原住民土地在法律上成為國有土地。這使得保留地管理機關合法化文字證據為保留地的「使用調查紀錄和相關使用資料」或「土地使用權源證明文件」。

　　訪談記錄的原住民都支持採用文字證明保障原住民土地權利的規劃，也符合沒有文字記錄的族群在現代社會發展上的需求。行政機關對原住民土地權利的現代法律保障，發生在第一次土地總登記之時，以清查使用者為登記的標準暨完備了文字記錄原住民土地權利的狀態，並想像原住民只有共有的土地所有模式、規畫文字記錄內容，欠缺由傳統社會文化脈絡來認識原住民土地權利關係。從參考案例一，文蘭村土石流發生在土地總登記之前，地籍簿冊完全排除記載，案例二富世村舊電廠宿舍在土地總登記之前台電公司強架鐵絲圍籬，排除原住民耕作的社會事實也不可能登載在地籍簿冊。在實際的歷史過程會有更多的情況，是地籍簿冊遺漏登載的。進一步看，以圖 5-3 的地籍簿冊來說，其實文字內容也是調查員訪談土地使用者的部分土地使用歷史的口述記錄，並轉換為文字記錄；故對沒有文字的原住民土地權利採用文字證據與口述證據並用並沒有衝突。另一方面，這些土地使用狀況的文字證據是建立在國家尚未承認原住民族土地權利的歷史背景。當國家肯定多元文化、政府承認原住民族土地權及土地使用規範，國家有需要再次接受原住民主張土地權利的口述紀錄，並調查而轉換為文字證據。

二、口述證據與文字證據都具證據能力並經由獨立調查機關確認證據力強弱

在 2005 年我國通過原基法之後，第 20 條規範「政府承認原住民族土地與自然資源權利」。我國政府需要參考加拿大最高法院 1997 年在 *Delgamuukw* 案的判決的觀點，肯定原住民族對於土地權的主張，原住民族的土地受侵害時應諮詢原住民族，並且原住民族的口述歷史應和國家（文字）歷史受到相同評價（雅柏甦詠‧柏伊哲努， 2008：152）。所以，我國在 2005年之後，政府在原住民土地與自然資源管理上需要重新確認，耆老口述證據與土地地籍簿冊有同等的法律上的「證據能力」，同時也負有法律上的陳述事實的責任，不得進行偽證。而在獨立機關調查過程確認口述證據與文字證據的「證據力」強弱。這樣的確認並不會必然造成土地權利的混亂，只是使原住民族土地權利得到法律上最基礎的保障，因為國家法律同時對於既得所有權利者的土地權利也有一定程度的保障，只是國家需要協商兩者競合的法律規範，並給予願意依據傳統原住民族土地制度進行協商調處的原住民一條合法回復／歸還傳統土地的法律途徑與程序。

另一方面，國家法律體系的「承認原則」需要建構在認識原住民族傳統文化與土地習慣的基礎之上。原基法第 23 條規定「政府應尊重原住民族選擇生活方式、習俗、社會經濟組織型態、資源利用方式、土地擁有利用與管理模式之權利」。第 30條規範法律制度建立在傳統習俗、文化及價值觀。所以，政府

在第 20 條承認也必須要先學習認識原住民族習俗、資源利用方式、土地擁有利用與管理模式，並視為人民獨特權利，而不是救濟式分配的特殊權利。部落工作青年報導人 B5 也指出國家的承認必須建構在尊重與認識原住民族文化的基礎之上：

> 國家或公部門還是用大漢人的想法看原住民土地的議題，他重視的漢人的權利，不會是我們老人家說的土地權利，甚至鄉公所的原住民菁英也只是顧自己的飯碗，或看能多得些什麼。…… 像我之前說的，承認是要先有尊重的態度。雖然我們的文化習慣不同，但是會互相學習。不是說原住民比較少，漢人就不尊重，或是一定要我們學她們的價值或是西方的法律文化。我們的文化也有重要的東西。這樣才有實際落實所謂「承認」的工作。不然，非原住民及政府會認為原住民的傳統文化與知識是沒有價值的，那不可能會有誠心的尊重，也不可能承認。（參考附錄七之 B5 訪談整理）

國家處理原住民土地糾紛的第一階段，尊重、認識與承認。國家對原住民族政治主體性的承認，必須先修正殖民歷史中原住民族被否定土地權利的法律制度及其延續，也就是重新保障原住民的人格權與財產權，並不以母國經濟發展或法之安定性為唯一目的。在此脈絡下，國家依據自治區域、原住民族對象、殖民歷史事件、國家保留地制度實施期間，定義出原住民族土地權利的人、地、時、事等相關事項與內涵。這些定義使原住民族之權利主體確認，其確實享有平等、不歧視、人格不侵犯

的自由、以及公民受司法正義保障的基本人民權利。國家對原
住民土地權利的認識與承認，會在原住民族身分、民族自治區、
民族土地習慣研究與法律化整理、山林土地開發的社會文化價
值、固有傳統土地權利確認的時間與模式等相關法律中，界定
清楚原住民族土地權利的內涵。

　　政府承認原住民族土地權利必須由多元文化理論與財產權
理論認識原住民族社會文化為基礎。從本研究的脈絡，原住民
族土地權除了國家經濟效益之外，還要在反省殖民統治而重新
承認文化權、人格權、生存權的基礎上，從族群社會文化、組
織祭儀、生存環境、生產技術的脈絡，認識傳統土地制度及所
保障土地財產權，而這些必須發展原住民族知識體系與原住民
族法律體系的建置過程。不同族群會有不同的土地制度與社會
文化價值，也會有不同的社會組織與土地資源分配的特徵與研
究路徑。第三章就以太魯閣族傳統土地制度為例，藉由 *gaya* 規
範與 *utux* 信仰的介紹，整理族群知識體系與傳統土地制度。對
政府或原住民自己，這些知識體系將使傳統土地制度被認識。
而政府宣稱所承認的傳統土地權利，將明確修正現代保留地制
度擬制「蕃地國有」，並理解原住民族主張傳統土地的權利是
求生存、維護尊嚴和謀求幸福的最低標準。原住民族自己在經
歷數十年山地平地化與社會融合的現代教育與市場經濟活動之
後，也需要重新思考自己族群傳統土地制度的社會文化意義，
以及現代社會的詮釋。尤其是在執行法律或運用公共資源發展
的原住民菁英，由接受過去否定傳統的現代教育中，重新思索
原基法第 20 條承認原則與第 23 條尊重原則的意義。部落菁英

需要藉由自己族群傳統社會文化脈絡，尋找認識自己族群原住民族土地權利的分析與整理路徑。

三、原住民族在族群發展需求上承認與吸收現代土地制度的優點與整合內容

原住民族傳統土地制度在表 4-4 整理與現代國家土地制度相異同的土地財產權概念。原住民族對現代土地制度差異項目中，國家藉由現代土地制度建立土地文字登記、制度化組織化管理、現代生產技術與市場經濟環境，提供原住民在土地有效利用的新方法。原住民對於這樣的現代組織與專業分工的生產模式，要如何由自己族群傳統土地觀點認識與學習，並調適自己傳統土地習慣與社會價值觀，這是原住民族爭取政府承認原住民族土地權利同時，需要面對現代土地制度發展而反思的，並且避免落入「左派本質論的多元文化主義」的態度，而走向與現代土地制度對立、孤立而產生結構不均的困境，以盡自己對後代子孫之責任。

部落耆老 B2 在族人自我反省土地制度變遷的過程中也指出（參考附錄七），

> (族人)應該要好好知道以前老人家的 gaya，同時要知道現在國家的 gaya。他們要好好的學習，同時要研究，討論如何創造新 gaya 會是比較好的。大家都要來討論，怎樣的 gaya、如何使用土地是比較好的。要知道以前的問題，為什麼現在(保留地制度)的 gaya 會使族

人隨便並且可以破壞 gaya。國家也是要想，為何麼會
這樣，重新建立新的 gaya 的時候會改善。同時，大家
都不可以再貪心，只想要使自己的更大、更多。

多元文化概念是雙向的，原住民族也需要認識、尊重與承認現
代土地制度；差異在於「原住」之固有權利、土地權利包含特
殊文化權以及殖民歷史遭遇。

第三節　傳統與現代原住民土地制度的結合：基本人權

在原住民族與現代國家在認識與尊重不同的土地財產權制
度之後，相互真誠地承認原住民族土地權利的樣貌。第二階段，
確認原住民族土地權利的目標在於族人生活保障與文化的延
續，既憲法保障原住民族的基本人權；也作為原住民族土地制
度與現代國家原住民土地制度的交集。本節將藉由基本人權的
核心價值，作為原住民傳統土地制度與國家原住民土地制度的
連結點、並尋求整合的可能。

一、多元文化概念與原住民（族）基本人權

國家在第一階段已經定義出原住民族土地權利的人、地、
時、事等相關事項與內涵，呈現不同族群傳統土地制度的多元
文化價值與財產權配置制度基礎；另一方面，原住民族對未來

土地發展與利用也必須正視西方財產權理論所發展的完全私有制與自由市場制度的經濟發展效果。這些不同財產制度在其族群社會文化價值基礎上都是土地與自然資源「最有效」配置的制度設計，在功能上都保障土地關係的社會穩定。最大的差異在於原住民族與現代國家對於「最有效」配置的評估概念與技術方法有很大的不同，而兩者對此最大的公約並作為兩套土地制度的連結點，就是人類世代與自然資源環境的生存與發展。這樣的制度連結必須建立在第一階段認識與承認的基礎上，否則國家強制性制度變遷會侵犯到原住民族土地權利，妨礙原住民族群發展，並產生土地衝突與糾紛調處成本。

如果國家多元文化地認識原住民殖民歷史遭遇，承認差異族群權利也符合正義平等原則，則原住民族土地制度也是族群規範族人在自然資源環境生存的規範。民族法學的角度認知，國家在國家法律體系內處理原住民族議題需要建立一套原住民族法律體系的概念。由於原住民族土地糾紛議題遭遇殖民時期的歧視待遇以及批判種族理論批判國家法律的非中立性，國家對於原住民土地制度必須主動確立國家法律體系的地位。國家調處原住民土地糾紛的第二階段，必須思考國家土地制度與原住民族土地制度的連結。確切地說，這個連結點就是基本人權。

二、原住民族傳統土地制度與基本人權

人權理事會原住民人權與基本自由狀況特別報告員 Anaya（2008）的年度報各書中指出，《宣言》第一條已經明確說明原住民族集體或個人的權利其實是發展自一般人權原則與準則，

進而對原住民特定的歷史、文化、社會、經濟狀況做同樣的詮釋與適用。《宣言》序言第六段對原住民族的歷史遭遇指出，因為認識到「原住民在歷史上因殖民統治和自己土地、領土和資源被剝奪等原因，受到不公正的對待，致使他們尤其無法按自己的需求和利益行使其發展權」，故規範的權利是屬於補救性措施，非救濟式地，包含現在重新主張原住民族土地權利。《宣言》重申原住民族的具體權利是固有的，不是國家創設而賦予的，而且是「糾正歷史上剝奪原住民族自決權以及…其他基本人權行為而持續至今的結果」。簡明之，《宣言》例舉的項目只是全世界原住民求生存、維護尊嚴和謀求幸福的最低標準，既基本人權的內容（第 43 條）。

原住民族土地制度雖然採用非西方財產權理論的模式配置土地資源的最適配置，但在土地勞動與收穫結果的確是包含私有權利模式為基礎，並且呈現某人擁有某地的土地權利的概念；只是在社會發展的需要上講求互惠的社會關係與互助的組織行動，以保障族人生存與生存環境永續，並形成民族特殊的社會文化與精神生活。原住民族族群在部落土地使用的過程呈現族群社會文化脈絡下、維護族人生存的人權保障。如果現代國家在與原住民族文化接觸是在 19 世紀到 20 世紀初，也許政府可以用國際法實證主義暫時否定原住民族之國家位階的政治主體性。我國原住民族進入國家主權範圍時，也在此種脈絡下被國家視為不順從、不文明的山林動物，否定人格權、剝奪財產權的作法；但在今日現代國家保障公民基本人權的立場上，這些否定與剝奪將需要重新檢視並尋求法律的補救與賠償。

　　從現代國際人權發展的角度看，不論在兩公約或《宣言》，都指出原住民族在國家主權維持完整情況下，國家有政治責任保障原住民族的自治權、政治參與權利，致於固有土地財產權利則在非「自由知情同意原則」下喪失者，國家需要補救。國家補救的方式包含歸還與賠償（《宣言》第 28 條）。從這樣的角度理解，原住民族土地權利在國家主權下並沒有消失過，只是暫時被否定；是屬於原住民族集體權利的一環，也屬於多元文化國家保障公民的人性尊嚴、基本人權的內容。

三、國家原住民土地制度與基本人權

　　傳統土地制度如何在國家現代土地制度下發展運作呢？第一階段承認與認識功夫是否落實，攸關第二階段的成敗。原住民族土地制度施行民族自治範圍、原住民族成員、土地配置與發展議題、傳統土地權利的回朔時間、歸還的傳統土地或分配的公有土地的標地等定義必須先明確；而傳統土地制度的社會文化意涵，轉換對應到現代社會的意義與市場經濟的價值，此轉換的研究越透徹，原住民族人在現代社會重新「接受」及「認識」傳統土地制度的意願以及發展也將越成熟。從這樣的多樣性土地制度發展，原住民族傳統土地永續使用山林資源的傳統知識，將是國家進入多元文化層次的最大的收穫，也提供政府思考山林國土復育的新方向。

　　多元文化的國家在承認原住民族土地權利並尊重傳統土地規範與社會文化之後，政府如何規劃我國原住民族土地制度的發展環境，將會如科斯第三定理所述「權力的界定是市場交易

的前提」，權力的界定在此表示財產權的安排，強調沒有財產權的安排就交易不易進行。並以科斯第二定理的論點指出在市場交易為證的情況下，「合法權利的初始界定會對經濟制度運轉的效率產生影響」（胡樂明、劉剛，2009：93-101），既國家建立的初始財產邊界與制度選擇，對於原住民族土地制度是否滿足族群土地資源最適配置的發展攸關重大。差異文化族群的原住民族土地制度的成功，代表國家進入多元文化生活品質的新層次，也代表國家依據原住民族山林智慧進行山林國土復育的成功。國家這樣的原住民土地制度安排，是走向國家與原住民族雙贏的制度發展模式。

　　台灣目前經過國家認定的原住民族有 14 族，而各族群發展歷史、生活環境、生產技術、社會組織、社會文化等條件不同。顏愛靜與楊國柱(2004：19-39）重新整理文獻，對不同族群的土地利用、功能組織、所有制度進行分類。這些文獻欠缺由多元文化觀點與傳統社會文化脈絡來分析各族群的傳統土地制度，並由現代土地制度標準來衡量，認為原住民土地財產概念只有共有制。這樣的原住民族土地所有型態的分類對於國家肯定多元文化、政府承認原住民族土地權利與尊重傳統土地規範及社會文化的條件來說，需要由族群傳統文化與社會組織重新田野研究並進行整理分析。我國多元族群的原住民族在傳統土地制度的差異是可以想見的，政府面對這樣實際的條件，在人民權利用法律制度保障的原則來說，需要對原住民族土地與海域相關法令作有效的多元文化構想。原住民族土地與海域相關法令也必須要做兩種階段的設計，以保障不同族群的差異性與文化

多元的發展可能。原住民土地制度的第一個階層是國家與原住
民族之間原住民族土地權利的法律規範，第二個階層是原住民
族各族群在自己社會文化與族群生活條件的發展上，研究各族
群傳統土地制度並轉譯與整合到現代社會環境的文字化過程。

四、國家法律承認原住民族土地權的解釋與基本人權

　　國家訂立原住民族土地相關法律制度，需要充分讓原住民
族參與（原基法第 21、22 條），並落實自決權、自治權的運作
功能（第 4、5 條）。現代國家在與原住民族之間的層級需要認
同在西方財產權之所有權念為基礎，擴充為所有與共有並存的原
住民族土地權利，並將此土地權利定義在國家法定物權的空間內。

　　首先，國家法定的土地權利的概念需要釐清。憲法第 143
條「中華民國領土內之土地屬於國民全體。人民依法取得之土
地所有權，應受法律之保障與限制」指出人民「依法」取得有
「所有權」。民法第 765 條「所有人，於法令限制之範圍內，得
自由使用、收益、處分其所有物，並排除他人之干涉。」也指
出所有權人的權利。但憲法增修條文肯定原住民族議題以多元
文化為最高原則；原住民族自治區成立後，由自治區政府成為
管理者並辦理土地所有與共有制混合模式的土地使用；政府依
據原基法第 20、23 條承認原住民族土地權利的實體存在；在法
律程序上管理機關依據原基法第 30 條、採用傳統土地習慣與社
會文化所發展的原住民族土地權利管理，使「原住民族土地權
利」屬於憲法、民法、土地法之法定物權之一，並取得族群共
識與法律認可，使得原住民族私有制與共有治的財產權概念也可

以合法的規劃，所有的概念將可以被擴充，權利的概念將會落實。

　　第二，民法第 757 條「物權，除本法或其他法律有規定外，不得創設」，此乃「物權法定主義」；2009 年本條修正為「物權除依法律或習慣外，不得創設」時，已提供原住民族依據傳統習慣主張土地與自然資原權利，發展適合原住民族的社會文化發展之物權類型。所以，原住民族土地權利可以依據憲法增修條文第十條第十一項、原基法第 20、23、30 條以及民法第 757 條，明確定義原住民族土地權利屬於原住民族傳統領域及自治區範圍內之特殊法定物權，乃依據原住民族文化權、土地權而建立私有、共有、總有概念之混合模式的土地所有模式

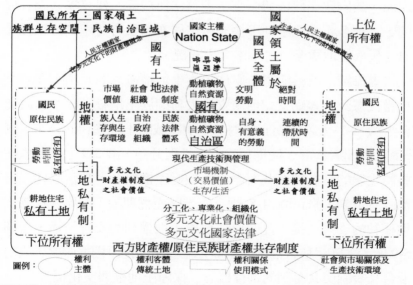

圖來源：本研究繪製。依原基法的原則，綜合圖 3-6、圖 4-5 概念而修改

圖 5-9：多元文化當代憲政主義國家對原住民族土地權利的制度安排

　　第三，民法第 758 條「不動產物權，依法律行為而取得設定、喪失、及變更者，非經登記，不生效力」，此乃土地權利「登記主義」與法律保障。但登記主義並不會因為對原先沒有文字的原住民族在土地清查階段採用口述歷史並文字化，而與書面或文字證據相衝突；因為土地總登記之時的地籍簿冊資料（如圖 5-3）雖採用土地使用者登記方式運作，其實調查員在會勘登記階段也是採用口述詢問過去土地使用歷史並轉化為文字登記的過程。所以，政府對原住民族土地權利的法治保障上，在調查事實真相階段採信口述歷史並不會違反登記主義，反而使沒有文字使用習慣的原住民族取得更周延土地權利的轉換與法制保障。政府要如何依據原基法調整法律規範、建立獨立調查機關，才是多元文化原則下擴充憲法層次的私有財產制、以發展原住民族土地權保障之基本人權關鍵。

　　本節結合第二節對於原住民族土地權概念的介紹，多元文化當代憲政主義國家如何來安排太魯閣族土地權利呢？本研究參考圖 3-7 太魯閣族族群內部土地區域的土地權利的分布、圖 3-8 太魯閣族族群土地權利的階序性與分布、圖 3-9 太魯閣族在整體生態的私有制與共有制之土地財產權概念、整合原住民自治政府規劃，修正圖 4-5 國家西方財產權理論下的原住民族土地權利的安排，提出此時原住民族土地權利的安排架構，如圖 5-9 所示：確認私有權制的基礎，在多元文化原則擴張之，成為混合私有制與共有制的物權概念，保障土地權與文化權。

五、小結：強勢政府機關會對弱勢差異文化族群的基本人權謙卑並賦權嗎？

　　國家採用西方財產權建立現在保留地、政府原住民族土地所有權採用私有制、物權法定主義、土地登記與否定口述歷史等現有規範以保障公民財產權，則原住民族土地權利的保障將如第四章所述：被否定、剝奪、摧毀。當憲政國家進入多元文化原則，以文化詮釋來認識、尊重原住民族固有土地權利，則政府應羞愧地承認原住民族的歷史權利，在法制保障基本人權的共同基礎上，擴充西方財產權制的公平正義價值，尊重差異以包容原住民族觀點論述的原住民族土地制度。政府與主流社會要由傳統自由主義的西方財產權制度跨文化藩籬地認識及承認原住民族固有土地權利；而跨越兩端財產權藩籬的橋樑並非特殊，就是基本人權的法制保障。此種保障只是強勢政權或執行機關的一念之間，謙卑對待弱勢族群，放棄殖民時期剝奪原住民族基本人權而取得的非正義之既得利益，進入多元文化族群關係並以此態度生活，則保障原住民族集體權利且強化個人財產權利。

　　舉個例子，這樣的概念看「司馬庫斯櫸木事件」（附錄五節錄本案判決書理由），此案針對原住民族（土地與）自然資源權利對抗森林法的行政處分、司法檢察體系調查、司法審判體系審判等程序，被告與部落經歷五年多時間的抗爭，保障傳統土地上的自然資源權利。本案何以在相同的法律環境之下，在經過高等法院更一審之後才開始引用原基法第 20 條、部落耆

老地在地知識、民族學者環境生態學者的作證、人類學者研究報告等作為審理的基礎呢？在事發當時，法條、證人與證據都已經準備在那裏了，只是政府與機關內的公務員是否養成了多元文化的生活態度，以及面對弱勢差異文化族群權利的法律保障概念，而不再「因現狀而中立」的自我設限。林務機關、檢警人員、法院法官只要一念之間的改變，原住民不需要再針對自己固有的族群集體權利抗爭而徒增社會成本，因為國家法制體系即便未完成森林法等修法工作，但也已經完備保障原住民（族）基本人權。若政府抱持正面積極的立場、持續宣導多元文化的生活態度、延伸到處理差異社會文化價值之衝突調解，多元文化的生活態度也可以提供政府處理差異價值概念的團體發生衝突之時的糾紛調處與解決方案。

另一方面，司馬庫斯部落族人的民族認同與族群意識，引起人權保護團體的認同與協助，發揮批判種族理論中的「經歷敘述」與「種族意識」的方法，使主流社會與法律執行者無法否認原住民族主張，在實際案例發揮效應。司法庫斯部落爭取原住民族自然資源權利的經驗，堅持由民族主體權利的角度解釋／詮釋族人在現代國家的法律行為並未違法，是原住民族爭取土地權利的學習模式。

我國在兩公約施行法立法過程，執政者宣誓我國乃「人權立國」的理念。馬英九總統就職三周年演說以推動「世代正義」為責任。但在憲法增修條文肯定多元文化處理族群關係，原基法承認原住民族土地與自然資源權利已經過了五年，而何以國家原住民土地制度還是維持就既是分配的、殖民歷史脈絡的保

留地制度？整個司馬庫斯部落族人還要宣誓被判有罪就一同入
獄的抗爭、富世村台電舊宿舍案的部分耆老沒能看到傳統土地
權利爭取回來而懷恨遺憾過世、文蘭村 30 甲土石流流失土地等
等事件，都還需要運用非常政治的手段來主張國家已經承認的
原住民族土地權利。這彰顯了我國「人權立國」實際上只是口
號的、形式的，既架構在法實證主義之「法律=國家制定法律」
形式、繼受西方法，但骨子裡是維持了傳統中華法系「法律即
強制」、「法律即權力」的行政邏輯與做官理念；無法實踐「法
律即權利」的西方自希臘城市國家時代以來的法律觀（吳豪人、
黃居正，2006：211-213），有擔當放棄自日本殖民統治時期剝
奪自原住民族土地權之既得利益。實際上，我國原住民族土地
制度是處在「制度欠缺」的制度改革瓶頸。

　　反觀國外政府的改革，比如：加拿大政府設立 ICC 作為獨
立團體調查原住民土地主張、澳洲政府通過「原住民所有權提
案」是在兩國最高法院判決確認原住民族土地權利存在之後，
隔年政府就進行原住民族土地制度的改革。我國在原住民族土
地制度改革是屬於後進者，已有很多參考學習的對象、而應該
不需要原住民族再用極激進的抗爭以爭取固有的土地權利與保
障人性的尊嚴。反過來看，政府或強勢族群用正面積極地態度
看待原住民族土地主張，我國原住民族土地制度的改革仍然是
國家躍入多元文化國家之生活、建立「法律即權利」的法治理
念的新契機。這樣的生活態度也有助於改善我國內部多元族群
之族群關係，甚至對實施差異制度的兩岸關係與人民交流，可
以在此種差異而互相承認、尊重與法制保障權利的概念下，交

流互惠，並以多元文化的包容態度來面對差異制度發展的文化
與行為。

　　第二節在文化詮釋的基礎上理解原住民族土地權的存在，
且確認政府將原住民族固有土地權利在殖民歷史脈絡被剝奪。
而本節也認知此土地權利也是國家在憲法層級肯認多元文化下
的原住民族基本人權，雖屬集體權但與一般人民擁有的土地財
產權一樣需要國家法律制度的保障。據此，政府如何在公權力
基礎上建立差異文化族群間的原住民族土地制度改革，既政府
需要建立有公權力為基礎之的協商平台機制；這在第四節介
紹，政府用保留地制度否定且剝奪原住民族固有土地權與文化
權，則政府作為制度的建立與執行者、有責任主動建立有強勢
補救的協商平台。

第四節　傳統土地制度與現代土地制度的調適：協商平台

　　國家調處原住民族土地糾紛的階段步驟，在第一階段的承
認與認識過程，第二階段的制度連結過程之後，第三階段進到
建立協商平台。原住民族土地制度與現代國家土地制度的連
結，是需要國家建置協商平台，進行雙向溝通與發展。國家建
立協商平台的規劃，正也展現多元文化國家下的國家主權的完
整。

一、面對承認原住民族土地權，政府在現代土地制度的調適

　　原住民族土地制度其實牽涉到第 23 條「原住民族選擇生活方式、習俗…社會經濟組織型態、資源利用方式、土地擁有利用與管理模式之權利」，土地制度所包含項目是社會文化的價值觀、土地資源配置的生活選擇，筆者必須強調規範的項目是原住民族的獨特的（ *sui generis* ）權利、而非國家救濟的特殊權利，是需要讓原住民族政治參與，不是國家救濟得來的。國家需要依據原基法第 30 條所規範的法治原則，政府「應尊重原住民族之族語、傳統習俗、文化及價值觀」，在立法、行政、司法三項領域，制定國家法律體系內部的原住民族法律體系，解決原住民族議題、保障合法權利。其中，對原住民族土地權利也需要依法律保留原則建立國家的原住民族土地制度。政府必須清楚知道多元文化國家內，差異文化族群延續其土地制度並主張土地是一種權利；而國家面對多元文化價值的族群關係並建立法律制度之前，一定會有許多差異價值的制度化過程的衝突，國家必須建立一組協商平台，使不同價值觀的原住民族土地制度可以協商出適合自己族群需要的制度設立。同時，政府也要下苦功，委託學者依據多元文化觀點調查族群傳統土地的社會文化概念，並且整理數十年社會融合在西方財產權制度與自由市場運作之後的優點與弊端。

　　國家建立傳統土地制度與現代土地制度的協商平台，主要在於使國家賦權非西方財產權理論的原住民族可以陳述其傳統

土地制度的實際土地權利樣貌，而原住民族在陳述自我歷史經驗之外，也可以思索原住民族如何在現代土地管理制度作選擇，形成自我族群的共識。因為，居於人口少數之弱勢的原住民族主張固有土地權利可以不需要採用激烈遊行抗議的手段，就可以得到國家公權力的保障以及政府機關的重視與回應。而此協商平台必須使原住民族有充分的政治參與權利，並且受國家保障而不干涉的獨立運作權利，而其負有國家原住民族土地制度改革的建議權利。不論實際政治運作的實踐過程會受到主流社會或執政者憂心國家主權完整的疑慮與打壓，但獨立性與公開訊息是最基本的要求，使的國家原住民族土地制度的政策變遷有明確的依據以及論述，而這些論述得以在族群實踐過程追蹤並得以有依據的修正法律制度，國家主權不完整的疑慮也在公開溝通協商過程中化解。另一方面，國家過去藉由公權力建立殖民歷史脈絡的保留地制度、在多元文化觀點也需要藉由公權力進行改革並保障差異文化族群的發言權；同時，也是國家進入多元文化生活以及調處差異價值團體之協商基礎。

二、面對現代社會的土地管理技術與開發，原住民族在傳統土地制度的調適

　　另一方面，原住民族在經歷現代教育與資本主義社會市場經濟生活之後，對自己族群傳統文化與土地習慣在現代社會發展的定位，須理解傳統土地權利不是屬於國家分配取得的，而是爭取固有傳統土地權利。如果原住民族能認同這樣的傳統土地權利，原住民也需要讓自己重新認識自己族群文化於現代社

會實踐的社會價值，並且在現代土地制度整合中對現代價值與傳統價值作整合或取捨。再者，原住民族對於現代土地制度的技術需要學習哪些技術，並發展山林土地的使用，是需要從負擔世代責任的角度思考。原基法所宣稱的「傳統」、「歷史淵源」、「既有」的字眼，既表示當在原住民賦有對「後代」的責任，如《宣言》第25條指出「原住民有權保持和加強他們同他們傳統上擁有或以其他方式佔有和使用的土地、領土、水域、近海和其他資源之間獨特精神關聯，並在這方面繼續承擔他們對後代的責任。」其中獨特的精神關聯代表的視傳統社會文化內涵，這代原住民有權利主張傳統的土地權利，包含取得、使用、受益、處份等權利，並主張國家建立延續原住民族傳統文化的土地制度，但這樣的主張權利必須繼承自傳統的、固有的文化權與土地權，也必須傳承給族群後代發展需要而準備。

　　從此脈絡來看，原住民族對國家設立土地制度與法律的主張，是存在雙面的限制，一方面現代原住民族必須重新學習國家現代教育未安排的族權傳統土地制度與其文化內涵，另一方面必須由族群發展的角度解釋這些傳統文化的現代意涵。對原住民族自身來說，其實是對自己過去學習現代教育的拆解以及重新學習族群傳統文化；並思索在現代社會土地資源分配安排的最佳效率以及傳統文化表徵土地使用的最適配置的文化價值之間，如何在現代社會實踐選擇與整合。筆者認為，現代的族人不論如何選擇，只需要作誠實地紀錄、論述價值選擇的理由，在建立原住民族土地制度並實踐之後，分析紀錄族群發展與實踐的結果，作為族群後代批判參考的研究資料。在這樣脈絡發

展原住民族土地財產權制度與概念，原住民族會找到傳統土地制度與現代土地制度整合的最適方法。而這條實踐的道路是否有適當的發展環境，就在於國家是否提供讓原住民族充分表達的協商平台以及土地政策制定的參與。

三、建立負有公權力基礎的協商平台與組織制度

　　國家與原住民族要如何看待原住民族土地權利呢？確認這些議題之後，還需要釐清土地資源利用與發展的模式與目標。這些問題需要藉由國家建立的協商平台，而此平台最基本的原則不是在比人數多寡的民主機制，而是少數原住民族對於自己族群事務擁有政治參與的機制，族群的意見不會因為相對少數而被否決。

　　Tully（2001）在《陌生的多樣性》一書中指出現代憲政主義的語言是自由主義、民族主義及社群主義所詮釋的核心語言，並打造出一個「一致性的帝國」，對於差異文化族群採取自訂現代文明的標準，強調一致性與普遍性，來改變、整頓差異文化族群傳統的社會規範。他對多元文化主義的當代憲政理論作重構，對現代憲政主義做了調整。Tully 反思多元文化時代的當代憲政主義哲學，乃是跨越文化藩籬的憲政對話行動。Tully 提出三個常規：相互承認、延續文化、取得同意。其中第三個常規，取得同意，就是本節陳述的國家建立協商平台的概念。

　　從本章兩件原住民向國家爭取傳統土地的參考案例來說，文蘭村案例是土地總登記之前土石流自然災害造成的損害，富世村案例是在土地總登記之前公營事業台電公司強制排除原住

民使用傳統土地，現有地籍簿冊沒有相關文字證明可循，致使現有管理機關無從依據現有分配制度保障原住民族土地權利。兩件案例發展的情況或有不同，文蘭村案例可以依靠擁有多數的當事人，不論是遊行或選舉時期，在適當的時間撼動管理機關的行政決策。但問題在於，如果原基法規範政府對於原住民族土地權利採用承認原則、尊重原則與法治程序，何以政府在解釋人民權利時，並不像是法律上的權利，而維繫殖民時期的救濟手段呢，尤其在參考案例的發展與下一節介紹的土海法草案分析中呈現？因為我國政府要求人民遵守法治，但對妨礙行政固有權利與便利且被檢討損害人民權利之法律制度，則欠缺自我批判與遵守法治的能力，既新制度經濟學宣稱的「諾斯悖論」或「制度相依」的現象。

　　反觀外國政府對於原住民族土地權利的法律制度改革，以加拿大為例，1990 年發生主張程序不公的密克湖事件與歐卡事件之後，政府隔年也設立 ICC 作為獨立團體，針對原住民提出主張的事件，履行公正的第三人調查及調解的任務（雅柏甦詠・柏伊哲努， 2008：142-148）。澳洲原住民土地政策在 1992 年最高法院判決推翻了 1788 年白人移民抵澳時澳洲是一片荒蕪土地的概念，承認原住民的傳統土地權。隔年，政府通過「原住民所有權提案」正面回應（李承嘉，1999：48）。我國 2005 年規範政府承認原住民族土地權利以來，不但沒有在法律制度進行改革、以法治保障人民的權利，反而嘗試將管理辦法延續自殖民統治的行政邏輯、藉由土海法草案的立法過程法律化，使 1902 年持地六三郎的意見書徹底實現。政府最大的問題就在於

立法過程的準備，行政部門沒有前置規劃好準備，政府是否真的使負責相關機關的公務員都認識與承認原住民族土地權利？政府是否認知原住民族土地制度是憲法多元文化概念的基本人權，以此權利概念作為國家土地制度與原住民族土地制度的連結點？這些工作完備之後，政府實際立法過程是否讓原住民族有充分參與立法與制度改革？這些式協商平台的重要工作。

四、規劃協商平台探討的內容與程序

本研究無法明確指出這樣的協商平台是什麼。現有立法機制與協商程序是否在足夠清楚認識原住民族土地權概念並多元文化尊重的前提，進行土海法草案的推動。筆者對原住民族土地權利拆解，包含了「原住民族」、「土地」、「權利」三個項目，對此三點提出簡單的幾項概念作建議，也是此協商平台需要釐清的項目：

1. 權利主體的定位：原住民族是權利主體，而原住民族在殖民時期傳統土地權利被剝奪的遭遇是必須先被承認與檢討的。原住民族在被國家主權涵蓋之時，其人民的基本人權也必須被確認與保障。也許日治時期沒有多元文化的協商概念，認定「生番」不順服與不文明，但在憲法確立肯定多元文化處理原住民族族群關係之後，國家還是需要負責法治保障人民權利的責任。

2. 權利標的的屬性：權利標的是原住民族土地，既在原基法第 23 條、兩公約第 27 條以及宣言第 25 條已經說明：原住民族土地是維繫族群文化以及生活方式，此土地使用方式維繫族群與土地之間獨特的精神關聯。所以，原住民族土地不是殖民時期保

留地制度的擴充，而是原住民族依據族群文化既存占有的土地與
資源，據此安排原住民族區域發展目標/指標與獨特現代化模式。

3. 法律制度與權利：原基法第 30 條規範國家建立原住民族傳統土
地制度與法制化，必須由族群傳統文化、社會組織、價值觀的
觀點，並且承認此制度維繫的族群傳統土地權利。也就是在憲
法肯定多元文化觀點之後，政府必須檢討例來殖民統治、山地
平地化、社會融合政策的原住民土地制度對於原住民族集體權利
的保障。在此脈絡反思現有國家原住民土地制度與法律的改革。

4. 政府機關與權利：國家政府機關，不論行政、立法、司法，在
執行現有原住民土地制度之時，如何反思上述三項的觀點？並
在執行與解釋法律之時，是否在立法改革未完成之前，在職權
範圍以供權利保障原住民族土地權利呢？

　　原住民族在國家建立協商平台之後，也會經歷一番內在自
我的批判過程。郭佩宜（2008：168）研究所羅門群島 1978 年
獨立後，其政府採用所謂「傳統土地制度」建立法庭體系，但
在忽略原來文化特性、人為操弄註冊而私吞土地、菁英與特殊
政商關係者得利等弊病，也無法「保存傳統」之提醒。本研究
在第四章第二節介紹國家原住民土地制度對太魯閣族人本身土
地權利主張行為經歷三個轉變：「言行合一」、「文行合一」
及「文言合行」；在此制度轉變過程中制度設計並不一定完備
下，而參與法律執行者或部落菁英如何面對「流」到手邊的權
利誘惑之問題。而國家建立協商平台之後也象徵進到「文言合
行」時期。原住民族在「文言合行」時期，必須面對之前遺忘
的「言行合一」時期土地權利、包容接納「文行合一」時期的

土地權利取得的矛盾。尤其參與保留地管理機關行政工作的原住民菁英，需要更大的勇氣面對協商平台的討論與制度的變遷。筆者認為，任何人只要重新尋求真相 *balay* 並願意接受 *psbalay* 調解的態度，就可以使此協商平台運作，而不需要再過度的批評與指責，並作為保障基本人權的歷史學習。

　　筆者認為實踐此協商溝通平台有兩個重要原則：首先，需要國家賦權，建立「言」（口說歷史）與「文」（文字歷史）有相同的證據能力的新法規制度，據此調查原住民土地變遷的事實真相，並賦予原住民土地權利。而在調查及審查的過程，國家需要建立中立公正的調查審理機構。第二，對於傳統文化及社會價值的整理及詮釋，需要主流社會及部落精英「去權威」。不同族群對於人類世代生活在自然資源環境的價值與使用土地資原的文化概念不同，也蘊含有豐富的文化多樣性。這也是「文言合行」時期協商平台的核心議題。如圖 5-10 所示。

重誠信、敬畏自然，約束個人慾望的擴張，善用山林。
善用科技、組織與多元市場制度，發展原鄉。

圖來源：本研究繪製。

圖 5-10：「文言合行」時期協商平台的核心議題與原則。

五、由工程數學座標轉換角度分析土地財產權轉換條件：邊界值問題

（一）非線型憲法結構之國家建構下原住民族獨特的（*sui generis*）土地權利

黃居正（2010）在探討原住民法與市民法的衝突時，提出線型憲法架構（lineal constitutional pattern）的「國家建構（state-building）」；即在憲法層級探討原住民族與市民財產權系統的法律時序，是平行存在而後雙方在憲法體制彼此合意；尤其，殖民政府在殖民地與原住民族成立新民族國家時，在國家憲政體制承認原住民族「既存占有（*uti possidetis*）」。加拿大、美國的國家建構是國家與原住民族建立協約的合意案例。如圖 5-11 下半部所示，呈現在線型憲法架構下，原住民族既存占有權利與市民法財產權體系的合意及平行存在於一個憲法架構。政府與原住民族合意所建構的新國家，如美加紐澳，不表示政府的行政與立法部門不會侵犯原住民族既存占有權利，只是原住民族可在憲法已承認架構下，於多元文化價值人權標準，不需採行革命模式進行立法改革，依據獨立於行政立法的司法判決，來爭取被弱化與侵犯的原住民族土地權，同時維繫國家建構的正當性與穩定。

我國原住民族土地權的發展是屬於非線型憲法結構下獨特的（*sui generis*）權利，並政府在原住民族意願下重新藉由修憲立法程序補救或回復。我國原住民族在 16 世紀與荷西殖民政府接觸之初，依據維多利亞（Francisco de Vitoria）原則，是被承

認為進行條約協議的政治權利主體；此時期的原住民族主要是當時生活在西部與北部平原的族群，且不表示原住民族既存權利應被弱化或侵犯。但在清朝末年牡丹事件之後的「開山撫番」、日本在 1910-20 年代的「蕃人討伐」，現代國家依據國際法的法實證主義概念，否定原住民族人格權及財產權，國家主權進入「蕃地」則不再進行合意過程，逕行發展「理蕃」政策下的「森林事業計畫」及之後的林業地與保留地制度；此階段主要是與「蕃地」的原住民族族群。

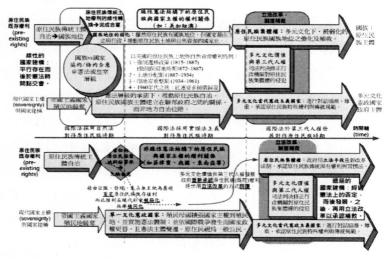

圖式來源：本研究繪製。我國保留地制度殖民歷史結合黃居正（2010）文而圖表化。

圖 5-11：線型憲法架構與非線型憲法架構的原住民族既存占有權的合意時序圖

國民政府在領台之初，保留了森林事業計劃相關制度，而保留地制度也因此而延續，而且大部分的「蕃地」維持國有（林佳陵，2000，2004；顏愛靜、楊國柱，2004：235-240），並成為林班地。日本殖民政府或國民政府在主客觀上，都沒有動機需要在國家建構或繼承時，承認原住民族完整且平行的財產權系統，所以我國在憲法層級間接造成否定原住民族財產權，屬於非線型憲法架構（黃居正，2010）。如圖 5-11 下半部，原住民族既存占有領地在沒有合意過程，國有化、被弱化、被同化。待國際人權進入第三代人權之集體權，且多元文化價值成為憲法保障人權的原則，原住民族既存占有權利重新以立法手段來逐漸回復與補救。

圖 5-11 指出西方現行憲法結構的國家建構，雖然國家與原住民族有合意的法律基礎，但不保證政府沒有用行政制度來侵犯原住民族土地權。在國際人權發展下，尤其在多元文化原則，政府還是需要立法改革以保障差異文化民族獨特權利。所以，沒有憲法層級的合意不是問題，而在於現在的立法改革與制度補救。

（二）充分基底的座標轉換空間維度與邊界值問題

原住民族的「既存權利（pre-existing rights）」不論在線型憲法結構的合意（圖 5-11 上半部黃色區塊）或在非線型憲法結構的修憲與立法補救（圖 5-11 下半部紅色區塊），都需要顧慮到如何將原住民族權利在多元文化當代憲政體制取得權利轉換與制度保障。如果將原住民族既存權利視為權利集合，藉由工程數學的座標轉換概念，來觀察原住民族權利藉由合意或立法補救，轉換到多元文化當代憲政國家的法制保障，則充分權利

空間基底及邊界值問題是保證原住民族土地權利完整轉換的映射條件，並會對應到政府在法制改革以補救未合意的基礎工作。

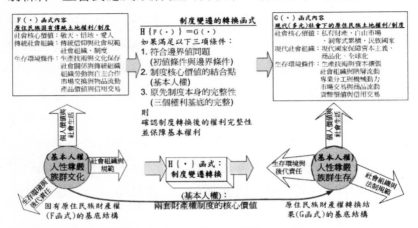

圖式來源：本研究繪製。本圖回應圖 1-1 研究提問的解答。

圖 5-12[9]：由工程數學座標轉換分析原住民族土地權制度變遷的「邊界值問題」

　　本章在原住民族傳統土地制度變遷到現代國家原住民族土地制度的過程，藉由 Tully 的三個常規，提出糾紛調處三階段工作。由工程數學座標變換（transform）概念思考原住民族既存占有土地權在線型憲法結構合意或政府承認：如果此土地權視為一個三維空間的函式所構成的權利集合或憲法主體，此函數稱為 F（‧）且其權利空間的三個基底為（個人價值與生活、社

9　圖 5-12 參考 O'Neil, Peter V.;1987，劉上聰&吳嘉祥譯，1991，《高等工程數學》，原序頁 iii 的圖，並結合拉普拉斯轉換、傅立葉轉換、複變分析求解時，需由「已知既有邊界值」求解新函數未知參數的過程。

會組織與規範、生存環境與後代責任），在圖 5-12 左半邊；而現代土地制度也在相同的三維座標空間形成權利集合與憲法主體，此函數稱為 G（・）且其權利空間的三個基底在跨文化藩籬才一致，如下述等式(1)的 G（・）。但是，在非線型憲法架構規範原住民族既存土地財產權，國家因採西方財產權概念與殖民侵略，藉由森林事業及保留地制度，進行土地權利轉換，並以轉換函式 H'｛・｝代表；其中，此函式的特徵函數或向量只有救濟「蕃人」生計的土地使用權與分配特權、以及「蕃地國有」的機關管理與企業開發資源的經濟目標等三項，如下述等式(2)的 G'（・）。如果，政府採用原基法承認原住民族既存占有土地權而進行立法改革，就像原住民族土地權 F（・）經過多元文化憲法架構確認或重新立法承認的轉換函式 H｛・｝之後，才會得到完全映射或 1 對 1 之多元文化國家法制保障原住民族土地權利，如下述等式(3)的 G（・）。上述三類原住民族土地權利保障與制度變遷關係式如下：

$$\begin{cases} \text{線型憲法結構下合意,} G（・）\equiv H\{F（・）\}；H 線型 \\ \quad 映射，F 完整保障成 G \cdots\cdots\cdots(1) \\ \text{保留地制度下,} G'（・）\equiv H'\{F（・）\}；H' 未完 \\ \quad 全映射，民族土地權 G' 流失\cdots\cdots(2) \\ \text{原基法下,} G（・）\equiv H\{F（・）\}；H 立法改革而映射， \\ \quad 民族土地權 G 完全保障 \cdots\cdots\cdots..(3) \end{cases}$$

依據工程數學有關映射變換（transform）的條件，需考慮座標維度及「邊界值問題」（O'Neil，1991：III，原序圖），即規範差異文化族群接觸時、其土地權利合意的初值條件，即維護權利空間的邊界條件。既第一階段工作：現代國家與主流族

群需由憲法層級肯定多元文化原則處理原住民議題，並認識、尊重與承認原住民族既存占有土地財產權的憲法權利與人權保障，並在保障人權下確認文化接觸時的初值條件及權利空間的邊界條件。如果現代國家站在現代社會熟悉之私有財產權概念定義原住民族固有土地權利，這會造成邊界值的誤差以及制度變遷之後的權利集合 G'（即圖 5-12 右半邊）失真，既保留地制度致使原住民族既存占有傳統土地權利無法 1 對 1 映射到現代國家土地法制保障而被「制度性」剝奪。

　　我國在 19 世紀末的清朝「開山撫番」、日治「理蕃」政策下的「蕃人討伐」及實證法主義下否定「蕃人」在傳統領域上「既存占有」土地權、國民政府繼承森林事業計畫而拒絕承認原住民族土地權並終歸「蕃地國有」，在在都是採用否定原住民族既存占有的權利，也就是減少轉換函數的特徵方程式或基底，而將原住民族土地權利歸零或透明化，並改變邊界條件的初始值，產生轉換過程的原住民族土地權利失真。當我國在憲法層級肯認多元文化價值及尊重第三代人權的集體權，而通過原基法與兩公約施行法之後，國家面對過去採用優勢據是暴力壓制征服、宣告原住民沒有人格權與財產權，並定義「蕃地」為「無主地」而收歸官有與國有化，而發展的保留地制度及傳統領域規劃為林班地。這些都是需要重新補救殖民時期國家對於原住民族土地權利的剝奪與侵犯；否則，我國國家建構過程還存在非線型憲法架構下國家建構之正當性、以及憲法層級人權侵犯的疑慮。

　　另外，制度變遷可以映射轉換，其函式 H｛·｝存在一些

條件，才可以使權利轉換過程保持 1 對 1 的對應或映射。首先，轉換函式的變數要足夠完全包函既有的權利空間，也就是藉由多元文化原則的三個基底要足夠代表原住民族固有土地權，且轉換的行政調查與會勘過程依此完成。政府過去採用市民法私有制財產權概念，強制簡化原屬特殊的（*sui generis*）私有制與共有制混合的原住民族土地財產權進行登記，漠視在土地清查之前的公營事業及公務機關的強制排除使用的事實，以土地現況使用人登記如圖 5-3 之地籍簿冊，作為現代土地制度下的原住民族固有土地權利的保障。政府此種土地清查與總登記拒絕將口述證據與文字證給予相同的證據能力，則此轉換過程是權利空間欠缺充分基底；既政府進行土地清查、總登記都是存有遺漏登載以及未充分調查的「土地使用權源證明」之疑慮。

　　政府在通過原基法與兩公約施行法之後，承認原住民族土地權利；應該重新強化原住民族傳統土地制度的內涵，重新進行土地清查或總登記。其中，對於地籍簿冊之文字證明有欠缺項目的情況，需要再強化耆老口述歷史與佐證資料也有證據能力，以彌補沒有文字習慣的原住民族進入以文字證明為基礎之轉換過程。

　　第二，制度變遷函式的特徵函數或向量必須維持正交的條件，才取得完全映射的結果，既建立跨文化藩籬的獨立調查調處機關保障原住民族固有土地權利。「正交」表示除上述耆老口述證明與其他佐證資料與文字證明同時擁有證據能力之外，還需要建立主動、獨立、中立、公正的調查機關，除對原住民傳統土地權利的主張進行充分調查，對公務機關有遺漏登載的

文字證明也進行公平的調查。

　　進一步來說，我國在市民法結構下安排的原住民族財產權，是屬於非線型憲法結構下獨特的（*sui generis*）權利，並且政府需要在多元文化原則下依據原住民族意願，重新藉由修憲與立法改革來補救或回復。原住民族固有土地權利的初值條件與邊界條件，是需要在確認原住民族的基本人權上確認「邊界值問題」。傳統土地制度與現代土地制度的兩套財產權制度都以保障基本人權為核心，可以作為兩套制度的結合點。也就是本研究提出的在第二階段確認制度變遷的結合點。圖 5-12 左右兩套土地權利空間與集合也在此連結下、亦回應圖 1-1 研究提問。

　　本段整合本研究三階段工作與制度變遷轉換之條件，採用工程數學對於座標轉換或權利空間變換且符合映射的條件，分析原住民族「既存占有」土地權利在「非線型憲法結構」國家建構下獨特的（*sui generis*）權利完全轉換與修憲立法保障。在原住民族既存占有土地權利的保障上，政府必須採用完整的三個基底作為原住民族固有土地權利空間的特徵向量：承認口述證據與文字證據有相同證據能力、建立獨立的土地調查機構來調查證據力並澄清多元文化下的「法律／事實」、跨文化藩籬來詮釋都市計畫與原鄉發展的兩套不同的族群文化與社會價值，以充分表現原住民族既存占有土地財產權。在第三章介紹原住民族觀點的原住民族土地權利之時，也是由這三個方向作太魯閣族傳統土地制度介紹與歸納。但此概念在現代社會組織發展與市場經濟過程，與現代社會文化價值與土地關係互動，

原住民族社會與現代主流社會會有不同的社會核心價值的定義，也會發展出不同的土地規範與價值觀。在社會科學的研究上，本研究認為原住民基本人權、民族集體權與人性尊嚴的保障可以作為差異文化族群之社會核心價值觀的連結，並作為制度協商的基礎。因為基本人權與人性尊嚴是當代憲政主義國家所認定國家對人民不可推卸的基本責任，也是原住民族主張回復傳統土地的權利基礎。

六、回應土地糾紛參考案例

（一）參考案例現狀

如果政府與主流社會認知原住民族土地權利是屬於原住民族集體權利的權利屬性，不是政府對原住民族的特殊社會救助式的福利，則本章探討國家只用原住民保留地制度與行政命令，來保障憲法層級承認地原住民族土地權利，是我國宣稱「人權立國」後、對原住民基本人權保障的一大敗筆，急需立即改革。在實務面來說，這也使得原住民使用傳統固有土地發展的一大障礙。以本研究參考案例來說，案例一、文蘭村 30 甲傳統土地雖然已經多年來改良土地，成為可供族群在靠近鯉魚潭風景區進行整體發展的土地資原，但是該土地已經荒廢三、四十年，而無法帶動部落有效發展之用。政府原先對這土地，在風景區開發之都市計劃上不平衡的發展規劃，將辦公、清潔等公共設施預定地安置在此，並作為附屬高商業發展之鯉魚潭風景區的低開發與公務之用；政府原先的發展概念並不是在文蘭村原住民族群發展的需要而設計的。雖然去(97)年中主管機關與執

行機關都允諾尊重原住民爭取傳統土地之主張,但並沒有藉由公開協商強化佐證資料,以彌補欠缺地籍簿冊證明文件的核心問題,而目前也沒有進一步公開消息。案例二、富世村台電立霧溪電廠舊宿舍在台電停止租用至今已經近十年,而政府對於該地區的原住民族傳統土地權利的主張還無法調查清楚,尤其執行機關認知地籍簿冊沒有登載既沒有辦法正視陳情人傳統土地主張,更因為公共造產而拒絕分配模式處理,凸顯我國原住民保留地開發管理辦法與鄉土審會機制對於原基法宣稱承認原住民族土地與自然資源權利與建立獨立調查機制的「制度欠缺」之窘境,現有土地荒廢與原住民族土地權保障也無法提供族群長遠發展需要。兩件參考案例除了損害原住民族固有權利,該傳統土地近況如下圖 5-13,土地也近乎廢置,顯見保留地制度在多元文化國家的標準並非「最適」原住民族族群發展之制度。

資料來源：本研究抓取 Google map 與整理，時間 2010/07/07。

圖 5-13：文蘭村 30 甲傳統土地(左)、富世村台電舊宿舍 1.5 甲傳
　　　　統土地(右)案現況

（二）三階段工作的概念對制度修正原則之建議

　　由三階段工作：認識尊重與承認、制度的連結、建立協商
平台，來重新整理參考案例，申請族人已經提供相關證明資料
並確認區域、邊界與所有人，並陳述傳統土地使用習慣，土審
委員有獨立行使調解、調處的職責；如果政府認定地籍簿冊之
外的參考資料可能是事實，也可以強化原住民族土地權的保障
且有心改革；在行政命令主導的管理制度之下，理應有更寬廣
的行政裁量與改革空間。

表 5-2：參考研究案例在國家承認原住民族土地權之後的三階段
工作分析建議

三階段 工作	國家保留地 制度的解讀 空間	執行機關認 知的權利空 間	參考案例原住 民的自我認知	本研究對現 有制度建議 修正
第一階段 ：認識、 尊重與承 認	雖國家否定原 住民族傳統土 地權利；但可 以在分配的流 程以函示確認 傳統土地權利 佐證資料	機關只承認 文字證據與 地籍簿冊；需 要理解口述 歷史與文字 證據並不衝 突，反而強化 人權保障	已經整理並提 供文字與口述 歷史證據；欠缺 堅持主張土地 回復，被迫採用 分配模式並且 乞求執行機關 救濟	正視保留地制 度的非中立性 與剝奪原住民 權利的內容； 承認傳統文化 與殖民歷史口 述調查，並文 字化、影像化
第二階段 ：在原住 民基本人 權之制度 的連結	制度上主管機 關支持執行機 關行政裁量 權，並受限主 流族群對原住 民土地權疑慮	鄉長與土審 雖為原住民 菁英並有決 定權，但無法 認知保留地 殖民歷史與 人權議題	將乞求分配的 救濟權利，重新 定位在主張原 住民族土地權 與文化權之基 本人權的法治 保障	基於人權保 障，確認保留 地制度在參考 案例中，違背 原基法承認原 住民族土地權 的原則
第三階段 ：差異文 化族群之 間建立不 同財產權 概念之協 商平台	在原基法的賦 權下，政府函 示修正保留制 度解釋，並明 令原管理機關 在修法前的法 治程序權利	土審會、部落 會議、鄉公所 承辦機關，可 以將耆老作 證資料文字 化、藉由公開 調查賦予證 據能力	土審會應調處 不同族人與機 關之土地主 張。但執行機關 藉土審委員選 派以及法令之 解釋，而失去取 此機制功能	土審會、部落 會議等公開協 商機制，藉由 公權力正視政 府承認原住民 族土地權，補 救殖民歷史的 土地剝奪
總結	雖然立法改革未依時程完成，但現有法令規範與機關制度已 有執法彈性空間，甚至可以在修法之前法治保障原住民族土 地權與準備立法改革。問題不在修法，而在執政者、主流社 會與部落菁英是否願意犧牲既得權利，回復固有權利。			

　　依據本章介紹的三階段工作，相關案例應該可以在現有法令規範，藉由行政命令與法令函示，在現有機關組織，參考國外原住民土地改革，進行原住民族土地權利法治保障；另一方面，藉由立法與司法兩方的建議進行相關執行法律的修法，以建立行政機關依法行政的基礎。參考案例相關三階段工作，整理以下表 5-3。但管理機關卻只承認地籍簿冊文字資料，執行機關欠缺建立公開協商與調查之法定流程，菁英族人在多次的「背叛」傳統制度而在原基法上進退維谷。這些障礙並不在於無法理解問題核心，改革瓶頸在於既得利益者的「革心」。

　　本研究分析認為在執行機關行政裁量主導下，對原住民族土地權利安排、對執行機關存在「諾斯悖論」的情況、對保留地制度本身改革、對原鄉部落的土地資源利用與發展的結果，都有改革空間。以文蘭村案例，政府可以在沒有證據條件改變下，執行機關的行政裁量權可以推翻原先「依法」否決地籍簿冊未登載的原住民主張傳統土地權利，重新認定此傳統土地權利存在，甚至往後執行上並未給予法治保障的承諾與實踐；這是屬於「人治」規範下的特殊權利保障，並非尊重人權的「法治」原則，也不是原基法所謂「政府承認原住民族土地與自然資源權」之獨特權利、並依原住民族傳統習慣與社會價值建立法制的改革目標。

（三）實際參考案例在三階段的工作建議

　　本章依據憲法肯定多元文化與原基法承認原住民族土地權利概念，國家與原住民族藉由三個階段的工作：認識、尊重以相互承認、在基本人權保障連結兩種制度以延續文化、建立協

商平台以取得同意，使既得利益者正視殖民歷史與傳統土地文化、並釐清原住民族土地權內涵、以法治保障原住民族土地權，才是長久之計。在這樣的程序上重新思考三階段工作的建議內容：

1. 認識、尊重以相互承認：以文化脈絡為主軸，政府與部落菁英應...

a. 建立太魯閣族傳統土地制度與社會文化核心價值的知識體系

b. 認識現代土地財產權概念與太魯閣族土地財產權的差異

c. 在財產權核心價值部分確立族群社會文化在現代社會的差異與選擇

d. 鄉公所提供公有地給部落回復傳統土地財產權運作的空間與實踐場域

e. 重新介紹族群固有傳統土地制度與權利給政府執政者與主流社會認識

f. 介紹國外政府如何尊重與承認原住民族土地制度與法制保障固有權利

g. 參與管理的不同族群原住民族菁英認識所探討族群土地制度與權利

h. 另一個方向：原住民族認識與承認現代土地制度的優點並吸收整合，而不是只批判現代土地制度，而忽略在文字證明、管理組織與法律化、與市場經濟整合等優點。原住民族這樣的認識與承認態度乃對自己祖先與後代子孫盡到健全權利保障制度之責任。

　　對參考案例來說，當事人整理佐證資料與耆老口述歷史，

提供空照圖、戶籍資料、家族族譜與遷移史等證據，結合地籍簿冊的文字證據，確認系爭土地可能的土地權利變遷的歷史與事實，並在族群傳統土地使用習慣上確認哪些土地範圍與哪些族人的名字產生連結。管理機關也開放提供全部的土地清查、使用的公文，作相關的佐證與事實的確認。這些調查結果必須公開給部落族人充分的訊息，此過程最基本的是在部落招開部落會議、土審會議、村民大會公布與討論，並在部落網路公開。這些公開的場合提供這些事件的資訊，並且與傳統土地制度作呼應、並理解現代保留地制度的瓶頸。

2．在基本人權保障連結兩種制度以延續文化：以歷史脈絡為主軸，政府應…

a. 承認原住民保留地制度的殖民歷史與其財產權核心概念的非中立性

b. 在國際法將原住民族在國家定位的人權歷史作連結，以釐清國家與原住民族文化接觸之時，政府當時原住民保留地制度政策發展之背景。

c. 確認原基法所謂原住民族土地與自然資源權利乃與兩公約施行法、《宣言》相連結，並重新在憲法層級確認原住民族傳統土地權利主張乃基本人權保障之獨特的權利，而不是救濟式分配之保留地與增劃編制度的特殊權利。

d. 介紹國外政府之原住民族土地制度的改革，尤其在與民族自治政府發展與法制規劃的結合上。其中，建立公開、獨立機關，調查口述證據、佐證證據與文字證據的證據能力，以確認新的「法律／事實」概念最為關鍵。

f. 除了主張保障原住民族土地財產權的基本人民權利之外,原住民族也需要對於非原住民族在國家法令賦予的土地財產權,給予基本人權上的尊重。如果非原住民族在歷史的脈絡有合法、合理、合情的背景,取得土地權利或流失土地權利,則原住民族都應本於同裡心,給予法律制度的保障。

　　參考案例來說,執行機關的公務員與原住民菁英必須重新認識其所執行的救濟分配式保留地制度,乃是否定原住民族人格權、財產權、文化權的殖民歷史之「理蕃」政策核心工作及其延續,而不應「因現狀而中立」。在原基法所謂政府承認原住民族土地權利之後,政府乃針對殖民歷史脈絡下損害原住民基本人權與民族集體權,而建立原住民族土地制度的改革。

　　在國家沒有完成原住民族土海法立法之前,主管機關與原住民菁英需要認真思考:如何參考國外原住民土地改革,確立我國原住民族土地制度改革方向,並暫時地藉由行政裁量權與法定程序,公開土審會調查與審查並於部落會議參與及背書,在基本人權與歷史事實上,回應原住民傳統土地權利的主張。因為耆老已經沒有多餘的生命再等待,原住民族文化延續契機也隨這耆老凋零而快速衰弱消逝。另一方面,原住民主張爭取傳統土地權的論述過程中,應重視自我新認識自己已經模糊或疏離的族群傳統土地規範之核心概念、及其社會文化價值的現代意義,並作為主張傳統土地權利的自我檢驗與反省之基礎;這樣的反省會使主張土地的權利與義務相稱,並負族群永續發展與後代子孫權利保障之責任,且符合國家永續發展山林土地的制度目標。

3. 建立協商平台以取得同意：實踐多元文化與「自由知情同意」之原則

a. 藉公權力落實原基法第 20、23、30 條承認、尊重、法治原則，以調處差異文化族群之間的社會價值選擇之協商平台

b. 政府須修正日治時期兩次「五年理蕃計畫」的「討伐成功」，但未與原住民族協商同意傳統土地的歸屬與現代制度的設置，補救原住民族傳統土地被剝奪的傷害。政府與部落菁英應以憲法層級肯定多元文化原則及《宣言》第 25-28 條及自由知情同意的原則，重新與原住民族在保障基本人權之憲法層級、賦予之公權力的協商平台上，重新建立雙方的同意。

c. 將原住民族土地資源的世代使用目標，在兩套土地財產權核心概念中，尋找共同認同的社會文化價值，並盡到世代生存與發展的責任。將此協商的價值藉由制度改革，修正以經濟開發導向的原住民土地利用與規劃。

d. 協商平台除了探究原住民族傳統土地權利的法制保障之外，對於非原住民在原住民族傳統土地的接觸、經營與開發的貢獻上，也必須給予協商討論的空間。從原住民族的傳統社會角度來說，如果非原民在過去尊重傳統社會文化規範、協住原住民族的需要而取得傳統土地的權利，這樣的土地權利也應該被原住民族所接受。因為原住民在文化接觸過程中，也可能是原住民自己先放棄傳統土地規範與社會文化價值，變賣傳統土地給非原住民；此時保障非原住民的權利也沒有違背族群傳統社會規範。非原住民在傳統土地權利保障也應該予以協商討論，並尋求共同同意的解決之道。在這樣互相尊

重與保障的公開協商過程中，族群傳統土地制度的長遠發展，才有成功的機會。

由參考案例來說，政府要解決地籍簿冊遺漏登載的原住民族土地權利，在「蕃地國有」與分配原則的保留地制度以及採用西方財產權概念上是沒有解決之道，因為將財產權利原子化分配給個人而忽略社會文化關係，就像該土地在兩造爭執中無法依據某種共識原則開發。反過來說，政府唯有在多元文化價值與自由知情同意原則，建立獨立調查調處的糾制與法治原則，自可在確認歷史事實、保障基本人權之後，藉由公權力之公開協商平台解決。

管理機關函示管理辦法，規範有遺漏登載之地籍簿冊為唯一「土地使用權源證明」。這行政規範是有違背原基法之政府承認原住民族土地權之原則、否定傳統土地關係之社會文化與價值觀、拒絕採證弱勢耆老口述與佐證資料的證據能力、以及歷史會勘程序可能會有排除弱勢、疏漏登載或誤載之事實。在影音數位化與公開網路化之技術先進、成本低廉的情況下，管理機關應該再次宣告法定程序、受理地籍簿冊遺漏登載之土地使用歷史，藉由數位化耆老口述以及佐證資料的查證工作，公開在網路平台公告，並開放受理其他族人之不同意見以及協商確認土地使用之事實，可以降低監督成本。文字登記內容包含耆老遷移史、傳統土地使用與規範；同時，族群傳統土地知識體系與規範予以文字化、條文化而得以與現代土地制度對話、協商與承認。

七、小結：多元文化國家之原住民族土地權利糾紛的調處

　　上述三階段工作在本研究參考案例作實際的建議，而其階段性工作並不分開而切割，而是互為基礎、實踐與重疊。如果，政府在現有保留地與增劃編制度堅持「依法行政」之法治原則，而忽略原住民族土地權利的特殊文化權與土地權的屬性、以及殖民歷史脈絡與制度遺緒之影響，將會跳脫憲法肯定多元文化原則，而回到殖民歷史的單一西方土地財產權概念來理解原住民族土地權利，既陷入「因現況而中立」或「國家兩難」之困境。

　　相對來說，政府只有在多元文化原則理解差異文化族群之權利，並「保障人權」，這樣的「依法行政」才是在人民主權下建立現代國家的原初本意。以本參考案例來說，執行機關鄉公所有責任委請鄉土審會公開調查、並提供公務公文資料，將申請人主張在公開跳查與公開審理之後，藉由部落會議或公開機制協商，取得族人在傳統土地制度與現代土地制度的共識。這樣的機制足以解決執行機關違反現有行政命令或擔心圖利私人的困境。

　　現行管理機關在只講求「依法行政」而忽略國家制度設計原先的目標本來是保障人民基本權利，這種制度的變遷其實是「制度欠缺」的法治狀態。至於政府「平反」原住民基本人權與民族集體權的損害以及保障傳統土地權利，並不因為立法進度延宕、改革未完成而得以作為藉口，乃都未盡到現代國家的責任。相對來說，在確立改革目標與程序之後，現有主管機關反而有更大的行政空間，藉由行政裁量與函示確認，得以修正相

關的法令解釋、承認口述歷史之證據能力與補強獨立審查機關
的功能，並回到部落會議作最後的公告、討論與建議之背書；
反而政府這樣糾紛調處之實務經驗累積有助於正式立法過程、
彌補對於人的「有限」理性與自私成分在制度運作過程的負面
影響。

　　對於原住民族事務的主管機關在原住民族土地知識體系的
研究上，曾經在 2009 年主辦過「第一屆原住民族知識體系研討
會」，而隔年就停辦相關計畫。行政院原民會如果理解原住民
族知識體系之重要，應該積極地與教育部、考試院考選部聯合
主辦相關的知識體系的研究，參考日治時期政府推動的原住民
族傳統習慣調查工作，並在原家法與《宣言》的基礎上結合當
代多元文化原則與民族學對詮釋差異文化族群的反思，訂立中
長期研究計畫，得到的原住民族知識體系可以跨越文化藩籬、
站在現代社會的技術知識承認及原住民族族群發展需要、超越
日本殖民政府的舊慣調查成果。這些新的各民族知識體系的調
查，並不只是文字化收集，而是成為國家承認的管理知識、與
現代國家管理規範結合，可以成為考試院舉辦國家在原住民族
事務之公職人員考試的教材，也成為原住民族土地權利保障與
推行民族自治的管理知識的基礎。

第五節　對「原住民族土地及海域法草案」的反思

　　本章由兩件太魯閣族人對國家主張傳統地權利的案例，思考國家與原住民族之間對於原住民族土地權利糾紛的調處，提出建立新土地制度的三個階段。如果國家與原住民族完成這三個階段工作之後，國家會建立什麼樣的原住民族土地與海域相關法律呢？目前原住民族土地管理法律除了管理辦法之外，最新的是「原住民族土地與海與法草案[10]」（簡稱土海法草案），共七章 35 條。本節先對兩者作比較，並引入本章探討國家建立原住民族土地制度的三階段工作，進一步檢討之。

　　本節比較原住民族土海法草案從法源基礎、主管機關、管理事項、機關功能設計以及原住民族土地權利定位等，只局部修改現有管理辦法，形式性立法，並不檢討原住民族殖民歷史遭遇、文化延續、社會經濟發展、原住民族土地權的定位，更忽略原住民族發展的基本人權議題；既不符合全世界原住民求生存、維護尊嚴和謀求幸福的最低標準。相反地，土海法草案認知到但漠視檢討原住民族遭遇殖民統治歷史的機會，並維持原住民族土地權屬於分配式救濟的特殊權利，更將原住民族土地權利立法規範在殖民統治脈絡下發展原住民保留地制度的行

---

[10]行政院在 2008 年 2 月 15 日本草案函送立法院審議，但當時會期內未完成立法而遭退回。至今行政院未再產生完整草案函送立法。

政邏輯。簡而言之，草案確立原住民族政治主體性，但將殖民歷史的成果法制化。

壹、管理辦法與土海法草案的比較

保留地管理辦法的「原住民土地權利[11]」不是原基法「原住民族土地權利」的概念，而是延續日治殖民「理蕃」政策及「森林事業計畫規程」的「蕃地國有」概念；1966 年才參考民法第 770 條及土地法第 133 條公有荒地招墾與「時效取得所有權登記」，所建立的分配原住民的救濟特權。但是，原住民族土海法草案雖然是依據原基法第 20 條及國際從基本人權與反歧視重新定位原住民族土地權利而修訂，但內容架構主要還是收納現有保留地制度的架構，局部修改而成；故對於檢討殖民歷史、保障原住民族人格權、文化權、土地權等基本人權，依據民族傳統文化與土地資源管理模式，規範「政府承認原住民族土地權」的立法改革，被行政與立法機關限縮回殖民歷史脈絡之管理辦法所認知的「蕃地國有」及「救濟原住民生計而分配土地的特權」，政府與參與的部落菁英「因現狀而中立」而脫離原基法原先立法精神。以下將土海法草案與管理辦法「制度相依」的結果，兩者整理比較如表 5-2。

---

[11] 現有的管理辦法是以「蕃地國有」為基礎，沒有定義「原住民族土地權利」之行政命令。原基法第 2 條才定義「原住民族土地」、第 20 條提出「政府承認原住民族土地與自然資源權利」原則。

表 5-3：原住民保留地開發管理辦法與原住民族土地及海域法草案的比較表

法令\項目	原住民保留地開發管理辦法	原住民族土地及海域法草案
法源	山坡地保育利用條例第三十七條。 註：若由第四章國家原住民土地相關法令歷史脈絡及保留地設置歷史背景可察覺：保留地設置沿自「森林計畫事業」，可以說是日本殖民統治遺留下來的原住民管理制度。實際上有聯合國原住民權利宣言第 28 條未經自由知情同意而沒收拿走佔用的問題。	（§1 之說明）原住民族基本法第二十條第一項及第三項規定，引用聯合國原住民族權利宣言第二十六條作說明。 註：但草案也記錄以下的背景：「有關原住民保留地，依山坡地保育利用條例第三十七條規定…」，「大正十四年實施「森林計畫事業」劃設「高砂族保留地」時…」
管理土地	原住民保留地來源： 1、保障原住民生計、推行原住民行政所保留之原有山地保留地 2、經依規定劃編，增編供原住民使用而成為保留地	（§3）第一次明確定義原住民族土地(包含原住民族傳統領域土地及既有原住民保留地)及原住民族傳統海域。 註：增加原住民族傳統領域土地及海域。
主管機關	中央為行政院原住民族委員會；在直轄市為直轄市政府；在縣（市）為縣（市）政府	（§2、4）主管機關，於原住民族自治區成立後，在中央為行政院原住民族委員會；在原住民族自治區為原住民族自治區政府。 註：增加民族自治區政府。
執行機關	執行機關為鄉（鎮、市、區）公所	應由鄉（鎮、市、區）公所辦理事項，原住民族自治區成立後，由自治區政府辦理之。 註：增加民族自治區政府。

法令\項目	原住民保留地開發管理辦法	原住民族土地及海域法草案
審查機關	所在地鄉（鎮、市、區）公所應設「原住民保留地土地權利審查委員會」	（§6）所在地鄉（鎮、市、區）公所邀集應邀集具有法律或相關專業知識之公正人士及原住民，以合議制方式辦理 註：審查由委員制轉合議制。
審查機關執行事項與權力	原住民保留地土地權利糾紛之調查及調處事項 分配、收回、所有權移轉、無償使用或機關學校使用申請案件審查 改配土地補償之協議事項 租用原住民保留地之審查	（§6）土地權利糾紛之調解 保留地分配之審查 傳統領域土地使用之審查 原住民族土地撥用之審查… 原住民族土地補償之協議 註：只有調解功能，失去調查與調處功能。
土地權利糾紛處理	土地權利糾紛之調查及調處。 註：有關鄉土審會調處的功能發揮情況，受限於鄉行政權利左右土審委員推舉的影響，並沒有辦法獨立於行政權及地方派系勢力影響行使職權，所以目前調處功能不彰。	（§7）合議制會議只有土地權利糾紛之調解。調解不成立將移送管轄法院調解。 註：法院不是指原住民族土地專業法院，而是依據西方財產權概念調解，無法處理原住民族財產權概念的糾紛。
面積限制	以申請時戶內之原住民人口數合併計算，每人最高限額如下： 一、依第八條設定耕作權之土地，每人一公頃。 二、依前條設定地上權之土地，每人一點五公頃。 前項耕作權與地上權用地兼用者，應合併比例計算面積。	（§15）戶內之原住民人口數合併計算，每人最高限額如下： 一、農牧用地之土地，每人零點五公頃。 二、林業用地之土地，每人一公頃。 三、其他用地之土地，其面積由中央主管機關視實際情形定之。 註：原住民傳統休耕制度都並

法令 項目	原住民保留地開發管理辦法	原住民族土地及海域法草案
		未考慮進來，治對運作無法進行休耕模式。人口增加，分配面積減半。
分配程序	依據山坡地保育利用條例第三十七條，荒地招墾取得他項權利，並自行耕作五年，才取得所有權。 註：條文內容--「山坡地範圍內山地保留地，輔導原住民開發並取得耕作權、地上權或承租權。其耕作權、地上權繼續經營滿五年者，無償取得土地所有權，除政府指定之特定用途外，如有移轉，以原住民為限；其開發管理辦法，由行政院定之。」	（§13）取消耕作權、地上權取得過程，通過審查直接登記所有權！ 註：說明指出，該土地於管理辦法施行前早已由原住民世代使用並自行開墾完竣，或已由原住民完成造林，管理辦法公布實施後，繼而規定其應先取得地上權或耕作權滿五年，方能登記取得所有權，實不盡合理。其實，本草案違背原基法，維持殖民歷史脈絡的保留地及分配模式，而草案說明覺得不盡合理是自相矛盾。
分配順序	一、原受配面積不足，且與該土地具有傳統淵源關係者。 二、尚未受配者。 三、原受配土地面積較少者。 原住民有違法轉讓、轉租原住民保留地者，不得申請受配。 註：第 1, 2 項的順序有作交換，其中在土海法草案偏向社會救助的規劃，並且承認有與土地歷史淵源者申請的情況，但申請優先順序低於未受配者，更容易發	（§14） 一、設籍於轄區內且未受配原住民保留地。 二、設籍於轄區內，原受配原住民保留地面積不足，且與該土地具有傳統淵源關係。 三、國家因公益需要依法徵收或撥用轄區原住民保留地，致其面積減少。 四、設籍於毗連之鄉（鎮、市、區），且未受配原住民保留地。 符合社會救助法第四條第一項規定之低收入戶，應優先分

法令 項目	原住民保留地開發管理辦法	原住民族土地及海域法草案
	生人頭與土地流失的流弊。也直接顛覆傳統土地的權利。	配之。 註:強化保留地分配式救濟權利,使傳統淵源土地權利也低於未受配之救濟需要。這樣的立法邏輯非《宣言》第26條的固有權利。
原住民族部落使用傳統領域	(未規範) 註:管理辦法沒有明確定義部落與傳統領域。所以,原住民族部落無法申請使用傳統領域土地。	(§20)原住民族傳統領域土地,得由原住民族部落向土地所在地鄉(鎮、市、區)公所申請使用。 註:在土海法草案為新見解,在原有保留地概念,明確定義部落與傳統領域的使用。

資料來源:本研究整理。

　　從表 5-2 的比較,「土海法草案」則調整為依據《宣言》第 26 條及原基法第 20、23 條承認原住民族土地權利;明訂「原住民族土地」這個名詞,土地包含保留地擴充到傳統土地及海域;承認原住民族自治區政府管理土地的行政功能;刪去耕作權及地上權取得過程,審查通過暨直接取得所有權;而且允許未來民族部落可以申請傳統領域的使用。但是,鄉土審會原先的委員會架構變為合議制機構,而在審查時失去在地知識呈現的機會,因原先的調查及調處功能只剩下調解功能,且調解不成將移請管轄法院繼續調解。原住民族專屬法院或土地專屬法院也沒有成立。可以發現土海法草案在原住民族土地權利基礎是引進了國際人權的概念,也符合國際上國家尊重原住民族法律主體地位;但在法律制度上卻發生與殖民脈絡下現有保留地

制度之「制度相依」的情況，也沒有實際反思國際組織已經檢討原住民族遭遇殖民統治的歷史、文化、社會、經濟的議題與土地被剝奪的問題，並從基本人權的觀點定義原住民族土地權利；反而草案達到殖民統治的土地管理法令與制度的實踐，成為現代法律化的成果。從這一個角度來看，如果此土海法草案通過，那代表我國實踐了日治時期「理蕃」政策的最高目標：「蕃地國有」以及「蕃人順服而文明化」，達到保留地制度可以解除的第一步，使 1902 年持地六三郎之「意見書」的規劃終於實現。

貳、原住民族土地及海域法（草案）的分析

從上述的整理，以下對土海法草案作進一步的分析，並思考前面幾節介紹原住民族土地糾紛調處的三個階段工作，檢視草案是否有對法律制度改革所準備。

一、承認權利主體遭遇了殖民歷史，但不加檢討原住民族集體權利保障

在管理辦法與土海法草案中，所指涉的權利主體是原住民與原住民族。管理辦法定義與土地有歷史淵源者之權利主體，是指 1990 年該辦法施行之前接受公有荒地招墾者或其後代，並開墾完竣並自行耕作者。在管理辦法中，原住民也許世代在傳統土地使用，但並不能作為擁有土地權利的依據，除非經過招墾登記，才有使用證明文件。管理辦法只保障土地總登記並在地籍簿冊登記名字者；在文字證明文件之前耕作、排除使用或遺漏登載之原墾耕之原住民將失去此辦法之法律保障，也間接

表示國家認知原住民是突然在保留地出現、耕作、生活一樣。而管理執行機關是鄉公所，同時兼具有公共造產的開發需求，既也是權利主體之一，鄉公所基於公益之名得以掌控充分的登記流程與行政資訊，並得以對抗一般原住民的土地主張。

　　土海法草案名稱則由管理辦法針對原住民、擴張到原住民族的層次，結合原住民自治發展，原住民自治區政府成為管理執行機關。在草案說明總則引用《宣言》第26條，這樣的原住民族擁有其歷來傳統所有、占有或以其他方式使用或取得之土地、領域及資源之原住民。此草案的原住民族有可能屬於《宣言》序言第六點指稱遭遇殖民歷史的原住民族。另外，草案第十五條分配面積規定中，說明注釋中指出「日據時期總督府於大正十四年（1925年）實施『森林計畫事業』劃設『高砂族保留地』」，則明確指出這群原住民族是經歷日治殖民統治「理蕃」政策的「森林計畫事業」，並被集團移住保留地。但是法條說明內容在法律規範是毫無約束力。所以，草案的權利主體，已經定義為遭遇日治殖民統治的原住民族，但對於其殖民歷史遭遇與國家被剝奪土地權利的部分卻隻字未提、也不檢討解決。

二、承認傳統土地被現代國家「合法」剝奪，但在制度改革上視若無睹

　　管理辦法的管理標的是原住民保留地，屬於（日治時代[12]）

---

[12] 追本朔源，管理辦法的最早明文化並明定保留地這名詞，是1948年的「台灣省各縣山地保留地管理辦法」，第二條就指出本辦法所稱山地保留地，系指日治時代因維護山地人民生計及推行山地行政所保留之國有土地及其地上產物而言。而此辦法之草案則更指出「森林計畫事業規程」之實施的山地保留地。

保障原住民生計與推行山地行政所保留土地。其中，所謂山地
行政，是指經歷山地平地化、社會融合的階段，而這山地行政
在日治時期就是「理蕃」政策的「森林計畫事業」，以提供國
家主權進入、管理機關運作、引進企業財團開發經濟，管理辦
法在歷年修訂過程中正當化、合法化這樣的歷史。

　　土海法草案則明確的指出原住民土地在《宣言》第 26 條所
指稱的「歷來所有、占有或以其他方式使用或取得之土地、領
域及資源」。相較於原先管理辦法的認知，土海法草案引用《宣
言》第 26 條，已經將隱藏的保留地殖民歷史再次呈現。但草案
第 3、4 條中原住民族土地被定義爲保留地與傳統領域與海域，
雖然做了擴充，但藉由限定保留地制度脈絡解釋之，而又陷落
在殖民歷史之保留地制度的法令限制中；顯見政府並無意真心
承認原住民族土地權利。

　　土海法草案第一條定義立法目的「爲確保原住民對於原住
民族土地及海域權利…」，應修改並直接包含《宣言》序言第 6
點意旨，檢討日治殖民時期原住民族土地歷史的真相。國家應
該承認原住民族在日治殖民統治時期，遭遇到「在歷史上因殖
民統治和自己土地、領土和資源被剝奪等原因，受到不公正的
對待」，立法以「糾正歷史上剝奪原住民族自決權以及…其他
基本人權行爲而持續至今的結果」。目前草案並未如此，保留
地管理辦法與土海法草案都認知原住民族遭遇日治殖民遭遇，
但一個隱藏之、一個視若無睹。如果再有官員及學者以「制度
相依」的論述合理化此立法政策而不改革，本研究認爲訂立政
策者將錯失國家藉由原住民族土地議題、提升爲多元文化憲政主義

國家並以公權力支持憲政協商解決財產權價值概念衝突的契機。

三、承認之後的補救，持續採用「分配」方式「歸還」固有傳統土地權利

　　開發管理辦法處理原住民土地權利只有分配模式。分配概念其實隱含了第四章所陳述的「蕃地國有」與公有荒地招墾的概念，但未明示。辦法設立鄉土審會，作為審查意見、調解與調處土地糾紛的機制。

　　土海法草案法源雖然引用原基法第 20 條第一項政府承認的原則，也引用該條第三項指出原住民族土地「有其回復、取得、處分、計畫、管理及利用等事項」，其中「回復」應是《宣言》第 28 條補救措施，包含歸還與賠償。但縱觀草案內容，原住民還是只有分配的特權，沒有土地權利回復的事項。這樣的結果是因定義原住民族土地為保留地、而非固有的傳統土地權利有關，而「制度相依」地認定原住民族土地也只有分配模式。若此，草案似乎又間接地拒絕檢討殖民歷史遭遇。這樣的問題呈現了新制度經濟學的「諾斯悖論」以及批判種族理論指出「法律體系是主流族裔的觀點」的狀況。

　　依據原基法與兩公約施行法，如果土海法草案真的檢討了原住民族遭遇殖民歷史而土地權利被剝奪，則國家原住民土地制度必須明確的區分「分配」與「歸還」的模式。國家對於欠缺土地的原住民施予救濟式的土地分配，以保障其生計；這對進入現代社會、學習自由市場的原住民，此土地分配是差異文化族群需要的權利。但國家對於殖民時期管理原住民族土地權利之統治模式，使原住民在欠缺「自由知情同意原則」而失去

固有傳統土地權利者，應該採取歸還的模式。而國家現行管理
辦法與土海法草案，都無法在承認原住民族土地權之後規劃歸
還的審查機制。這回到政府是否接受口述證明與地籍簿冊之外
的佐證擁有證據能力的問題。

　　土海法草案還是持續掩蓋所謂「公告 30 天」分配公有土地
計畫的問題。因為目前管理辦法公告方式是暫時將公文張貼照
完相，就將公文收起來。不然，現行所有原住民都有申請資格
而會公告之後只有一個申請人，實乃特殊情況，這樣的情況就
明顯地說明公告的實際效果不存在；尤其在公文電子化且網路
訊息成本很低的情況而捨棄之，實有違常理，或隱含其他內規。
專業立法者蓄意不糾正這樣的弊端，是激化了「諾斯悖論」的
發生，也強化了行政人員與地方勢力的介入。如果公告的效果
發生作用，合理地推斷會有許多需要土地使用的原住民申請，
而執行機關必須預先思考歸還、分配之優先順序的問題以及土
地糾紛條處的機制。

四、拒絕口述證據擁有證據能力並忽視獨立調查機關確認其證據力的需求

　　開發管理辦法明確的指出「開墾完竣並自行耕作」的土地，
而其中主管機關解釋「開墾完竣」必須依據地籍簿冊之文字證
明文件，作為審查標準。但回到土地總登記之時，當時的地籍
簿冊也是在沒有文字證據下、採集土地使用者的口述歷史紀
錄，而形成的文字證據。地籍簿冊的製作過程並沒有完全否定
口述歷史的問題。而且，這些地籍簿冊是否完整登記原住民族
土地規範與社會文化脈絡下的實際狀況，是存有疑慮並且有嚴

重遺漏登載的可能。

　　若依法治的脈絡來看，國家將鄉土審會功能提升，創設原基法第 20 條第二項的「原住民族土地調查及處理委員會」，或在地方與中央建立兩個層級的獨立調查機關、甚至結合原住民族土地法院，仿照加拿大「印地安主張委員會」、紐西蘭「毛利土地法庭」、「威坦基（Waitangi）委員會」或「條約結案署」等獨立調查團體，依法調查階段記錄原住民口述歷史過程，並轉成文字證據，確認土地變遷歷史之後進入審查確認與登記階段。這調查階段採證口述歷史而調查與文字化，是沒有違背土地登記主義，並得以解決歸還被剝奪傳統土地的權利。致於國家認為沒有預算及人力支持這樣的機關運作，只是告訴原住民族其原基法上的土地與自然資源權利的法制保障工作並不是國家需要照顧的項目。

　　如果政府不採證口述證據調查並文字化，則對欠缺文字記錄的原住民族，其固有傳統土地權利轉換到國家土地制度的原住民族土地權利將無法被國家確立，而只能用救濟式分配的方式，保障憲法層級的原住民族土地權利。政府用分配的救濟概念處理應該歸還的傳統土地權利，會使原住民族土地權利限縮在欠缺法律保障權利概念的政府行政裁量權之中；一方面助長「諾斯悖論」的情況，間接的使參與管理的原住民菁英放棄傳統規範與文化以爭取現有合法權益；一方面使原住民族自己誤解固有土地權利為特殊救濟特權，而消弱族群意識[13]。所以，修正

---

[13]　在訪談過程，有一題是有關國家藉由總登記、清查而分配的土地權，是屬

原住民族土海法之立法方向，除了承認口述歷史與佐證資料的證據能力，更藉由獨立調查調處機關確認其證據力，這是迫切需要的改革。

五、傳統淵源土地權利分配優先順序低於保留地救濟式權利並弱化之

土海法草案未將原住民族傳統土地權利確立在優先地位、高過公共造產之公益；反而弱化之。管理辦法第 20 條規範分配的優先順序，是「原受配面積不足，且與該土地具有傳統淵源關係者」第一優先，而救濟模式的「尚未受配者」、「原受配土地面積較少者」在後。管理辦法在某種層度表現出對原住民族傳統土地權利的尊重。但是，土海法草案將「尚未受配者」優先於「原受配面積不足，且與該土地具有傳統淵源關係者」。如果這樣的調整是反省原住民族的殖民統治遭遇，並釐清分配與歸還的差異，則這樣的優先順序安排結果會與立法目的相矛盾，因為分配公有荒地代表救濟式的特權，而歸還傳統淵源土地代表承認原住民歷來傳統土地權利。

政府確認原住民族土地遭受殖民歷史的土地被剝奪，土地權利優先順序應依據第四章表 4-3（國家承認原住民族土地權後的土地權利分類與制度安排）的整理，原住民族土地權利先要區分是屬於歸還的、或是分配的類型。其中歸還傳統土地的重點在於調查土地使用歷史真相，沒有文字證據則允許採用口述

於國家賦予的特權？還是國家追認原住民取得固有的土地權利？大家都認為那是傳統耕作的土地權利，但也會直覺的認知是國家賦予的土地權利。在國家法令制度發生實際效力的情況下，傳統土地概念會被弱化。

證據以及佐證資料的交叉比對，藉由調查確認土地使用歷史，並依據傳統規範與族群現代習慣調處。而國家願意將公有荒地分配給需要的族人，可以維持原先的優先順序規畫。從長遠規畫公有土地的整體利用，這種分配可以停止，而改由開放受理族人開發計畫而提供公有土地無償或低租金的租用。

六、獨立調查機制失去調處功能，只留調解功能且移該管轄法院作最終調解

　　管理辦法第六條指出鄉土審會擁有調查與調處的功能，但在土審會主任委員由鄉長兼任、其他委員也由鄉長主導推舉產生，自然而然鄉長可以主導推舉人選以及實際審查的運作。這使審查機制沒有辦法獨立於行政權與地方派系勢力之外。其實，調查與調處的功能在這樣制度運作下，鄉土審會發揮的空間可以很大，比如順勢將部落耆老的傳統土地制度與實際使用歷史在審查意見作陳述。筆者在 2009 年期間參訪花蓮縣萬榮鄉土審會運作過程，由耆老口述歷史澄清土地使用歷史調查以及傳統土地使用習慣，補救文字證據資料不足的盲點，並確實看到發揮調處的功能。但是如果地方勢力與行政人員私下結合，並由政治手腕操作，也可能使鄉土審會沒有任何空間發揮調處與調解的功能，徒具形式。

　　土海法草案只保留調解機制，放棄調處機制。甚至調解不成轉由該管轄法院調解。這樣的調解模式已經預設價值觀，既是管轄法院採用的價值觀而非原住民族法院或專屬法院，也就是國家規範的西方財產權制度。調解機制對差異文化族群的土地糾紛是沒有解決的可能，因為依據國家土地法律的當事人會

預期得到國家法律保障，無調解必要。這呈現立法者蓄意隱瞞國家預設西方財產權概念；對原住民族財產權概念存在社會文化價值差異者，協商機制只是徒具形式。形式上的調解，限制原住民族土地權利只能套用西方財產權概念、排除原住民族財產權概念的多元化發展，使原住民族被迫接受西方財產權理論、而同化。制度實際運作的結果就像管理辦法只有分配模式一樣，產生強制性制度變遷的結果，使大家都誤以為固有的原住民族土地權利是國家賦予的土地特權。

　　反過來說，土海法草案應該正視西方財產權概念與原住民族財產權概念的差異，因為在差異的土地財產概念與土地制度下，堅持地傷方當事人是沒有調解成功的可能，只是激發當事人的衝突與社會關係的不和諧，除非在操作過程以經域設了西方財產權概念會被鼓勵的情況。所以，立法者應該回到立法的背景與初始的問題，建立可以調處而解決原住民族土地問題的機制。

　　現有鄉土審會機制，在規畫上已經預留部落耆老可以在審查意見提供陳述土地使用歷史及族群土地管理規範的概念。但土審會最給部落族人詬病是審查的獨立性與公開性，成為執行機關的圖章功能，甚至是部落菁英侵犯傳統土地且背判族群傳統規範的場域。從辦法申請規則可見任何原住民都可以申請設定，但執行機關藉由任何行政理由排除非關係族人進入。這樣封閉的運作使得在審查組織成為小團體，容易與行政組織主管產生利益相依性高的集團。在法律制度改革之前，政府欲突破此機制弊端之最簡單方法是多元管道的委員組成與公開的審

理，甚至預留幾個名額是開放賦予部落頭目或民族議會幹部可以受理民眾陳情而發言的空間；另外，在鄉土審會之上設立熟悉原住民族土地制度與習俗的專業獨立調查機關，接受人民的陳情或申復，並由實際案例處理、提案修法，建立更完備的管理規範，比如加拿大「印地安主張委員會」、紐西蘭「毛利土地法庭」、「威坦基（Waitangi）委員會」或「條約結案署」等獨立調查團體，或是原住民族土地專業法庭等獨立組織，但排除預設西方財產權價值的管轄法院調解。

參、對原住民族土地及海域法（草案）改革的建議

整理原住民族土地與海域法草案的比較，筆者認為當時立法者對於原住民族土地制度的歷史脈絡與文化脈絡並不堅持，認知但蓄意忽視以下事實：原住民族遭遇殖民統治、既存占有土地權利遭受國家剝奪、原住民族土地受國家支配的時間點自日治時期「理蕃」政策起、法制改革是國家財產權概念與原住民族財產權制度衝突的調處規則。政府承認原住民族土地權利，但還延續保留地制度，且原始權利屬於國家創設、不是原住民固有的，也就是沒有檢討殖民統治遭遇剝奪的實際狀況以及多元文化的態度。依據本章前段提出的三個階段調處的觀點分析，立法者在第一階段的認識與承認功夫並沒有完成，而產生對人、事、時、物的立法內容不明確。國家在土海法草案的這種承認欠缺原基法第 23 條的尊重族群社會文化與價值觀，使得原民族土地制度與財產權概念沒有國家法律保障的空間。

另外，本草案在制度建立過程理解原住民族遭遇殖民統治

歷史、並且承認有日治時期「森林事業規程」建立保留地制度原始脈絡，原住民族土地被剝奪。在國家土地制度與原住民族土地制度的競合，以保障原住民基本人權來連結兩套制度。依據《宣言》序言，原住民族固有的財產權與人格權被國家否定而失去傳統土地的歷史，需要被補救。雖然，草案間接承認原住民遭遇殖民統治而土地被剝奪的問題，但是卻沒有檢討殖民時期發展的保留地制度以及「蕃地國有」的政策實踐，甚至持續採用這樣的保留地管理以及分配的歸還模式，尤其在分配順序。

　　再者，草案第十三條取消耕作權、地上權取得過程，通過審查就直接登記而取得所有權。在解釋此條文的說明中，指出他項權利取得五年才可以所有權轉移登記的過程，是「不合理」的事情。這是否表示 1966 年管理辦法修法採用公有荒地招墾的之法律解釋與創新，在現在承認殖民遭遇以及承認原住民族土地權之後，反而被認定是不合理的程序，應該審查通過就取得登記與所有權嗎？這代表是政府重新承認原住民族傳統土地權利是固有的嗎？看來也不是，因為草案還是採用管理辦法的分配模式，歸還傳統土地有歷史淵源者，並且降低優先順序在救濟未分配過的原住民之後。草案取消他項權利持有五年並自行耕作的過程，只是加速傳統土地的流動，有益於財團或部落菁英從申請保留地到或利取得現金的流動，也許可以暫時將地價提高，但反而加速流失。在實務面上設定他項權利審查以及土地權利轉移審查過程，雖然會降低原住民取得土地權利的移轉、處份效率以及經濟開發動力，但卻對沒有獨立審查運作的鄉土審會機制有多一層的審查過程，使得土地權利移轉有更多

的時間審查與被檢視[14]。在實務上，審查機制沒有獨立性且協商平台未正常運作之前，審核通過既登記取得所有權會激發原住民菁英用投機手段獵取公有保留地而私有化的企圖。這種取消必須是搭配獨立審查與調解機制建立以及原基法第20條第二項「原住民族土地調查及處理委員會」的獨立運作，否則只會預留後門使既得利益者爭取更大利益。

　　本研究對此次原住民族土海法草案的評論，認為該草案完全脫離原基法、兩公約施行法承認原住民族土地權的精神，更違背聯合國原住民族土地權利宣言等國際建議政府依法承認與保障的原則，甚至將「理蕃」政策及持第六三郎的意見書以保障與改革之名、予以合理地現代法制化。這是原住民族土地權的大倒退。本研究認為唯有將原住民族土地權利重新定位清楚，並從國際關注原住民族基本人權出發，重新檢討殖民歷史脈絡的森林事業計畫與保留地，未經合意而政府單方立法將原住民族土地國有化而剝奪。

　　本研究參考原住民族向政府爭取傳統土地權利的國際案例，最接近我國原住民族土地權上述問題的是美洲國家組織OAS 的美洲人權委員會處理"Mary and Carrie Dann v. United States 案"，並於附錄十四特別節錄該委員會的調查報告。美國政府雖然與訴願的原住民族合意而簽立條約，但不表示政府與

---

[14] 圖 4-6 的左邊的土地謄本就表示原住民已取得耕作權設定，但五年期滿卻沒有辦法通過所有權轉移，登記為私有土地，因為其他部落族人對申請者不屬於本部落族人，而對其申請資格有異議，而在第二階段土審會審查時被拒絕。致使該土地沒有辦法「有效」私有化、並提高使用效率。

財團不會以立法與行政手段侵犯並剝奪原住民族土地，原住民族是否取得政府之合意只是法實證主義訓練及現代科學教育出來的政府專業"公僕"、可以「因現狀而中立」或「諾斯悖論」而圖利的理由。美洲人權委員會已經提出國內法律體系從國際人權規範與原則、原住民族可以「自由事先知情同意」的政治參與，重新修改國內過去法律與現行制度之惡，糾正行政機關對原住民族土地權侵害的行政，才是在國家原住民族土地制度進行改革的原則。相關比較、分析與論述參考附錄十四。

肆、小結：我國原住民族土地制度處於法律制度改革的十字路口

原住民族土地權爭議在於「非線型憲法結構」之「國家建構」下，國家如何在通過原基法之後重新承認原住民族「既存占有」之傳統土地權利，並進行法制改革與保障呢？既政府進行土地總登記之前，公營事業或公務機關是否可以在未與原墾耕作的原住民協商與補償時，違法強制排除原住民使用傳統土地之議題。

從實例來看，在管理辦法建立之後、土地總登記之前，1953年台電申請租用花蓮縣秀林鄉銅門部落的舊清水電廠庫房宿舍用地案之公文，主管機關在臺灣省政府民政廳 42 民丁字第 6176 號函「日據時代清水發電廠之舊地，村民均未予於利用，且對山胞一切鈞無妨礙」，故回復「准予同意」，並令繳納租金（參考附錄十一）。但在本案，地政局簽註意見指出，依當時管理辦法，保留地屬於國有且無法出租（圖 4-13）。另一方面，本

章第一節介紹，台電 1958 年在沒有租約情況下，強制排除舊立霧溪備勤宿舍庫房用地的原墾耕作原住民；既原住民耕作傳統土地的情況下，公營事業竟違背當時的管理辦法，在未協商與補償下，排除原住民使用傳統土地。而管理機關在台電結束租用之後，也以公共造產之公益拒絕本案當事人及其後代主張「回復」原住民族土地權利。雖然只小小的一塊土地，卻呈現我國原住民族土地管理正處於「舊法未修、新法不起」的尷尬轉型期。

　　另一方面，政府規劃的土海法草案對於原住民族土地權利的保障更是倒退。因為土海法草案保障原住民族土地權利的方式還是依據救濟式分配來歸還；甚至草案在土地權利分配的優先順序上，將與該土地有歷史淵源的原住民的申請權利，降低到與該土地無歷史淵源之欠缺土地的族人之後。顯而易見地，本研究提供的參考案例，乃依據傳統土地使用習慣與實際耕作土地被剝奪的原住民，其依據原基法，所主張的原住民族土地權利將在此草案中被徹底地稀釋而消失。

　　國家用分配方式配置土地權利，對原住民（族）土地權利的保障產生很大的限制，尤其在 2005 年「原住民族基本法」承認原住民族土地權之後更應重新檢討。由霍菲爾德（Hohfeld）對應的基本法律關係來看，國家採用分配的方式保障原住民族土地權利是特殊救濟式的「特權」（privilege）關係，既原住民對傳統土地的權利於政府是「沒有請求權」（no right）（Hoebel，2006：45-60），根本上否定土地權利存在，成為國家目前所理解的原住民族土地權利的行政邏輯。所以，土海法草案沒有辦法符合原住民族期待，保障原基法所主張原住民族土地權利。

　　政府現行保留地制度是建置在殖民歷史脈絡之否定原住民族人格權及土地與自然資源權利的基礎上，改革至現在樣貌；當原基法要求政府承認原住民族土地權利並重建法制保障時，政府卻在行政制度與立法改革上處於無從修法落實的十字路口。土海法草案的矛盾內容也呈現這樣的糾葛與拉扯，政府不是未充分認識原住民族土地制度與承認原住民族土地權利、就是蓄意忽視多元文化國家應有的責任。在本章提出政府應與原住民族進行調處土地糾紛的三階段功夫，重新建立原住民土地制度以補救原住民族遭遇殖民歷史的基本人權剝奪，並建立更周全、更開放的協商平台，讓原住民族充分政治參與之責任，並自我反思文化流逝。

　　我國在憲法肯認原住民族議題採用多元文化原則之後，原基法第 20 條規範政府在實體法承認原住民族土地權利，第 21 條規範政府必須使原住民族參與訂立土地管理政策與法律的協商，第 23 條規範政府尊重原住民族傳統土地之社會經濟組織型態、資源利用方式、土地擁有利用與管理模式之權利，第 30 條規範政府應尊重原住民族傳統習俗、文化及價值觀來制定法律處理原住民族事務。雖然立法者承認原住民族土地遭遇殖民歷史的剝奪以及原住民族土地財產權概念的社會文化差異，但土海法草案立法過程的政治妥協失去釐清問題核心而草案內容發生了許多矛盾。草案有「舊酒裝新瓶」嫌疑，並無法實際解決原住民族與國家的土地糾紛案例。

　　長遠觀察，原住民族土地取得私有權利之後，管理機關應該對不熟悉現代自由市場經濟活動的原住民提供認識貨幣制度

與市場機制協助，並輔導追蹤族人適應現代生產技術使用土地
的有效方式，且提供充分的訓練或指導。另一方面，原住民族
自身對於原住民族土地財產權利概念及現代社會環境生活的選
擇，須觀察此選擇對於族群發展與國家原住民族政策影響。本
研究認為長遠上還必須關注研究這樣的問題：政府承認並尊重
原住民族土地權利之後，原住民族社會自己是否得以發揮原住
民族土地制度在族群社會、文化、組織、經濟等實際發展作用？
是否使用傳統土地使用的概念與現代土地管理技術與生產技術
取得結合的可能？在法律改革或實際執行的原住民菁英對於土
地資源競奪的地方政治經濟關係的影響是否可以在制度設計中
有效的安排與引導？或是自我深陷其中？這樣的研究對於國家
如何規劃原住民族土地權利配置與利用，有重要的參考。但本
研究還沒有進展到這樣的階段，這些是需要在實踐過程持續觀
察研究的議題。

第六章　結　論

　　2008 年 5 月國際媒體報導揭露巴西的亞克里省與秘魯交界邊境的雨林區，巴西政府的人類學家搭乘直昇機拍到從未與文明接觸的印地安人原始部落，拍到全身抹上鮮紅或黑色顏料的原住民朝飛機拉弓射箭的「珍貴畫面」(圖 6-1)。

圖來源：王先棠編譯，〈原
始部落驚現　藏身
亞馬遜森林　近秘
魯邊〉《聯合新聞
網》2008/5/31 報導
（http://udn.com/N
EWS/WORLD/WO
R4/4364335.shtml）
(2009/4/26)。[1]

圖 6-1：巴西印地安人原
始部落。

　　現代國家在國際間協商畫定國界之前不知這些族群存在或

---

[1] 該報導後來作了修正，此部落其實早在 1910 年被發現，並不是在 2008 年才發現。但 2008 年由直升機空拍當時，該部落確實還是維持與現代社會隔絕的狀態，且強調飽受伐木工業威脅的困境。（2008/6/24）(http://english.sina.com/technology/p/1/2008/0623/168198.html）。(下載 2012/5/30)

未與這些差異文化民族協商領域邊界，這些族群在莫名的情況下被劃進某國家主權領域之內。「原始野蠻」與「現代文明」在這種時空的交會下，現代國家要如何來安排這些沒有文字記錄及維持原始生產技術之原住民族，對於其生活空間與自然資源權利的法律制度保障呢？國家主權依據國家現代土地制度要如何保障原住民族部落社會的土地權利與環境生存權利呢？國家透過什麼樣的態度來介紹現代社會給這些原住民族？並研究認識這些原始社會的文化、土地財產權概念與土地使用習慣呢？

　　現代國家與文明社會常常忽略傳統社會與現代國家接觸時的歷史。巴西政府在亞馬遜叢林發現這樣的原始社會，國家現代土地法律制度會（需要）給予如何的土地與自然資源權利的保障，是現代國家需要思考的問題。

　　將此「珍貴畫面」作延伸對比，我國原住民族的土地權利遭遇怎樣的轉折與現代國家的安排呢？以太魯閣族為例，現代國家在 1914 年太魯閣戰役之前，尚且未進入太魯閣族生活領域，也未將太魯閣族原住民部落集團移住到現有的保留地區域，當時太魯閣族依據族群傳統規範與土地制度在傳統領域維持傳統社會的運作，就像圖 6-2 之景象，這樣三層部落有 250 戶之太魯閣族原住民，有如圖 6-1 的印地安人自主生活。對 1910 年第二次「理蕃」五年計畫的「成功」，包含 1914 年經過八個月的太魯閣戰役將內外太魯閣族領域強制畫入現代國家主權之內。而「原住民族土地權利」在現代國家經歷殖民統治之否認而再到原基法之承認，到底發生的什麼轉變呢？

圖來源：本圖引自（林えいだい，
　　　　　 1995：5）[2]。

圖 6-2：1914 年太魯閣戰役
　　　前後的太魯閣族
　　　在內太魯閣地區
　　　部落情況

　　本研究暫時以清朝尚未統治的原住民族領域為主要範圍。
這區域當時稱為「番地」，在 1895 年日本殖民政府強制將國家
主權畫進這些日清馬關條約規定不清的灰色地帶，既清朝國家
主權未統治的原住民族土地。在此前後，原住民族土地權利發
生了什麼變化呢？在 17 世紀荷蘭人登陸台灣西部平原與平埔族
的文化接觸當時，除了「得土番承諾」，而用布匹向新港番買
得土地以興建赤崁市街，征服後也採用訂定和平協約（Accord）
的作法；19 世紀末日本殖民政府遭遇台灣原住民族，日本考量
母國經濟發展而採取「理蕃」政策與武力討伐手段；20 世紀中
期國家面對原住民族，延續日治保留地作法，採用山地平地化、
社會融合的政策，實施公有荒地招墾模式分配公有保留地私

---

[2] 田信德牧師用這份照片解說太魯閣族群自稱 Truku 的由來。主要一種說法是
因為族群居住的地方都位居在台地附近，是一種三個(tru)階段(ku)組成的地
形：後方的上坡、前方的下坡與居住的平台，而緩坡的地方會開發為耕作的
田地。逐漸地，居住的地理特徵成為向他人自稱的詞彙。另一種說法是太魯
閣族群居住所在是三河流匯集之地。不論如何，都是由居住地的特徵轉換成
自稱的詞彙。但不表示「最原初」祖居地，因為耆老口傳四百年遷徙歷史是
從西部平原開始。

有。20 世紀末我國憲法肯定多元文化處理原住民族關係，2005年通過原基法，在尊重族群傳統土地規範、社會文化、價值觀（第 23 條）下承認原住民族土地權利（第 20 條），並法治原則（第 30 條）立法制定原住民族土海法（草案）。

百年前，我國原住民族傳統生活的空間在日本殖民政府用武力征服下，原住民族被強制帶到現代國家主權範圍之內；但國家對於原住民族「既存占有」的傳統領域土地權的安排未經原住民族的合意，逕而依現代西方土地財產權法律制度設計而國有化。原住民族經歷三四代時間之國家同化的文化政策與國有化的土地政策之後，現代國家在憲法宣稱肯認多元文化來面對差異文化的原住民族族群關係；但是當代憲政國家與原住民族將如何思考原基法宣稱政府承認原住民族土地權利這件事情呢？國家應該如何改革法治以保障此土地權利呢？另外，原住民族也要如何思考對傳統土地權利的主張與現代國家制度的結合、發展呢？

本研究主要探究：法律位階的《原基法》規範政府依據原住民族傳統習慣與價值觀承認「原住民族土地與自然資源權利」並法制改革保障之；而在行政命令位階的《原住民保留地開發管理辦法》中，是否存在法律制度保障呢？從兩件參考案例可知，原住民族土地權最重要的爭議是在國家進行土地清查及總登記之時，日治之前以及日治以來的原住民族「既存占有」之傳統土地權利，是否多元文化當代憲政國家已經改革原住民族土地制度而得以尊重承認與法制保障。甚至，在原住民族集體土地權利的利用與開發上，更關注原住民族區域的原鄉區域發

展及族群文化延續的國土綜合開發及區域發展計劃的問題。

引發本研究議題是筆者接觸兩件太魯閣族原住民向國家爭取傳統土地權利的土地糾紛案例。太魯閣族原住民向管理保留地的執行機關「回復／歸還」土地總登記時未登載的傳統土地。管理機關認為這些原住民的主張並沒有在保留地清查登載在地籍簿冊，既沒有「土地使用權源證明文件」證明；而管理機關本身在對該土地也有公共造產的公益規劃之使用下，拒絕原住民傳統土地主張且視之為「分配」原住民私有化的私益申請。原住民對傳統土地主張是源自「原住民族土地權利」的認知，內容是殖民歷史的、口述歷史、文化的、基本人民權利的；管理機關拒絕申請也是源自於「原住民族土地權利」的概念，內容是國家法制歷史的、文字證明、現代法律的、救濟式特權的。原住民族與管理機關各自都有自己一套土地財產權概念，來認知原住民族土地權利。而原基法第 20 條規範政府承認的「原住民族土地權利」又是哪一套財產權概念呢？本研究嘗試以太魯閣族為例，在文化脈絡與歷史脈絡探討原基法所稱政府承認原住民族土地權利為何。

第一節　主要研究發現

從原住民族土地權利進入殖民統治國家主權的國有化，乃至於之後的法制化、私有化，制度性影響的主要時間切割點在於 1960 年代保留地土地清查與總登記之時。因為文字登記至少把大部分的原住民族既存占有傳統土地的「社會事實」給予「法

律事實」化而登記保障。首先，在土地登記制度之後的私有化，牽涉到的是國家以西方財產理論建立分配模式的私有化制度、並以土地經濟發展為目標，弱化原住民族傳統文化、部落組織管理、族群原鄉區域發展的原住民族土地權、文化權、發展權，並制度性強制變遷。但在土地總登記前，原住民族土地權利更核心的議題在於：國家與原住民族沒有在憲法層級合意的過程，既將原住民族納入國家主權的殖民統治下，並集團移住原住民族到保留地區域安置定耕，而另將大部分的傳統土地歸為林地管制，並法律手段明訂保留地與林地之「蕃地」國有化。這使我國「國家建構」處於「非線型憲法結構」狀態。在國家擬制「蕃地國有」的法政策下，本研究藉由花蓮縣秀林鄉兩件原住民向政府主張回復／歸還傳統土地權利的參考案例指出：在土地總登記之前，公營事業或公務機關會正當化違法剝奪原住民既存占有之傳統土地，且沒有文字登記，待總登記而合法化。

　　在「理蕃」政策下森林計劃事業遺緒的保留地制度的運作，法令政策擬制「蕃地國有」。雖然土地總登記之前的管理辦法與公文函示限制公營事業與公務機關租/撥用保留地的規定，必須在原住民沒有使用的土地、並且未妨礙原住民生計，才可以藉由申請、同意、租/撥用的程序使用。但是，這些管理機關也因為在「蕃地國有」的行政邏輯下，實際上會發生強制排除使用或技術性地限制登記內容，而剝奪原住民族既存占有的土地權利。而這部分土地糾紛才是對原住民族土地權產生最為嚴重的威脅及剝奪、且不容易從地籍簿冊等文字證據察覺的。

　　本研究依據憲法層級多元文化原則及原基法承認原則之新觀點才可以察覺上述後項土地清查與總登記之前的原住民族的糾紛議題；並採用批判種族理論，先在第三章以多元文化理論與財產權理論為基礎，由原住民族的社會文化脈絡與社會價值，解釋原基法所謂原住民族土地權的概念；之後，第四章以國家原住民土地制度的歷史脈絡與採用西方財產權概念的標準，整理自日治時期以來殖民歷史脈絡的保留地制度到原基法的原住民族土地歷史。國家現行保留地制度採用「分配」模式來「歸還」權利，對照原基法「承認」原住民族土地權利，現行保留地制度實際是否定原住民族土地權及「制度欠缺」。第五章以原住民主張歸還傳統土地權利的案例出發，探究解決原住民族土地權利糾紛的三個階段任務。

　　本研究主要發現是解決原住民族土地糾紛，可以參考 Tully 處理多元文化憲政對話的三階段工作。基本上，本研究認為在殖民歷史脈絡之保留地制度與現有西方財產權的所有概念，是無法尋得多元文化原則下原基法所謂承認原住民族土地與自然資源權利；必須從國際人權發展重新檢視殖民歷史脈絡的保留地制度變遷，並由多元文化原則重新詮釋原住民族傳統土地制度與文化，以擴充憲法層級私有制財產權概念；落實民法第 757 條之修正，引進原住民族傳統土地「習慣」到私有制法定物權，以包含原住民族土地與自然資源權；建立國家與原住民族有關法制改革的協商平台。最後，政府應與原住民族共同參與、在國土綜合開發計畫內規畫原住民族主體需要的區域計畫、並在《地方制度法》修訂原住民族地區自治政府的定位與地方自治的

關係、且在《區域計畫法》、《都市計畫法》中落實。這過程即對應 Tully 對多元文化憲政主義哲學：跨文化藩籬的憲政對話行動，及其糾紛調處的三階段工作：相互承認、延續文化、取得同意的概念發展。

壹、原基法承認原住民族土地權利表示：承認殖民脈絡保留地制度否定之

首先，調處原住民族土地權利爭議必須先釐清原住民族土地的獨特性。我國原住民族的土地權利原先是「既存占有（*uti possidetis*）」的獨特（*sui generis*）權利，經過殖民統治時期的「非線型憲法結構」之「國家建構」過程，政府藉由否定原住民族的人格權、文化權，使傳統土地國有化而失去土地權（黃居正：2010）。以我國為例，從歷史脈絡觀察，15 世紀國際法承認原住民族有「國族」位階、承認享有政治實體或社群的協商資格[3]，可以認知到原住民族土地權利乃原住民族固有的。十七世紀的荷蘭、西班牙殖民統治台灣既採維多利亞原則。但在歐洲資本主義殖民國家擴張，發生文化接觸後，漸漸被國家主權所否認。1895 年到 20 世紀初期，日本殖民帝國統治台灣原住民族，既採此原則。

---

[3] Las Casas，Francisco de Vitoria 都支持這樣的論點，印地安人具有足夠的理性，對其土地具固有的權利和統治權，但 Vitoria 又以歐洲文明形式作特徵並發展「正義戰爭」的理論。Emmerich de Vattel 甚至以擁有領土支配及科層體系的中央集權的民族國家的特徵為標準，承認有些原住民族已經達到這樣的資格，但提出教化責任之正義範圍內的征服，也是正當的（Anaya，2010：22-27）。

　　原住民族土地是在於國家強制「蕃地」的「蕃人」進入現代國家主權管轄之時，既 1895 年之後到第二次「五年理蕃政策」「討伐蕃人」完成之間，現代國家採用當時國際法之法實證主義對待原住民族的殖民統治模式，否定原住民族文化權、人格權，乃至於否定原住民族土地財產權，而將「蕃地國有」化。1960年代完成土地清查、總登記及分配模式私有化之後，國家才大致將原住民族安排在保留地，並以分配方式放領傳統土地權。故此，原住民族土地權利的最大限制就是：殖民脈絡的「蕃地國有」之「理蕃」政策及其保留地與林班地的延續。而最主要的糾紛就是：土地清查及總登記之前，公產管理機關或公營事業強制排除使用而流失的原住民族土地權利，以及政府採用有遺漏登載或誤載的土地總登記文字作爲唯一「土地使用權源證明文件」，以保留地制度管理原住民族傳統土地。

　　原住民族土地權就受限在殖民歷史脈絡的、西方財產權理論架構的保留地制度內，以救濟性分配來要求原住民向政府「乞求」族群固有的傳統土地權利，同時族群內部參與國家保留地管理的菁英發展出「內部殖民」的族群關係，限制原住民族土地利用、文化延續、生存發展。對於原住民族土地權利的概念，現在國家教育原住民族菁英及主流社會認爲：原住民族土地權只有救濟式分配保留地之特殊權利。這就是黃居正（2010）所謂的非線型憲法結構下之國家建構的正當性，以及國家在制度變遷過程剝奪原住民族既存占有土地權利的基本人權議題。

　　原住民族土地變遷過程經歷兩次國家主權轉移：首先，在於 1895 年日本殖民政府沒有在憲法層級安排原住民族的法律地

位及其既存占有傳統土地的權利。再來，在中華民國 1945 年抗
日戰爭勝利之後，直接繼受日本殖民統治國家管理技術來對待
被日本殖民統治的原住民族，使國家與原住民族之間的關係還
持續存在被殖民侵略的制度遺毒或發展出「內部殖民」的狀態，
甚至「制度相依」地法制化、並處在「因現狀而中立」(status quo
neutrality)的憲法體系之偏頗情境。2005 年原基法規範政府「承
認」原住民族土地與自然資源權利之後，政府如何檢討保留地
制度性翻轉原住民族的土地、文化、社會關係，是否有能力檢
討現代國家與原住民族接觸以來的憲法層級的原住民族土地權
利之制度保障，成為核心問題。這也是政府與主流社會對國際
上聯合國通過原住民族權利宣言及我國通過兩公約施行法之後
應 作的檢討，並推進我國進入多元文化國家之林的責任。政府
正視原住民族土地權的殖民歷史的侵略，對國家穩定發展有更
重要是意義：此乃糾正我國在「國家建構」之初、未與原住民
族合意的殖民歷史之惡， 補救我國「國家建構」的正當性，並
重建我國與原住民族的「新夥伴關係」（黃居正，2010：2；蔡
志偉，2010：10）。

　　本研究藉由花蓮縣秀林鄉文蘭村土石流失去土地案、秀林
鄉富世村舊立霧溪電廠備勤宿舍土地案、豐濱鄉石梯坪部落傳
統土地案等等案例，進行分析整理。這些案例都發生在土地總
登記完成之前，政府機關或公營事業因區域開發之行政「公
益」，在未協商換地或補償的情況下，技術性地排除原來在該
土地使用的原住民，並「剝奪」其傳統土地權利。由案例的分
析發現：我國現有原住民保留地開發管理辦法所提供的原住民

土地權利，乃是殖民歷史脈絡否定原住民族土地權利、先將「蕃地國有」化後，再先安排公營事業與公務機關強佔所需要的原住民既存占有土地；在機關與企業取得清查與總登記之合法地位之後，才採用救濟式分配土地權利的模式，重新安排原住民取得傳統土地的權利。甚至，獵場及舊部落的國有化、林地化，將原住民傳統領域的土地排除在保留地制度分配的原住民土地權利之外。我國技術性排除原住民土地權利的法制安排是建置在擬制「蕃地國有」與西方財產權概念之經濟開發的法律制度，並將原住民族視爲法律制度的權利客體來管理規範，且在一開始就以否定原住民族人格權、文化權與土地權做爲行政規範的權利內容，來剝奪原住民族土地、來拆解原住民族文化。

首先，對於地籍簿冊遺漏登載或登載前被公營事業與公務機關強制排除的原住民族土地，本研究藉由 Geertz 法律多元主義或詮釋人類學觀點、或原基法承認權利與尊重文化原則，重新詮釋原住民族土地使用模式、確認原住民族土地權。文獻誤解原住民族傳統土地使用，只有土地共有模式與欠缺權利概念，乃是以主流社會生產技術與經濟模式爲標準、忽略原住民族文化脈絡與社會關係的觀察，而產生的誤解。本研究將原住民族視爲國家法制上的法律主體而非客體，以多元文化脈絡檢視傳統文化、價值觀、社會規範與組織來詮釋土地使用模式，承認原住民族傳統土地權利的存在與意義。筆者以太魯閣族爲例，從族群語言（*dxgal ne ni ma*）、社會價值觀（*miisug tuxan/psangay/mhuway*）、土地規範所建立的土地管理知識體系（*Utux/Gaya*），呈現太魯閣族在國家法治與市場經濟之前，已

經建立的原住民族土地與自然資源權利制度（*tndxgal*），即原住民族在國家建立土地法制之前已經依族群規範占有、擁有的土地權利；而此土地制度是屬於私有制與共有制的混合模式，資本主義社會財產制度與共產主義社會財產制度是無法詮釋與包容的。相似的詮釋模式可以跨文化藩籬地分析我國其他原住民族所固有的原住民族土地制度與權利運作。這樣的原住民族土地權利，雖然地籍簿冊未加登載，乃是符合憲法增修條文肯定多元文化、原基法承認權利與尊重文化原則、兩公約施行法保障少數民族固有文化權與土地權、以及聯合國原住民族權利宣言所論說的「原住民族土地權利」，是原住民族獨特的（*sui generis*）土地權。

　　再者，對於國家現有保留地制度下已經登載之原住民族土地，本研究由霍菲爾德（Hohfeld）對應的基本法律關係來看，國家採用分配的方式安排原住民族土地權利是特殊救濟式的「特權」（privilege）關係，既原住民對傳統土地的權利於政府是「沒有請求權」（no right），或根本上否定原住民族土地權利，成為國家目前所理解的原住民族土地權利的行政邏輯（Hoebel，2006：45-60）。國家用分配方式重新私有化土地權利，將限制原住民使用原鄉土地的法律凌駕在管理辦法之上，對原住民（族）土地權利保障、族群文化延續與區域發展模式產生很大的限制，尤其在 2005 年「原住民族基本法」承認原住民族土地權、尊重族群社會價值與習慣以建立司法機制之後，更應重新檢討。

　　本研究呈現：在現行殖民歷史脈絡與西方財產權概念之保

留地制度內不會警覺原住民族土地權利被否定及剝奪的問題；而研究原住民族土地權利，必須架構在國際法上原住民族在殖民歷史脈絡的人權地位變遷、法律多元主義或多元文化觀點詮釋，才會發覺我國現行原住民土地制度否認原住民族土地權利的議題，甚至與原基法、兩公約施行法、聯合國原住民族權利宣言是互相矛盾的。我國現行的原住民土地制度否定原住民族土地權利已經施行百年，參與國家管理制度的原住民族菁英被「內殖民」教育成自我否定固有原住民族土地權；族群固有土地管理制度被破壞、與此制度相生的族群文化延續被限制。我國現有原住民土地制度自原基法通過以來已經五年時間未解決法制改革，是屬於「制度欠缺」的原住民族權利保障；我國也正處於制度改革的十字路口，而沒有辦法突破的尷尬階段。

貳、法律制度應確認原住民族權利主體與土地權利內涵：基於基本人權共識

　　本研究整理各章討論，主要澄清原住民族土地權利主體、權利內涵以及探討國家法制保障作法。第一項研究發現已指出：從日治時期「理蕃」政策之森林事業計劃到國民政府時期的山地保留地管理辦法，政府違反多元文化原則，完全否定原住民族土地與自然資源權利，為公務機關與企業財團進入山林、經濟開發而設計保留地制度。在此之後，國家應如何來重新「承認」原住民族土地權利呢？

　　2005 年原住民族基本法通過之後，行政命令層級的原住民保留地開發管理辦法應該廢除，並參考國外改革，三年內修正

相關法令並建立獨立調查與糾紛排解機關（第 34 條）。首先，必須要修正文獻紀錄、現行土地制度或現代土地行政分析原住民族傳統土地使用屬於「共有」模式而且沒有土地權利概念是誤解的。在多元文化下，此最大的誤解是嚴重地侵犯原住民傳統土地權利；這些概念蓄意忽略原住民在欠缺肥料與人力勞動生產技術，誤解「燒田焚耕」與「休耕」的耕作模式為沒有土地權利概念的「游耕」模式。第二，政府在土地權歸屬的「法律事實」判斷上，蓄意忽略原住民族可以在沒有文字登記下確認耕作或休耕輪作的土地邊界與歸屬，並存在禁止侵犯他人已先佔耕地的管理制度，也忽視原住民依據傳統規範進行當面的土地交易也是契約的確立。政府只採用文字證據而否定傳統慣習，以調查「法律／事實」，使原住民族財產權利在失去法律事實證據下被剝奪。本研究以太魯閣族為例，太魯閣族四百多年前已經在南投山區及內外太魯閣地區生活，排除外族侵犯傳統領地，且族群 *utux*／*gaya* 知識體系規範族人傳統土地使用有清晰的耕地邊界與先佔之「擁有權」概念，確認太魯閣族固有傳統土地權利的存在；而且休耕的土地權利不表示個人或族群放棄賴以維生的土地財產權利，既政府不應再用「游耕」或「無文字證明」來否定原住民族土地權利。

　　在這樣的基礎認知之下，本研究將原住民族定位在國家法律體系的權利主體地位而非客體，從法律多元主義詮釋原住民族社會文化下的土地制度及其土地權利概念，呈現所謂「政府承認原住民族土地與自然資源權利」的權利內涵。

一、原住民族土地權利的權利主體：遭遇殖民歷史而傳統土地被剝奪者

　　我國原住民族正是《宣言》序言第六點、遭遇殖民歷史的原住民族。從現代法律的角度來看，原住民族作爲土地權利的主體，國家必須認識這差異文化族群的權利主體所經歷的殖民歷史並延續到現況的發展，才可以爲這樣的公民提供適當的法律制度服務。政府錯誤的解讀權利主體的背景，國家將延續原初錯誤政策而衍生出更複雜而且要更多的社會成本補救的政策，並引進新制度經濟學思考原住民族傳統土地權利限縮／偏移到保留地制度之內，而使權利主體的基本人權受損害。本研究認爲傳統生活在「蕃地」的原住民族與國家接觸的時間點是自日治殖民時期，並遭遇傳統土地權利被剝奪的歷史，而國家的手法是引用當時法實證主義的國際法概念否認原住民族的政治主體性，視「蕃地」爲無主地而視爲國家領土之內；在「蕃地」被國家視爲國內議題之後，採用「番人」不順從、不文明而採行討伐的方式，保障殖民母國對「蕃地」的經濟與發展權利；甚至採用法律承認的文字登記技術作爲唯一證據，來否定原住民族既存占有但被剝奪而未登載的傳統土地權利。所以，我國原住民族正是《宣言》序言第六點的原住民族遭遇，國家必須正視這樣的問題並予以補救。

　　但是，我國現在原住民族土地政策之「補救」還是在殖民脈絡的森林事業計畫延續到保留地制度，以保留地上公務機關行政需要及企業經濟開發爲主；原住民只有「分配」剩下的土地權利，是救濟式特權，且沒有請求權；原住民只是法律規範

政府管理之行政命令下的權利客體，並不是針對原住民族社會文化與族群發展需要而設計及保障的權利主體。

另一方面，原住民族主體本身也經歷數十年的山地平地化、社會融合等同化政策，而不同世代間原住民對於原住民族土地權利的概念也在轉變，乃至於發生族群文化全與發展權的壓迫。目前 70 多歲以上的耆老都堅持原住民族傳統土地是族群固有的權利，是族群社會文化與土地規範下擁有的土地，在土地主張是取向於「言行合一」的行為模式。目前 5、60 歲的原住民則是參與部落管理與政治參與的一代，經歷現代國家教育與自由市場經濟活動，也理解國家在 60、70 年代土地測量、總登記與放領的現代化過程；並接受原住民族土地權利是國家藉由分配模式而被承認的特權，是國家救濟原住民生計的德政，不是固有權利；甚至也不理解《宣言》第 25~28 條所宣稱的原住民族歷來固有權利之意涵；在土地主張是取向於「文行合一」的行為模式。而 80 年代「原運」之後的世代，接受的國家教育是屬於解嚴之後、開始強調基本人權、差異尊重與多元文化的態度，並對這樣的世代差異提出反思。

國家殖民脈絡的原住民土地管理制度實施近百年來，影響現今原住民族本身對於傳統固有土地權利的概念，也呈現世代認知的差異。這差異主要 50~60 歲的原住民在國家現代教育成長下，認同現代國家有「教化」原住民族、放棄「落後」傳統生活方式的「文明化」任務之影響；甚至原住民菁英據此解讀殖民歷史統治的正當與正義，無法自我反思何謂原住民族既存占有及固有土地與自然資源權利。而此概念的背景是 19 和 20

世紀初殖民帝國主義時代對原住民族的託管學說（Anaya，蔡志偉譯，2010：39）。所以，原住民族內部菁英也要由原住民族歷史權利及族群主體觀點，自我覺醒，反省殖民時期自己族群遭遇傳統土地被剝奪之歷史定位與現代化意義。

二、原住民族土地的權利內容：所有、共有、總有的階序性概念的集體權

原住民族土地權利概念是綜合了所有權概念與互惠社會價值之「階序性」土地權利，並且與族群傳統生活領域內之民族自治相結合。現代國家地政研究原住民族土地所有概念只有「共有」且欠缺所有權概念，並且不賦予國家法定物權的基礎，是由國家西方財產權理論觀點誤解與分類的結果。

從多元文化觀點與財產權理論，原住民族土地制度在財產權安排上是族群社會文化、生存環境與生產條件之「最適」財產權安排；即族人或族群土地權利概念。西方財產權理論無法完全包含原住民族土地制度內涵的財產權概念。以太魯閣族來說，先佔者之名字決定耕地是誰所有（*dxgal ne ni ma*），安排土地權利的 *tndxgal* 慣習管理制度；耕地與住宅是屬於家族族長的名字，這樣的概念就像在社會 *gaya* 規範的「公示」與族群 *utux* 信仰的「登記」。族人擁有私人土地財產權利，並不必然與國家土地私有制的概念衝突。再者，獵場與水源則爲部落名稱之下的共有權利概念，而我國民法也有共有的規定，並取向明確規範土地財產之權利義務的比例，但國家欠缺將兩者作連結之研究。另外，族群生活領域族爲族群總有的領域概念，當外族的侵犯會產生同族群的攻守同盟的防禦，此既原住民族得以主

張民族自治的施行範圍。所以，原住民族土地權利概念是有「階序性」（參考圖 3-7、圖 3-8），且與族群社會組織、文化信仰與生存環境有關。現代自由主義國家法律制度重視個人財產權利之所有，但國家常常忽略這樣由族群總有、部落共有的角度認知原住民族土地的階序性權利，而忽略了在個人與家的層級是存在所有權概念，也忽略部落共有的土地權利有族群文化傳承、民族社會生存及生存環境永續共生的集體權利，以及族群總有土地權利也有族群社會得以民族自決的集體權利。所以，國家在承認原住民族土地權利之後，需要確立原住民族土地權屬於廣義的法定物權，包含私有、共有、總有之不同層次的概念。

　　土海法草案與管理辦法比較，兩者權利標的是限制在保留地制度脈絡下的原住民土地。國家目前對於原住民族土地制度改革也在保守維持殖民脈絡的保留地概念，或是檢討殖民時期保留地政策而承認為原住民族固有傳統土地概念之間徘徊。國家現有土地制度認為原住民族土地是國家固有的土地，作為救濟原住民生計、施行山地行政而保留給原住民使用。但是，國家蓄意忽略此山地行政是「理蕃政策」及其延續，且忽略該土地經歷日治殖民統治時期，藉由否定原住民人格權、文化權與財產權，而「合法」剝奪「蕃人」的「蕃地」。現今我國憲法已經承認原住民族政治主體，並規劃國家主權內的自治政府，也採用多元文化詮釋差異文化族群的原住民族土地習慣與土地財產權概念，異於國家採用西方財產權理論所規範地保留地，但改革停滯。

　　在確認原住民族是遭遇殖民歷史統治與土地剝奪的族群之

後，原基法宣稱的原住民族土地要重新對定義：不是日治時期的「高砂族保留地」，而是殖民統治前依傳統制度既存佔有、擁有的土地。基於此，國家採用「分配」模式安排原住民族固有傳統土地，必須修正為「回復／歸還」。國家對與該土地無傳統歷史淵源而分配者，既屬於救濟式分配；此在傳統土地習慣裡也就是開墾新耕地的概念。所以，原住民族土地必須區分與該土地有歷史淵源的固有傳統土地，宜採用回復方式歸還；或是為了欠缺土地族人的生計需求而分配的土地。歸還方式處理的傳統土地宜強化獨立性與採證口述歷史的調查；長遠來說，分配救濟的土地應回歸到民族自治政府內部討論，依族群發展之資源「最適」配置協商。從人民權利的法治保障觀察，管理機關規畫公益的公共造產，是可以對抗救濟式分配，但次於回復原住民族傳統土地權利。

參、國家建立與原住民族協商平台：先文化詮釋土地權、再反省殖民歷史侵略

　　國家對原住民族土地權的承認，必須架構在對族群文化脈絡的認識以及檢討殖民歷史的功夫，並據此建立國家與原住民族協商原住民族土地與文化權的健全政治協商平台。這也就是文獻分析（圖 2-1）所提示的，認識原住民族土地權利必須先由族群文化脈絡確認原住民族及其土地財產權概念，既原住民族土地知識體系的認識；再由殖民歷史脈絡探討國家土地制度對原住民族土地制度與財產權概念的影響。這樣的順序可以避免重蹈類似原住民族土海法草案的錯誤規劃，忽略原住民族主張

傳統土地的歷史權利，而延續了殖民時期的原住民土地政策與法律化保留地制度；此乃政府「承認」原住民族土地權並建立協商平台的基礎。

國家在 1997 年憲法增修條文中確認「原住民族」是權利主體；但 20 世紀初與現代國家發生文化接觸時，被定位成「生蕃」。現代國家如何看待原住民族與原住民族土地？我國現在的國號是中華名國，自清朝末年，本身也經歷列強殖民侵略與不平等條約束縛；國父也以去除不平等條約、恢復中華為革命理想。我國政府應該理解原住民族遭遇殖民統治是什麼情況。政府政策並不是不理解原住民族在日治時期傳統土地被剝奪的歷史，也不是不理解原住民族主張正名運動、還我土地、民族自治的背景與願望，甚至我國憲法已經肯定多元文化觀點處理原住民族議題。問題在於政府機關內部的官員、部落菁英的養成教育以及視野是上一世紀舊觀點，並由自由主義的、多元論的、甚至潛意識地堅持保守派的多元文化主義，來「誤解」多元文化。所以，國家沒有實質尊重族群傳統土地制度與文化，訂定的土海法草案會尷尬地處在法律制度改革的十字路口且甚至退步。

國家成立是負有保障人民權利之責，建立法律制度以保障公民權利。但政府本身也可能進入「因現狀而中立」或「諾斯悖論」的困境，而為政者要避免重複錯誤政策而錯失改革契機。政府應正視土地糾紛調處的第一階段：認識與承認；「認識」是必須基於多元文化生活態度，由差異族群文化觀點詮釋被認識族群的土地制度；而第三章探討太魯閣族傳統土地制度模式既為初步範例。「承認」必須先「認識」且「尊重」差異族的

傳統土地習慣、社會組織與文化價值觀，也就是憲法層次多元文化原則安排原住民族議題、原基法第 20、23、30 條、以及兩公約施行法保障原住民族文化權應包含土地權的解釋，這三個法律與政策爲基礎。政府在上述的承認之後，於國家法律體系的整體概念下確立民族法律體系的國家定位，引入民族自治、規畫原住民族土地財產權的多元物權概念與法律定位。原住民族土地權利才可以得到國家法治的保障，既原基法第 30 條的實踐。

　　外國政府對於原住民族土地權利的法律制度改革是積極的。以加拿大爲例，1990 年發生主張程序不公的密克湖事件與歐卡事件之後，政府隔年也設立 ICC 作爲獨立團體，針對原住民提出主張的事件，履行公正的第三人調查及調解的任務（雅柏甦詠‧柏伊哲努，2008：142-148）。澳洲原住民土地政策在 1992 年最高法院判決推翻了 1788 年白人移民抵澳時澳洲是一片荒蕪土地的概念，承認原住民的傳統土地權。隔年，政府通過「原住民所有權提案」正面回應（李承嘉，1999：48）。我國 2005 年規範政府承認原住民族土地權利以來，不但原住民保留地制度沒有進行改革、原住民族沒有傳統土地的請求權利，更嘗試將管理辦法延續自殖民統治時期的資本主義財產權概念、國家主權不可分割之行政邏輯、藉由土海法草案的立法過程法律化，使 1902 年持地六三郎的意見書徹底實現。政府最大的問題就在於立法過程，行政、立法部門沒有前置規劃好準備，政府是否真的認識與承認原住民族土地權利？政府是否認知原住民族土地制度是憲法多元文化概念的基本人權，必作爲國家土地制度與原住民族土地制度的連結點？這些工作完備之後，

政府實際立法過程是否讓原住民族有充分發言的協商平台進行立法與制度改革？就目前來說，政府並沒有建立平台，讓原住民族及主流社會認識國際人權對傳統土地權利的殖民歷史檢討，且國內法化。

　　我國政府對於行政與立法怠惰，除了原住民族在「司馬庫斯部落櫸木事件」經歷近五年抗爭與堅持、終於爭取到政府司法部門對原住民族在法律上的主體性及其（土地與）自然資源權利的確認。我國政府在原住民族議題發展多元文化的法治建立與生活實踐，欠缺健全的制度協商平台，並還有很大的改善空間。

　　另一方面，我國「國家建構」是屬於「非線型憲法結構」之發展。政府從來沒有反省殖民統治剝奪原住民族「既存占有」的傳統土地、漠視族群文化延續及族群發展之原鄉區域計畫，就宣稱我國是「人權立國」的「多元文化」、並追求百年「世代正義」的現代國家，實在有許多改進、改革的空間。原住民族在臺灣「蕃地」地區原先擁有既存占有的土地權、依據族群文化及社會組織自我管理，雖不是法實證主義下「國際之家（Family of Nations）」一員，但從現今多元文化憲法層次觀點，當時「蕃地」確實也非無主地、且現在政府已承認其集體權利。我國號稱建國是為挽救清朝末年殖民帝國侵略及割地賠款的外來強勢政治主體的侵略，而國家未來發展也面對兩岸不同政體文化之政治勢力的不對稱威脅，政府與主流族群菁英應當積極檢討改革原住民族現在在現代國家的原住民族土地改革之困境：主流族群菁英組成的政府在優勢政治勢力主導的法制改革拒絕尊重弱勢差異文化原住民族群、放棄合法但不正義之既得

利益、以及補救歷史之惡。

在這樣的背景之下，國家採用積極正面的態度與原住民族進行多元文化的協商過程，其實是補救我國在非線型憲法結構發展過程中，國家建構欠缺與原住民族合意的爭議。也唯有藉由此種制度性協商與共同推動立法改革，我國「國家建構」才會取得正當性與合「法」性，並且在國內發展多元文化之族群關係，在國際發展多元文化的協商契機與合作模式。

肆、多元文化當代憲政主義國家對原住民族土地權利糾紛調處：三階段工作

解決原住民族土地權利議題，主要還是要回到實務面向，制度性立法改革，解決原住民族土地權的限制與爭議。而上述三項對原住民族土地權的研究發現，尤其是國家憲法層次及法令制度架構上，其實是對照 Tully 處理多元文化「憲政對話」的三階段工作，協商憲法、民法、土地法等國家整體土地制度進行改革，乃至於落實在國土綜合開發計畫、區域計畫、及都市計畫的概念修正與規範實踐。

從批判種族理論分析，國家法律體系是主流族裔的觀點並隱含立法者或優勢族群的集團利益。現代國家的法律制度對差異文化的少數族群不是中性的、客觀的與政治中立的。多元文化理論給現代國家帶來新視野，處理差異文化族群關係，包含原住民族土地權爭議。Tully（2001）指出現代憲政主義對於差異文化族群採取自訂現代文明的標準，強調一致性與普遍性，來改變、整頓差異文化族群傳統的社會規範。Tully 反思多元文

化時代的當代憲政主義哲學，乃是「憲政對話」：一種跨越文化藩籬的憲政對話行動。Tully 提出三個步驟：第一步需要實現相互承認及排除在預設的文化價值下承認文化多元；第二，相互承認之外，並非只用單一的憲政體制去承認所有文化，以保障人權、延續文化；第三，將文化視為重疊的、互動的，而且內部是經過折衝妥協而形成的，並取得同意。

　　我國為例，政府落實承認原住民族土地與自然資源權，必須在法制改革上，依據上述三項對原住民族土地權的研究發現，逐步與現在法律制度進行三階段工作之調處，並在憲法增修條文及原基法的原則下，重新檢討或「詮釋」《憲法》、《民法》、《土地法》、《森林法》、《礦業法》、《山坡地保育利用條例》、《農業發展條例》、《水土保持法》、《自來水法》、《國家公園法》、《國土綜合開發計畫》、《區域計畫法》、《都市計畫法》…等等法律中，與法律專責機關協商原住民族集體權相關的法律解釋及制度設計。尤其是釐清地方自治與民族自治的差異與定位。原基法第 34 條也規範行政立法機關三年內檢討完成改革。

　　本研究將這樣的觀念引到原住民向國家爭取傳統土地權利的案例探討。對於當代多元文化國家如何解決原住民族土地糾紛，本研究提出三個階段的工作：認識與承認、制度的連結、建立協商平台。而這樣的階段任務是包含國家、原住民族、主流社會、部落精英都有責任參與。第一階段，認識、尊重與承認，以相互承認；個人或（主流）族群反省自己教育成長經歷，反思現代教育與資本主義市場經濟活動的習慣，面對差異文化

族群陳述殖民歷史遭遇、社會文化的「經歷敘述」，來重新解讀原住民族土地制度與權利的樣貌。第二階段，傳統與現代土地制度在保障原住民族集體權利上產生連結，使文化延續；傳統土地制度與現代土地制度的核心價值，其連結點在於法治保障基本人權：包含原住民族對傳統土地的權利，以及傳統土地使用之文化與精神傳承。第三階段，建立協商平台，以取得同意；各族群傳統土地制度都有其社會文化意義，而研究整理這些價值有其相同與相異之處，正需要國家供公權力保障的公開協商平台，將相同核心價值部分建立共同的法制規範，差異的核心價值部分依據民族自治、對範圍與對象施行差異規劃，並且保留互相自然交流與學習的空間。

在原住民族方面，原住民族進入現代社會生活與發展也負有多元文化尊重的責任。原住民族面對差異文化族群對土地財產權概念與制度協商的三階段的工作中，不應該只是單方面的批評現代國家在殖民時期的不義與剝奪。相對的，原住民族社會也需要認識、尊重與承認現代社會的組織管理與現代土地制度的優點，並且思考傳統土地制度需要吸收與整合的內容。在第二階段，原住民族也需要保障「非原住民在原住民族傳統土地的基本人權」，如果非原住民在傳統土地取得的土地權利是依據合法與傳統規範認同的程序，也需要建立法律程序保障其財產權利，而不應該學習殖民帝國主義的手段剝奪非原住民權利。因為在原住民與非原住民的傳統土地爭議中，有時是原住民自己先放棄遵守傳統土地的規範與社會價值，變賣傳統土地而發生的衝突，這些原住民如果再主張傳統土地權利，也需要

自我檢視之前放棄傳統文化與違背社會責任的行為，並且依據族群傳統社會文化與管理制度，必須經過自我承認與懺悔而恢復身分與權利。

　　另外，在民族自治下，原住民族土地權的法治保障並不會損及國家主權的完整性、反而多樣性強化包容力而推動競爭力；原住民族法學中的原住民族土地權利與制度，並不是要推翻國家法律體系中的土地財產權概念，而是要擴充西方財產權概念並完備文字登記制度的「法律／事實」，以完備人民基本人權的法制保障。當國家進入多元文化層次的觀點，原住民族議題正是引導自由主義現代憲政國家、進入多元文化時代的當代憲政主義國家之林的試金石，並使國家與國民可以有更強的差異容忍力的生活態度，解決許多現代社會組織或集團間多元價值衝突。多元文化國家的主權還是保持完整，而國家的發展只是更豐富而多樣。從這樣的觀點，本研究認為原住民族土地權利議題需要重新定位，且是雙向的發展：原住民族土地制度之現代化發展、國家原住民土地制度之多元文化發展；其中必須解決憲法層次的土地財產權之核心價值的整合問題。

　　筆者身為爭取傳統土地權之參與者，在本研究無法對兩件參考案例提供實質的建議以避免立場之偏頗。但藉由這三階段的工作，本研究相信原住民族土地權利的糾紛會得到法治基礎得到適當調處。唯一的瓶頸在於政府、政治家（政客）、主流社會與部落菁英的觀念與態度，欠缺多元文化的認識、尊重與承認，及對殖民歷史檢討之實踐。這樣的檢討特別是原住民族菁英自己還比政府與主流社會還來的迫切。但這可以在自己族

群傳統糾紛調處的儀式與態度中化解。以太魯閣族為例，太魯
閣族對土地調處糾紛的核心概念就是：真相 *balay* 與調處
psbalay，並追求內心與行為在 *utux*／*gaya* 體系的一致。也就是
在族群自治內部依據傳統調處規範、公開協商而解決；如果採
用西方財產權概念與司法審判，反而激化個人權利保衛與衝突
的族群關係，並不一定適合原住民族長遠發展的制度。

伍、保留地清查總登記之前的原住民族土地糾紛調處：歷史調查與法律事實調查

原住民族在國家主權進入「蕃地」之前，是保有「既存占
有」的傳統土地權利，雖然沒有文字習慣的土地登記以及國家
主權保障，但族群社會組織、土地使用規範、族群文化運作都
已經發展出自我組織、自我治理的土地管理。但是，政府只由
保留地法制化過程來看原住民族土地權的發展脈絡有兩個時期
觀察，以 1966 年之前進行的原住民土地清查及總登記、到 1966
年管理辦法修訂分配模式私有化的改革，是重要的時間切點。
其中，研究原住民族土地權的一個時期是 1966 年私有化分配及
土地總登記之後；此時期，沒有被遺漏登載的原住民族傳統土
地因被登記而被私有化保障，但失去共有土地集體管理的文化
權環境。所以，原住民族傳統土地權爭議發生在遺漏登載或誤
載的部份之外，原住民族土地權的爭議則牽涉到欠缺原住民族
區域發展計劃、以分配模式私有化產生「諾斯悖論」、以及原
住民菁英參與土地管理時通過合法的「千萬次微小的反叛」而改
變傳統土地規範與社會內部關係，產生「內部殖民」問題。此

時期原住民土地制度主要議題是制度性損害原住民族土地權、多元文化發展模式以及族群文化之延續。

原住民族土地權另一段重要的時期，也是本研究關注的參考案例時期，是在 1966 年原住民土地清查及總登記、或完成公有地總登記之前，政府已經在 1948 年建立保留地管理辦法而法制化保障原住民族土地權，但發生公營事業或公務機關強制排除原住民使用傳統土地、乃至於無法在清查與總登記進行登載的實際狀況。本研究由參考案例並追朔當時管理機關的公文函示，既 1953 年「臺電公司銅門工程處租用銅門村保留地案」中，既在沒有總登記之前，省政府民政廳也規範平地人民、公營事業必須經過申請租用、民政廳同意才可以藉由租用契約、繳納租金而租用。而公務機關則申請並經民政廳同意，才可以依據土地法撥用。雖然這一切租用或撥用是在「蕃地國有」的原則下管理，但在當時管理辦法與命令明確規範：在「村民均未予利用，且對山胞一切均無妨礙」才可以租/撥用。所以，理論上原住民族「既存占有」的傳統土地在總登記之前，還是有機會受到國家法令制度的保障，或採用「換地」方式來保障原住民土地使用或生計；而依此發展，理論上，原住民族傳統土地權可以得到國家完整的登記與線性的保障。

但第五章參考案例呈現，政府會在登記技術與行政命令中規範前朝文字證據及耕作模式，來否定原住民族「既存占用」之傳統土地權利，甚至在沒有公文文字記錄下直接強制排除原住民使用而侵犯之。因為後來進行的地籍簿冊登載內容是以會勘當時優勢的土地使用者為權利對象，且土地清查與總登記之

會勘調查項目未考慮是否有原住民遭受強制排除或土地借用的情況，只以當時土地使用者為權利對象，不會紀錄土地剝奪歷史，而產生現在呈現的土地糾紛與爭議。同時，此種土地清查與總登記也不會記錄到原住民的傳統土地獵場與休耕地的使用模式。所以，現有地籍簿冊確實對原基法所宣稱政府承認原住民族土地與自然資源來說，是有明顯的制度性調查的技術與內容瑕疵、以及土地使用的文化歧視。而管理機關視為土地使用權源證明的地籍簿冊，是有遺漏登載與欠缺原住民族土地權考量的文字證明資料，以不完整的文字證據限縮了原住民族土地權利。

行政命令原先是立法機關未完成立法前，制度不完整時，行政機關自我規範以避免侵害人權的權宜。行政命令是約束行政機關作為，不應技術限縮人民權利。若跳脫以行政命令或函示限縮原住民族土地權背景，我國政府宣稱是「人權立國」的「多元文化」現代國家，但政府保障其所承認的原住民族土地權利，是依據跟《原住民族基本法》與《聯合國原住民族權利宣言》相衝突的保留地制度之行政命令，來規範原住民族土地權利，並殘害原住民族文化延續與族群發展的契機；而更難想像地是，這樣的情況自 2005 年通過原基法之後至今已經五年以上，在法令與制度都還無法修正，處在新制度經濟學所稱之「制度欠缺」的狀態。

原住民族土地權是獨特的（*sui generis*）、差異文化族群的集體權利，無法單單以西方財產權理論為核心架構的現有土地法來完全保障。在原基法尊重族群文化與傳統土地使用習慣、承認原住民族土地權之後，政府落實原住民族土地改革，建立

獨立調查與糾紛調處機關，應該先擴充法定登記文字證據作為土地使用權源唯一證據的限制，進而將耆老口述證據及其他佐證資料一併調查，甚至在多元文化詮釋下，重新進行新的土地總登記、參考法院公證制度以記錄耆老口述之影像與文字化，並發展多元文化與財產制度下的土地管理與區域計畫。所以，為補救文字證據在多元文化保障原住民族土地權之法律事實的不足，原住民族土地調查調處之獨立機關的建立甚為關鍵，需要在現有文字證據之外，同時參考佐證資料及耆老口述歷史之口傳證據，甚至結合部落自治組織的公示效果與集體監督，以強化法律事實的完整性及正確性，救濟原住民族土地權利並保障族人與環境共生的生活模式。本研究在附錄九提供對參考案例二的歷史調查證據與地籍簿冊交互驗證的模式，以確認多元文化法制下的法律事實。

陸、國土計畫體系欠缺原住民族土地權與文化權的法制保障及族群主體發展需要

官大偉（2010：4）整理《宣言》第 25-30 條原住民族土地權的規範面項，指出：完整的原住民族土地權應包含「空間規劃」、「土地管理」、「資源利用」的權利。政府在實踐原基法第 20 條，承認原住民族土地與自然資源權利的作法，最主要展現在國土綜合計畫與區域計畫中落實原住民族族群文化延續及經濟發展模式之規劃參與。

在憲法層級確認原住民族主體性及肯定多元文化原則、原基法承認原住民族土地權利，且在第三章也詮釋原住民族土地

權利與族群集體文化權及土地權有密切關係，第四章也反思原住民族遭受殖民歷史脈絡而族群土地權利流失且族群管理機制被現代國家法制所摧毀之爭議。在這樣的背景之下，我國進入多元文化發展之原住民族土地制度還處在改革的十字路口；而國土計畫體系以西方財產權理論為基礎，欠缺原住民族主體發展需要的項目與內容是必然發生，但亟待改革的。在實踐上，尤其應該在釐清地方自治與原住民族自治之差異，並在《地方制度法》確認原住民族自治政府對於原住民族土地與自然資源的分工與權利。

政府在確認原住民族土地權利及權利內涵，以及法制保障之後，本研究檢視我國國土計畫體系中，不論是全國性綜合開發計劃、區域計畫法、以及都市計畫法等法令或政策中，欠缺原住民族族群發展需要、或是部落原鄉作為主體之發展需要的「原住民族區域計畫」之內容。相對的，原住民族區域在區域計畫法中被劃分為十種分區、以及十八種土地使用管制，而且被不同的專業主管機關管制以及專屬法律所分工。主要的機關有：內政部、國家公園管理處、農委會、林務局、水保局…等等專責機關、以及鄉公所本身。而相對主要的法律有：《憲法》、《民法》、《土地法》、《森林法》、《礦業法》、《山坡地保育利用條例》、《農業發展條例》、《水土保持法》、《自來水法》、《國家公園法》、以及《國土綜合開發計畫》、《區域計畫法》、《都市計畫法》…等等法律。即便在第五章參考案例一，秀林鄉公所鄉長承諾努力向上層表達鄉民意見與歷史陳述，將文蘭村 30 甲傳統土地轉換為公有保留地之後、再行改

配給陳情的原住民,也受限於都市計畫、河川地等法令限制。可見保留地管理辦法位階之低,連管理機關也受限於各種法令的情況、或成為「制度相依」的藉口,更不要說原住民族部落組織或自治政府依據族群傳統習慣來規畫並善用公有土地、傳承部落組織、傳統文化與土地習慣的可能性。

原住民族區域被切割與細碎化管理,欠缺以原住民族集體發展及生存需要的整體計畫;原住民族集體的土地權及文化權之法制保障無法整合實踐,乃至於族群主體發展是欠缺由原住民族文化觀點之整體發展。本研究並不是否認這些專業政府機關與專業法律的技術能力,甚至是肯定但需要改革與整合。而問題在於專業機關無法跨文化藩籬地進行文化詮釋,理解原鄉整體性族群文化價值、民族發展模式的需要,並訂立以原鄉特殊生存環境與原住民族發展需要的區域計畫。

本研究並不是否定區域計畫與都市計劃對於土地使用的整體規劃的專業技術與各專職部門的責任分工。這樣獨立規劃原住民族區域的區域開發計畫並不一定與現有區域計畫、都市計畫的理念衝突,因為此種規劃也是為「改善居民生活環境」,「促進均衡發展」。重點在於憲法層次肯定承認多元文化原則以及原基法與兩公約施行法通過之後,確認原住民族的法律主體性,重新依據多元文化原則、關注原住民族的「地理、人口、資源、經濟活動等相互依賴及共同利益關係,而制定之區域發展計畫」。而這樣的原鄉區域發展計劃在原住民族主體的族群文化發展、部落族人共生與生存環境共存的計劃核心價值下,原鄉區域發展還是需要借用區域計畫的專業能力,進行區域劃

分與使用分類，唯一的差異是原鄉發展計畫不再以都市化、現代化、經濟產值最大化、或為平地都市發展而存在之目標。

在上述的研究結果之後，政府應該要重新檢視國土計畫體系，藉由現代地政與土地管理技術協助，將原住民族區域的特殊地理環境、整體資源綜合開發、特殊族群文化之發展概念、族群永續發展需要整合在獨立的區域計畫之中，並且凸顯原住民族文化與生存區域之特殊性。甚至，原住民族在共同永續發展與自然資源合理利用的理念上的經驗，政府或區域計畫規劃者可以參考原住民族原有的發展模式與社會文化價值，整合在區域發展的專業計畫與制度建立之中。原住民族區域計畫不必然與現有區域計畫法與都市計畫法完全沒有相容的機會。

第二節　政策及研究建議

本研究針對現有國家原住民（族）土地制度，如何在承認原住民族土地權利之後，使原住民族土地行為規範由從「文行合一」轉換為「文言合行」的過程，提出以下的政策建議。首先，當代多元文化國家必須建立常設獨立調查與管理機關，管理原住民族土地權利的運作並提供原住民族對於原住民族土地物權協商討論的平台，建立西方財產權制度與自由市場經濟大環境中原住民族土地權利保障與傳統文化精神延續的法律制度。在程序方面，最簡化的方式是擴充土地總登記的概念，使原住民對原住民族土地的主張應受理、調查、審查、登記、清查、管理，且應承認口述歷史與相關佐證資料的證據能力並與

文字登記資料並存、同時調查其證據力。轉換標準方面，國家只需要針對多元文化的標準、建立自治區範圍的原住民族土地、確認原住民族的權利主體對像。原住民族需依自決權在公權力的協商平台，進行轉換標準的公開討論、協商與改革。

另外，對原住民族依據自己族群社會文化、土地規範與族群發展，規劃現代土地管理法律，國家需要由多元文化的觀點，認識不同族群對於利用土地自然資源發展的不同概念。原住民族傳統上並不以消耗土地自然資原為手段、擷取最大的市場價值，作為有效使用土地的唯一評估指標。而國家與原住民族得以在維繫族人生存的基本人權以及國土保育、水土保育為最基本的公約數。另一方面，原住民族在不違反對後代的責任：維繫傳統文化與土地資源永續利用下，也需要思考傳統土地制度與現代生產技術與土地資源利用的整合及族群發展策略。以下分述各項內容要點。

壹、暫停以分配模式回復傳統土地主張並三年內完成溝通協商與法律制度改革

國外政府在承認原住民族土地權利之後，隔年就完成相關法律制度的改革與獨立授理、調查、審查機關的運作。我國在2005 年 2 月 5 日公布原基法並立法確認政府承認原住民族土地與自然資源權利，採用尊重原則、政治參與原則、法治原則，且在三年內（2005~2008 年）完成相關法律制度的改革。從本研究整理也確認原住民族土地權利就是原住民族傳統土地權利，既兩公約施行法或《宣言》第 25、26 條所定義的。但是，目前

政府的行政機關與立法機關只提出與原基法規劃有內容矛盾的土海法草案，也幸運地未立法通過。

在現行管理辦法與公有土地增畫編作業規範保障原住民族土地權利中，都只有承認「蕃地國有」與分配模式放領傳統土地，且管理機關誤解原住民族土地（權利）既只是保留地制度的分配（權利），且土審會機制還無法強化獨立審查。

2007 年管理辦法的修訂中已經確立行政院原住民族委員會為中央主管機關，原民會應引進更多的法律適用解釋空間、並以行政命令規範執行機關。在原基法 2005 年 2 月 7 日公布生效之後，原民會應停止再採用分配模式歸還傳統土地權利。政府應在 2010 年 2 月 7 日之後修正依現行設定他項權利滿五年之後時效取得所有權概念，停止現有模式的他項權利轉換所有權及移轉之審查。因為從法制保障人民權利的角度，原住民族土地的權利安排應更正管理辦法、土海法草案中的先後順序：原住民族土地權利（傳統土地權利）屬於原住民族集體權利，並優先於管理機關之公共造產權利；管理機關之公共造產權利與救濟式分配傳統土地權利的優先順序留待原住民族自治政府確認。

政府應正視現行分配模式私有化殘害族群文化權及民族自治的發展，在 2010 年 2 月 7 日之後停止以分配模式將他項權利轉換所有權及移轉之審查。但是，鄉（鎮、市）公所在健全原住民族土海法的立法與制度改革完成之前，參酌原基法之精神，強化行政命令規範，作為進行管理辦法與增畫編保留地的原則，補救原住民族土地權利回復機制。其中，有關以滿足族人生計需要、分配設定土地他項權之過程還是可以進行，但其

四鄰證明必須做詳實的歷代耕作歷史背景陳述，並且移請部落會議公示，以供日後與傳統土地歷史淵源相關之確認。尤其，與該土地有傳統歷史淵源土地的原住民的主張，可以參考法院公證制度進行耆老口述歷史整理、並且與文字佐證資料做交叉驗證，確認法律事實之外的土地變遷事實。第五章參考案例以及附錄九已經提供這樣文字證據結合口述證據的「法律事實」調查模式；且這在原住民族自我自理是可運作的，但在西方財產理論的管理制度卻無法理解。政府可以就現有土審會制度、法院公證制度，依據法令授權的行政程序，建立口述歷史證據與文字證據有相同的證據能力的證據機制，強化調查處理機關的獨立性、公正性與公開性。同時，管理機關藉由部落代表或組織參與該部落的公有土地的調查、管理、利用，可以將公有土地活化、並重建部落傳統文化與社會組織重新運作的契機。

　　如果依據原基法第34條的三年時程計畫，政府第一年首要在於建立民族自治政府、確認土地範圍與權利主體對象及土地糾紛調處的三階段協商工作。且三年內完成立法與兩階層獨立土地調查與處理委員會的運作。如果在立法與行政機關在協商平台產生對原住民族土地權利定義發生爭議，應交由司法機關或大法官會議解釋，由憲法層級保障原住民族與公民基本人權以及原住民族集體權健全發展的角度作完整的規劃與制度化。而此時大法官會議應該對多元文化國家的整體財產權關係、價值衝突之協商調處與國外的制度改革進行深入的研究，並提出我國進入多元文化當代憲政主義之林時，規畫憲法層級整體基本人權之架構與多元文化之法定物權及財產權。尤其這些大法

官對其養成教育過程所未學習的原住民族殖民遭遇、原住民族的差異文化、多元文化價值生活的概念，需要由內心學習與反省；在法律行政改革前應參酌並善用「司馬庫斯櫸木事件」的判決模式。

貳、多元文化當代憲政主義國家的土地制度創設多元文化發展的法定物權

我國原住民族本身是由不同族群文化與土地習慣的族群組成，而原住民族土地權利在各族群是私有、共有、總有三種層次共存運作的土地財產權制度；國家承認原住民族土地權利，並需要創設多元的法定物權。各族群之間的土地財產權概念與傳統土地制度不一定相同，也與國家採域西方財產權概念有很大的差異。在原住民族土地管理相關法律來說，本研究採用兩個層級的法律制度結構；第一，必須落實民法第 757 條修正，將原住民族土地習慣整理為原住民族土地財產的「物權法定主義」之物權權利基礎之一。在現有物權是以（個人）所有權概念發展，而傳統原住民族的財產權概念其實是私有制與共有制的混和模式，其基礎上也是所有權概念的擴充，並可以在維護基本人權的公約數、發展各族群的財產權概念。民法第 757 條條文已修正，接受「習慣」為物權基礎，但欠缺認定程序。第二，在憲法第 143 條、民法 765 條、土地法第 10 條只保障「土地所有權」、「所有人」、「私有土地」及「所有權」，需要擴充之、並包含原住民族集體的法人地位以及「原住民族土地權利」的空間。對此，最簡單的方式是在土地行政學科重新去

思考「多元文化下的所有權」概念與內容，並從原住民族社會
文化脈絡與憲法承認的多元社會文化價值、確認原住民族土地
權利有「族人所有」與「部落所有」之混合形式的「占有」、
「擁有權」概念、屬於法定保護的物權內容。

　　對於土地權利的登記主義，在民法第 758 條不動產「非經
登記、不生效力」、土地法的 43 條「依本法所為之登記，有絕
對效力」、民法第 769、770 條時效取得、以及土地法第 57、60
條未登記土地之無主地與國有地化概念等，這些條文規範土地
物權必須以登記為唯一程序與法律效力。原住民對於原先就沒
有文字記錄技術的原住民族土地權利，並不反對使用現代的文
字登記的方式、使土地財產權利更清楚且更加保障。國家需要
提供一條原住民族土地權利由沒有文字登記習慣，可以發展認
識、理解與習慣登記制之法定物權的自發性轉換過程與保障。

　　在此同時，原住民族應將既存占有之傳統土地管理文化與
制度，也就是族群傳統習慣，在思考族群文化延續與部落組織
重建與重整之後，與現代土地管理制度進行整合，結合民族自
治，發展出「習慣法」或原住民族法律體系中的原鄉土地管理
與利用計畫。「習慣法」的土地利用與管理制度模式，在憲法
層次財產權利結構安排及民法的整合上，依據多元文化原則與
尊重承認原則，建立原住民族土地及財產權利之專章，並且迫
切需要優先教育現行行政官員與法院法官；在實務議題與實踐
層次上，可以參考現有的制度下發展，比如鄉土審會強化獨立
性與調查調處能力，區域計畫或都市計劃委員會議將原鄉發展
與原住民族主體發展需要結合，並與民族自治政府的族群發展

規劃及政治參與之功能結合。

參、承認口述證據之「證據能力」與文字證據相同：獨立調查機關確認其證據力

原住民族是經歷殖民統治、傳統土地被剝奪、社會文化被翻轉的弱勢族群。國家面對欠缺文字習慣的差異文化族群，在建立「理蕃政策」、山地平地化、社會融合等政策之時，排除在國家制定原住民土地政策參與之外。國家建立原住民土地制度、認定地籍簿冊爲唯一文字證明文件與土地使用權源，是國家侵犯原住民基本人權與民族集體權的政策。國際人權的發展已經承認原住民族土地權利是固有的權利，國外政府對於原住民主張傳統土地也在參考文字證據之外，也採信耆老口述歷史與文字證據有同等的「證據能力」，也都需經過獨立調查機關調查證據的過程，確認其「證據力」之強弱，即確認多元文化脈絡下的「法律／事實」，並負法律責任、也產生「法律效力」。

國家進行土地總登記之時，調查員也是藉由土地使用人的報導，作成文字記錄；實質上也是口述歷史之文字化，差異在於採用西方財產權概念而否定原住民族土地使用模式，並以當時優勢土地使用者爲對象的「公有荒地招墾」調查紀錄，且忽略在土地清查與總登記之前可能發生公營事業或公產機關強制排除的可能，並非依據原基法第 23、30 條的傳統土地使用習慣與文化。所以，原住民族的土地議題背景是族群沒有文字記錄與特殊耕作的情況，且遭遇殖民統治而土地被剝奪的過程。政府檢討上述背景，任何經過獨立調查機關查證的口述歷史，或

經由佐證資料證明屬實，再轉換成文字紀錄，就應該取得法律事實之證據力。再者，藉由獨立調查機關審查佐證資料，口述歷史與文字證據的交叉比對的事實調查，以確認其證據力強弱，並支撐原住民族主張傳統土地權利。另外，不應該在確立傳統土地權利探討之時，還擔憂糾正歷史之惡的社會成本，而對原住民基本人權與集體權打折扣。那成本是留待公開協商平台調處時討論，並展現國家邁向尊重、承認並保障弱勢族群被剝奪既有權利的多元文化實踐、生活化與法制化。

對此本研究強調，所謂「承認口述證據之證據能力與文字證據相同，以建立獨立調查機關及其調處土地主張之原則」，並不是推翻現有土地法的管理，而是補正歷史之惡，並健全多元文化下的土地財產權管理以及國家建構的正當性。

在此脈絡之下，重新檢視 1960 年代前後的土地清查或總登記的文字資料的調查與登載項目及優先性（參考圖 5-3），以西方財產權概念將土地使用者為調查與登記之權利對象，是非線型憲法架構下欠缺制度轉換對原住民族土地權利的保障。在原基法承認原住民族土地權利之後，國家應該也將原住民族傳統文化與土地習慣的概念調查，將土地歷年土地變遷與爭議做充分的影音紀錄文字登記，並在登記表格增加相對應的項目，作為族群部落會議或自治政府在建構糾紛調處機制之後的證據資料，才有機會發展原住民族土地權及糾紛調處的可能，因為在西方財產權體制下的現行國家法令是不可能認識並解決原住民土地糾紛。所以，國家應該在承認原住民族土地權下重新進行原住民族土地的土地清查與新總登記。

肆、建立兩級的原住民族土地主張之獨立調查、審查、調處機關

目前我國原住民土地執行機關鄉公所在管理辦法的行政裁量權下，容易發生干涉鄉土審會的審查意見的情況；鄉公所與地方派系容易成為小集團，反而主導原鄉的土地資源配置與開發。所以，國家不論建立調查原住民土地權利主張之審查機關位階為何，原住民族土地確實是原住民固有傳統土地權利，必須獨立於鄉公所或公產管理機關之行政權外。因為這些機關本身也兼任公共造產等土地使用者身分。公共造產除了公益的理由，也兼有地方資源的利益分配。排除這些問題最簡單的方式，就是參酌獨立審查機關可以對部落自治團體公開查詢審查資料、開放原住民旁聽運作以降低監督成本，並且預留幾個審查委員名額是可以機動委請熟知族群土地規範以及使用歷史的部落頭目或部落會議幹部出席，不需要指派或隨鄉長換人而改朝換代，甚至經過部落會議認證、熟知族群傳統規範、也兼有現代土地專業背景的幹部、可以在部落參與土地審查會議表達意見。

本研究建議，原住民族土地審查機關可以分層兩個層級。在鄉鎮市的地方層級建立獨立於行政體系的審查機關，受理原住民的土地主張；而得以獨立調查相關文字證據與口述證據，並要求公部門提供完整的公文資料。這一級獨立調查機關可以是原住民族土地專業法庭的下屬單位並與鄉土審會或調查機關結合，其參與者必須熟知族群土地習慣、社會文化與地區土地使用歷史；同時要認知原住民族耆老對於審查機關的畏懼，故

公務員必須站在土地主張者的需要提供專業的服務，尤其在心理、語言與法律常識上。該獨立調查、審查機關在民族自治區域的原住民族土地糾紛的調解功能改為協商功能，並給予調處土地糾紛的角色。

第二個層機關針對土主張原住民對於地方獨立調查機關處分不服者，受理陳情並作救濟。這樣的機關平常可以研究原住民族土地制度、在地知識、與族群使用土地發展的瓶頸，並審理陳情結果作為法律制度修改的參考。這樣的概念就像加拿大的「印地安主張委員會」、紐西蘭的「毛利土地法庭」、「威坦基委員會」或「條約結案署」等獨立調查團體，或是原住民族土地專業法庭等獨立組織，但排除預設西方財產權價值的管轄法院調解，除非一般法院已經可以認知多元文化的觀點審理原住民族土地糾紛。因為，差異的土地財產權利概念之當事人，不可能藉由預設西方財產權價值觀的管轄法院取得調解，那只會同化於西方財產權概念與現代土地規範。另外，在此層級也可以研究山林國土保育的國家政策。

在初步階段，原住民族土地糾紛案件一定很多；第二層獨立調查機關並非以陳情案件數量為主，而關注法律制度正式建立承認原住民族土地權、尊重傳統土地規範之標竿。藉由國家的強制力，使原住民族土地權利得以與殖民時期的保留地政策進行對抗，並進而對話，也屬於國家建立協商平台的一部份。昔日國家公權力剝奪分配土地、並轉變原住民族土地權利；獨立調查機關基於國家保障原住民族土地權利的責任，調查原住民主張傳統土地權利，也唯有公權力修正之。

伍、政府法制保障原住民族土地權利應區別救濟分配模式與回復歸還模式的差異

我國原住民族土地的權利主體與權利標的確認之後,管理機關對原住民族土地的處理必須區分「與土地有傳統歷史淵源者」,以及「欠缺土地以維繫原住民生計者」等兩大類。也就是由表 4-2(政府現行法令規畫原住民申請保留地權利的分類與制度安排)的分類,轉換到表 4-3(國家承認原住民族土地權後的原住民族土地權利分類與制度安排)的分類。獨立調查機關對於原住民的土地主張也必須確認此差異。若交由法院作調解,必須理解兩種財產權概念之差異與轉換。

政府法制保障原住民族土地權利,尤其需要關注現有保留地制度無法正視殖民脈絡下公營事業或公產機關強制排除使用、或是地籍簿冊遺漏登載的原住民既存占有傳統土地部分。原住民與土地有傳統歷史淵源者的重點,會以改革法律事實證明技術以回復歸還傳統土地程序為主。獨立審查機關在認識原住民族傳統土地制度並採信口述歷史與文字證據有相同證據能力之下,調查該土地使用變遷之歷史,並依據國家法律以及族群傳統土地規範,確認歸還土地權利、調處糾紛。

另一方面,國家對於欠缺土地以維繫生計的原住民,也得以適當的分配公有土地,就像昔日太魯閣族是藉觀與土地管理體系(圖 3-6、3-9)中的創造的祖靈 Utux 之地位,照顧族人的家庭生計與族群文化延續。但在長遠規劃土地利用的角度,是否分配私有化是最適宜的方式?這是可以協商討論的。尤其在

民族自治政府成立之後，原住民族土地的管理在不同族群有各自傳統文化與土地規範，並且與社會組織與族群發展有密切關係。所以，在各族群自治領域的原住民族土地權利的事實調查與分配規畫，各族群可能會有所差異。

　　這也就是本研究為何認為原住民族土地管理的新法律，比如土海法草案，需要兩層級的立法管理的原因。第一層是國家與原住民族之間的權利義務關係，確認國家承認原住民族土地與自然資源權利是在國家進入之前已經既存占有，排除原住民族土地權受制於西方財產權理論及殖民統治的制度限制，是所有原住民族共同的權利基礎。第二層是個原住民族依據民族自治領域的資源規劃、傳統文化、社會組織、族群發展需要，處理分配與歸還的實際程序，訂立各族群土地管理的法律。在分類上，我國原住民族土地制度大致區分有階層式管理及平權的 big man 模式之兩類管理制度，可以在族群民族意願下，進行管理制度的協商。

陸、檢討政府誤解原住民族土地權概念與進行土地制度改革的遲滯現象

　　國家對於原住民族土地權利是原住民族既存占有傳統土地權利，還是「蕃地國有」之後的保留地概念呢？我國現行原住民保留地制度沿革自日治「理蕃」政策之「森林事業計畫規程」，故國家現行制度的認知是後項。但在憲法增修條文肯定多元文化、原基法承認原住民族土地與自然資源權利、及兩公約施行法通過之後，我國原住民族土地權利的概念已經轉換為原住

族既存占有傳統土地權利，但在殖民時期被國家剝奪。這樣的論證基礎在於我國原住民族實際遭遇殖民歷史，並且比對《宣言》對各國保障原住民族的建議；間接地可以觀察國外政府對於原住民族土地制度的改革。只是我國政府部門，不論是行政、立法、司法部門，在認知、承認而行動過程都發生改革的遲滯現象，不是政府蓄意忽視、就是官員視若無睹，呈現「諾施悖論」及「因現況而中立」的情況。這需要用批判種族理論進行澄清。

外國政府在承認原住民族土地權後、隔年就改革法律制度。我國政府認知與承認原住民族土地權利之後，土海法草案改革還是定義原住民族土地是原住民族傳統領域土地及既有原住民保留地，這需要修正。簡單地作法，原住民族土地應擴充殖民時之保留地制度，包含原住民族傳統領域土地。因為保留地本來就形成於原住民集團移住之後重新開墾耕作之公有土地，形成現在部落規模。這樣的擴充主要是避免保留地的狹隘概念，並使原住民族土地權利概念限縮在殖民統治末期保留地範圍。原住民族土地應更清楚的定義在殖民統治之前依據傳統土地制度佔有、擁有的固有傳統土地，且非經原住民族「自由、事先知情而同意原則」而被國家剝奪的傳統土地，都需要檢討與補救，補救方法包含重新立法，建立獨立調查機制以回復、歸還與賠償。這就是《宣言》的概念。

柒、多元文化與財產權模式的土地制度歷史與知識列為公務員考試與考核範圍

在國家承認原住民族土地權利之後，在主管機關與執行機關參與原住民族土地管理的公務員，會是需要協助法制保障原住民族土地權利的第一線公僕。而這些人才不論是原住民或非原住民，都需要重新教育、認識多元文化原則的執法態度，並從族群文化重新認識原住民族傳統土地規範，來配合國家對各族群原住民族自治區域的土地資源管理。所以，行政院原民會應該持續辦理原住民族知識體系的研究與講習，並發展土地法之外的原住民族土地與海域管理之知識、整理成習慣法與建立獨立調查調處機關的管理機制。

現有原住民土地管理機關的公務員，必須重新學習新的原住民族土地管理法規。同時，在原住民族文化脈絡的學習之外，有關原住民族在殖民歷史脈絡所遭遇的土地剝奪與重新分配的保留地制度，也需要重新由《宣言》及原基法解讀之。而這些原住民族土地知識應該做為原住民族土地管理公務員之考試教材，甚至在司法機關建立原住民族專業法院之時，這些規範應該深入滲透到法官與檢警機關規範與審判的參考依據與法令。從政府實際管理人才的需求來說，原住民族土地管理機關與司法審理機關並不是缺乏多元文化概念的人才，而是如何將現有願意留在原住民族土地管理機制之中的公務員，重新學習多元文化的態度以及原住民族傳統土地制度與知識，並與現代土地管理技術、組織、法制結合，並成為民族自治與族群發展需要的人才。

如果政府誠心地建立原住民法律體系並將原住民族傳統土地制度取得現代法規的地位，制度轉變最大的障礙不是人才、經費等問題，而在於政府對制度變遷的決心與改革的誠意。至於是否欠缺土地簿冊登載證據其實也不是問題，因為政府在民國 80 年代、於「金門馬祖東沙南沙地區安全及輔導條例」處理過「非因有償徵收登記為公有土地」、「因軍事原因喪失占有的未登記土地」土地被剝奪的實際經驗，並重新進行土地總登記。政府的決心主要來自主流社會對於原住民在殖民歷史的遭遇是否真的認識與承認。殖民時期，國家藉由公權力推動保留地制度取代原住民族傳統土地制度；而多元文化原則重新調整國家法律體系，並在體制內部重建原住民族法律體系，且將原住民保留地制度轉換為新的原住民族土地制度，也需要由公權力來推動制度改革。當政府的政策明確之後，有關人才與經費等細節的問題都將是在明確政策下迎刃而解。政府既可修正殖民歷史的保留地制度而重新承認原住民族傳統土地習慣與權利、結合原住民族土地制度於現代行政。政府展現這種政策轉變的決心在於將原住民族土地制度與習慣形成知識體系，並成為原住民族土地行政之公務員考試與考核依據。藉由公務員學習與承認原住民族傳統土地制度，政府在未來政策的規劃才有實際土地改革的契機。

捌、主管機關鼓勵原住民依據部落會議協商機制恢復傳統土地知識使用公有土地

原住民族傳統土地制度並不是將耆老口述歷史作文字記錄

或民族學分析的對象而已；相反的，原住民族土地規範與社會文化是實踐及參與，而得以實際延續文化與現代社會整合的。

　　報導人 B7 也指出其實際親身的經驗，他身為鄉公所負責承辦保留地管理業務，同時下班之後也「恢復」太魯閣族人身分並在自己家族的田裡耕作。這樣的公務生活與耕作經歷讓他有很深的感觸：原住民族傳統土地的社會文化是在與土地實際接觸與耕作的實踐中，才會體會到傳統族人尊重自然與約束個人物質慾望的感受，也才會體會到所謂「土地是我的母親、我的生命」的價值觀。這樣的傳統文化認知才會延續到社會關係與平常生活，在親戚之中同時參與傳統土地耕作的年輕族人對與謙虛踏在土地上耕作的態度，會延續到家庭的生活與對族人的互惠態度。但是，他也指出在同輩族人中，也有以服務業或其他勞務維生的親友，對於家族傳統開墾耕作的土地則沒有太多的感覺，下班休假也不會協助家人田裡的農事，對於傳統土地的態度是視為可以變賣的商品。最大的差異在於報導人 B7 指出在小時後就被父母要求參與家族土地耕作的成長經驗，並且傳授族群社會文化的概念，對他有很深遠的影響。

　　如果原住民族鄉鎮市公所在進行傳統文化復振、祭典儀式恢復、耆老文史記錄等傳統社會文化工作，而這一些調查記錄如果與傳統土地習慣與部落組織沒有連結、沒有結合國家尊重原住民族土地制度實踐，則族群文化也將逐漸凋零，並記錄成博物館化的知識，失去生命。

　　重視文化傳承的原住民鄉鎮公所，應該善用現有管理的公有保留地，將管理與使用的權利釋放，鼓勵部落會議組織有效

的運作，使傳統社會的自我組織、自我管理之運作，藉由公有
保留地的公共資源管理的過程，逐漸使部落族人學習組織重建
與管理理念的知識習慣的養成。其中，開放公有保留地給於部
落會義公開管理與監督下，提升傳統社會核心價值與教育、建
立排除圖利私人的機制，使有意願的族人可以重新領有傳統土
地的權利與責任，重現傳統土地使用規範並結合學術研究予以
知識系統化，並對於現代國土復育提供不同的見解。鄉公所更
直接的作法是建立部落公有農場，依據傳統分享與互惠原則、
提供族人維持傳統社會價值且學會市場經濟生活；另外，提供
部落青少年在寒暑假進行傳統土地耕作的青少年營隊、並且實
際邀請部落耆老、農夫與獵人作講師，體驗部落傳統土地與自
然資源的知識與制度。所以，族人在部落會議或相關組織的公
開協商與規劃下，實際參與土地耕作的經驗，尤其在國小、國
中成長階段，培養在土地耕作勞動的經驗與自然生態的觀察，
才會培養出重視傳統社會文化、並且不會汲汲予求之貪心的部
落菁英。其中，「資源共享」與「公開原則」是共同參與及降
低監督成本的作法。在這樣的過程中，傳統社會組織運作的知
識與社會文化才會重新出現，並提供弱勢原住民族的多元文化
發展空間。

　　原住民族鄉鎮公所如果採取積極的態度，善用閒置公有土
地，或是鄰近的林班地、國家公園等閒置土地，在部落族人參
與或結合相關機關，合作研究並實踐族群傳統在地知識的整
理，並結合科學分析研究其中的多元文化與多樣性的知識。同
時，將族群傳統組織模式或現代民族自治組織、藉此作為政治

參與的模式。

　　再進一步觀察平地資本進入原鄉、私下購買原住民保留地的問題,雖是私密的行為,但很嚴重。解決之道還是在於鄉鎮公所可否重新擔負起傳統部落組織中,引導族人善用土地自然資源、結合市場經濟運作的 big man、頭目或是領導者的角色,而國家與中央政府可以重新負起 *Utux* 或祖靈的土地規範之核心角色,使國家土地制度可以引導或監督原住民族重新認識敬天、惜地、愛人的土地價值,而不視土地為市場的商品。現今統計保留地私有化之後,對於原住民農業家庭的經濟受益遠落後一般家庭,這表示面對市場經濟環境,政府之前破壞並取代傳統組織及領導者的角色是失敗的;反過來,政府應該採取更積極與負責的行政工作,整合部落資源,建全族群組織,培養專業技術,面對瞬息萬變的市場經濟。甚至,行政院原民會應籌備一筆基金,當原住民取得私有化土地但在市場經濟規則中失敗或破產,政府應該介入收購並作為民族自治機關的公共資源,並以公司經營概念重新善用這一些土地自然資源,並將收益專用為民族自治項目之經費。

　　如果政府在這樣的積極運作模式下的效益還是虧損,則原住民取得私有土地後經營失敗並流失土地為平地資源所使用的此種議題,其背後應該還有更深沉、更複雜的機制發生問題,或被忽略,甚至連現有市場經濟或管理制度還無法克服。

玖、行政與司法內部公務員反省以行政命令限縮原住民族土地權的行政邏輯遺毒

　　由第五章參考案例二、秀林鄉富世村就台電電廠宿舍來看，政府認為地籍簿冊是唯一的「土地使用權源證明文件」，登載台電 1952 年開始使用系爭土地，而並非主張傳統土地的原住民及其祖先登載使用，既「查無渠等使用之事實」，認定原住民沒有「保留地合法使用人」資格。對於親自經歷台電排除使用的耆老以及進行法院公證的耆老、以及佐證資料證明台電占用之前是原住民世代耕作傳統土地的論點，則管理機關承認「沒有能力」調查。但經過原住民自力救濟、調查十年之後，地籍簿冊也呈現台電 1952 年當時違反行政命令，未申請租用、未取得同意、未繳納租金而使用，甚至 1958 年左右行政暴力架設鐵絲圍籬、強制排除原住民在世代耕作的傳統土地生活，也違背保留地為原住民生計而設立之目的。政府機關及參與土地管理的部落菁英面對地籍簿冊呈現公營機關侵犯原住民傳統土地的事實，卻只能「因現狀而中立」，消極地保障原住民土地權利。

　　「制度相依」、「國家兩難」、「諾斯悖論」、「因現狀而中立」，所談的問題都指向科層制行政體系內的專業分工的公務員如何「理性」調整國家創設以保障人民權利的目的，而以政府、機關或個人的本身利益而行政的議題。公務員自從受專業養成教育、國家考試與考核，乃至於服務人民的實務過程，當面對違背世代正義的行政、甚至與人民主權國家建立以保障人民基本權利有衝突時候，是否有能力跨越現有行政規範與反省程序的瑕疵，尤其在跨族群文化的原住民族事務。

　　公務員培養這樣的警覺應該是建立在多元文化的養成教育及行政考核之上，並且制度化在政府體制內運作，尤其面對原住民族土地議題。因為原住民族土地議題牽涉到三個層次的面向：非線型憲法結構的國家建構與原住民族基本人權侵害、欠缺跨文化藩籬的財產權體系建構與原住民族土地管理的習慣法化、國土規劃與區域計畫欠缺原鄉土地利用與族群主體發展。而殖民歷史脈絡的保留地制度及行政命令層級管理辦法的建立，經歷長時間的合法化與正當化的過程，而政府藉由行政命令與公文函示來包裝「制度欠缺」、侵犯人權的保留地制度，讓公務人員誤以為那是不可檢討、不可反省而絕對的「利維坦（*Leviathan*）」巨塔。

　　行政命令原先是立法機關未完成立法前，制度不完整時，行政機關自我規範以避免侵害人權的權宜。行政命令是約束行政機關作為，不應技術限縮人民權利。自 2005 年通過原基法之後至今已經五年以上，原基法要求政府承認原住民土地權，但在法令制度都還無法修正，還是依據跟《原住民族基本法》與《聯合國原住民族權利宣言》相衝突的保留地制度之行政命令，來規範原住民族土地權利，並殘害原住民族文化延續與族群發展契機。公務機關與公務員應該如何面對這種「制度欠缺」的狀態呢？基本上，本研究覺得還是要回到多元文化糾紛調處的三階段的工作。並且回歸到國家建立的核心價值：我國政府宣稱是「人權立國」的「多元文化」現代國家。當行政命令與國家法制與此相衝突之時，政府原先就有機制將問題向上反映並改革，以保障其所重新承認的原住民族土地權利。

第三節　研究限制與後續研究建議

壹、研究限制

　　首先，由本研究整理，原住民族傳統土地制度是與族群文化與社會價值相依地的土地使用習慣與文化，不一定排斥文字登記之管理或與現代法律制度的現代模式衝突，也並不一定與現代生產技術與市場經濟概念衝突；國家建立現代原住民土地制度並不表示原住民族傳統土地制度的消失與消滅。

　　另外，本研究在思考傳統社會文化與現代法律制度的接觸之時，原住民族社會文化會隨生存環境變遷與族群接觸交流而發生文化變遷，但現在原住民自己所認知的土地權利在這變遷過程中呈現出變動的、多樣的、可理解的現況。對此變動過程，本研究需要有一套研究的參考座標。由研究背景的介紹，本研究已經預設採用多元文化理論為基礎觀點，在多元文化脈絡、殖民歷史脈絡及國際人權發展這三個軸線思考，來建立探討原住民族土地權的參考座標。本研究在這些概念上，認知社會是有機的、變遷的，但社會制度變遷也應該要有其原則與制度價值；文化概念也是有機的、變遷的，但族群文化變遷也應該有其邏輯與社會公平正義的價值。在此認知上，本研究在筆者本身的背景還是有以下研究限制：

一、研究對象的限制：我國原住民族群超過十四族，其傳統社會文化、進入國家範疇時間、與市場與社會交流規模等因素不一定相同。為研究方便性而以花蓮縣太魯閣族為研究

對象。研究成果與模式只作為其他族群參考。而在訪談對
想與大綱規劃上，也並無法完全涵蓋到不同部落與年齡
層。但本研究以傳統土地制度的社會文化意義作切入，故
會著重部落耆老的報導。筆者作為土地爭取得當事人的角
色，公務員觀點的報導會由管理機關之公文作補充。

二、本研究的土地糾紛案例限制：本研究只陳述筆者在田野接
觸的部分案例，參考案例是原住民向國家爭取傳統土地權
利。雖然案例數量有限，但具代表性。本研究由耆老陳述
傳統土地制度，澄清原住民族土地權內涵為主；並暫時先
排除探討原住民之間、原住民與非原住民之間的傳統土地
權利糾紛。

三、研究議題的範圍限制：原住民族土地資源議題並不只有所
有權利的探討，還包含到土地使用、管理、經濟、發展的
議題。但本研究認為釐清土地權利是研究此議題的基礎，
確認傳統土地制度的社會文化價值，並由土地制度的社會
價值與制度設計，來探究後續的問題。本研究的範圍還是
以土地權利與制度的探討為主，相關後續議題作為未來研
究的範圍。

貳、後續研究建議

針對前述的研究限制，本研究提出以下的後續研究：

一、對研究對象限制的建議：本研究的探討對象以花蓮太魯閣
族為範例，並由 utux/gaya 傳統社會文化脈絡，切入原住民
族土地財產權概念。我國尚有不同族群及其傳統土地制度

與殖民歷史遭遇。其他各族群也需要由各族群有關土地財
產權利分配的社會組織、傳統文化、社會價值、土地習俗
等切入，確認各族群傳統土地制度的社會價值與財產權概
念。尤其在原住民族土地權利的階序性概念的呈現與釐
清，才有助於建立完備的原住民族土地制度。

　　舉例來說，阿美族是否真的是共有制管理部落所有的
傳統土地資源，需要先認識年齡階層與頭目制度；如果真
的是沒有家族私有概念，其共有之分配是如何協商安排、
以及生產收穫的分配；這些阿美族群社會組織運作精神對
土地權利安排會是重要研究內容；同時必須強調此分析的
觀點必須是由該族群的土地財產權概念切入，而不是由西
方財產權概念。而若以排灣族爲例，必須要先分析貴族階
級照顧平民的社會責任與部落財產權分配的社會價值，並
產生現代社會的意義而且取得社會共識，並不代表現代社
會必須摧毀貴族制度以分配部落土地資源給各個平民家
庭，也並不代表部落土地資源都只歸屬於部落貴族而忽略
貴族對於平民的照顧與責任。對於原住民族土地權利的分
析，不同族群對傳統休耕的社會意義與生產技術、社會組
織與環境條件需要特別紀錄與分析。

　　本研究對原住民族土地權利的研究只關注到保留地，
對於林務局林班地、河川局等的河川、湖泊與海洋的海域
權利的安排，也需要進一步研究。其中，泰雅族等在山林
獵場、河川漁團，雅美族、阿美族等的近海漁業資源，是
需要法治保障其權利。甚至，需要將原住民族土地權利概

念擴充到自然資源權利，才可以比較完整的理解原住民族土地權利的內涵以及法治保障。

二、對土地糾紛權利研究限制的建議：本研究只探討原住民族與國家爭取傳統土地權利的參考案例。原住民族土地權利的落實還牽涉到原住民族與原住民族之間、原住民族與非原住民族之間土地權利糾紛的案例。因為在後兩類的糾紛又再遭遇國家現行土地制度數十年來的影響，既原住民族在「文行合一」時期的土地行為與傳統文化之轉變，而呈現比較複雜權利關係。但是，探究這些複雜的案例，須要先由原住民族與國家在傳統土地權利的糾紛案例作研究基礎，以澄清原住民族土地權利之後，再發展另兩類原住民族土地糾紛的研究。

三、對研究議題的範圍限制的建議：本研究主要是以釐清原住民族土地權利為主要議題。但原住民族土地資源議題並不只有所有權利的探討，還包含到土地使用、管理、經濟、發展的議題。但本研究認為釐清土地權利是研究其他議題的基礎，確認傳統土地制度義涵原住民族社會文化價值與基本人權，並由國家土地制度的社會價值與制度之協商設計，來探究後續的問題。本研究的範圍還是以土地權利與制度探討為主，相關後續議題作為未來研究的範圍。

四、其他建議：本研究第五章的三階段調處原住民族土地權利糾紛的概念，並沒有實際研究案例可以觀察與驗證。這部分可研究國外實際運作協商機制，作為未來研究參考。但在國內來說，尋找適合研究的原住民部落或地區是需要對

自己族群傳土地制度認同度高、且地方管理機關也願意用公權力支持建立公開討論的平台，這兩項條件。以花蓮太魯閣族爲例，萬榮鄉會比秀林鄉來的容易試辦運作，而經歷司馬庫斯櫸木事件的部落也會比較有條件試辦運作三階段的實作。另外，在公開協商平台，部落如何維繫傳統土地制度並且在現代社會共同運作？是否有部落實踐？本研究確實也欠缺這樣的實證資料可以探討。這留待未來的研究工作發展。

參、對原住民菁英的回應

在「文行合一」階段的保留地管理制度下，原住民可以藉由「合法」分配程序與理由，「千萬次微小的反叛」傳統規範，而取得西方財產權概念的土地權利，使原住民族主張土地權利的行爲與傳統規範發生剝離。本研究必須提出，當原基法與《宣言》宣告此合法程序乃非中立性、延續殖民時期「理蕃」政策的遺留、並殘害了原住民族土地權利之時，國家與原住民族必須回到多元文化的核心價值：平等、正義、差異、包容，藉由當代多元文化憲政主義的協商對話，重新尋找與恢復傳統文化的現代價值與定位。

原基法與《宣言》定義的「原住民族土地權利」得以對抗保留地管理制度下的救濟式分配與公益之公共造產，也必須先理解這項權利是憲法層級對原住民族的基本人權保障之承諾，是法律上的權利，不是行政命令的社會救濟。這項權利的基礎是檢討殖民歷史遭遇與傳統土地權利被剝奪爲基礎，致使族群

在傳統土地上生活以維繫傳統社會文化之延續與發展受到嚴重的迫害。當原住民族在主張這樣的權利之時,必須自己先確認這樣的歷史背景、學習自己族群傳統社會文化概念並認知在現代土地制度管理過程,發生族群認同傳統土地規範的扭曲;這些學習與共識之後,再適切地主張原住民族土地權利,以提高成功協商的機會。尤其,在法律制度改革之時,原住民族除了思考現代社會環境發展上需要的土地制度與法律改革之外,也要補救殖民歷史遭遇,並且對族群後代的發展也擔有族群文化權與土地權的責任。原住民族不應該忽視上述的觀點,如果只依據上一世代的現代教育及現在的社會價值概念,容易重蹈多元文化概念之前的錯誤原住民土地政策,甚至在公開協商過程錯失自我論述權利的機會與溝通核心問題的機會。

　　筆者在接觸保留地管理機關的公務員、鄉代表或土審委員,許多也是原住民身分的部落菁英。能參與公務執行的這些部落菁英,本身或已通過國家公職考試,生活環境、教育訓練條件都比較優越,不然就是擁有社會地位,但對於原住民族土地權利的歷史脈絡、文化脈絡並不一定認識,因為現代教育根本不介紹此層次的議題與原住民族觀點的土地財產權概念,而在公務員考試或考核也不會考到這些範圍。這些部落菁英所理解的原住民族土地權概念就只有國家現行法令定義的「蕃地國有」以及救濟式分配的保留地。這情況是本研究可以理解但極需正視的。管理保留地的公務員更大的心力放在如何與其他國家法律競合,以運作行政命令的管理辦法,滿足原住民當事人的土地主張與需要。其實,他們接觸不少依據傳統土地權利概

念主張權利的部落耆老，可以認知原住民族土地權利並不是現行保留地制度與管理辦法的想樣，但沒有進一步反省所執行的國家法令的瑕疵。當國家逐漸正視原住民族土地權利定義之際，部落菁英應該重新認識自己族群的土地歷史與文化，在現有法令的解釋之下，協助原住民族土地權利的保障。部落菁英的自我反省是法治保障原住民族土地權利最重要的關鍵與里程碑。

　　本研究特別強調原住民族的部落菁英需要自我反思過去是否在現代國家教育與市場經濟活動之後，面對國家法律許可取得、但違背族群傳統土地權利的機會下剝奪其他族人的傳統土地。原住民菁英如果無法重新認識族群傳統土地財產權利概念的核心價值，也無法認識自己族群土地制度的文化內涵與共善價值，將會視殖民歷史脈絡的法律與許可原住民申請分配的合法權利為理所當然，反過來自己也在此現代保留地制度中汲汲於求。族群傳統土地制度與傳統文化價值將會被自己部落菁英反叛而翻轉，所謂的文化復振將只是形式與空談。當國家肯定多元文化、體認國際原住民族人權，既檢討自日治殖民統治以來原住民族土地權利被剝奪與補救制度的欠缺；這些原住民菁英將如何檢視自己過去與現在的既得利益呢？簡單的說，既回到耆老「言行合一」時期的自我內心審查的工夫則已。

　　部落菁英也需要經歷三個階段：首先，重新認識自己族群的傳統土地規範，並承認自己族群傳統土地制度的現代價值。第二，認識國家原住民土地制度與原住民族傳統土地制度的異同在於制度內部預設的社會文化價值，而其最大公約在於原住民基本人權的法律保障。第三，在前面的認識之後，藉由國家

公權利保障的協商平台，確認原住民族土地權利的對象、內涵、範圍與法制保障。另一方面，本研究提出最簡單的概念，在認識自己族群傳統土地制度的現代意義之後，只要檢視自己內心的承諾（言）、選擇法律允許的權利（文）、決定自己主張土地權利的行為（行），則必經過自我內心的檢視並面對非分慾望的掙扎，以達到「言文合行」的標準。因為，在原住民族與國家爭取傳統土地權利的土地糾紛中，原住民很容易凝聚在批判殖民歷史經驗的想像並選擇立場；對於原住民與原住民之間的傳統土地權利的糾紛，必須歷練三個階段的自省工作與自我檢視「言文合行」的標準。這樣的過程應可以擴充調處原住民與原住民之間的傳統土地權利糾紛。

筆者聽過原住民公務員這樣陳述：「我不懂什麼傳統規範（*gaya*）。我上面還有老闆，我必須確保我的工作…」。更有原住民菁英及行政院原民會主管回應：「從很久以前，很多公家機關與學校、軍隊就是這樣強佔土地」，而視為理所當然。「如果這樣保障原住民族土地，那不是很多公家機關就會沒有地方可用？甚至很多漢人會沒有地方生活？」筆者很感激這些菁英誠實地表達內心的疑慮，也理解非原住民與公務機關擔憂既得土地權利的喪失；但這些話出自原住民菁英之口，正反射出族群的「內部殖民」矛盾，以及原住民族爭取民族土地權利的最大瓶頸。

這矛盾源自於兩種誤解：原住民菁英採用由國家現代教育習得的西方財產權概念理解自己族群的傳統土地制度與權利概念；或由自己族群的社會文化與組織否定其他原住民族群的傳

統土地制度與權利⁴。這障礙並不是來自於國家或主流社會的誤解，而自原住民族族群內部對自己族群主張的原住民族土地權利的內涵並不清楚、或無法堅持而妥協。本研究並不評價這樣的情況，只認為是族人對族群世代生存發展這方面負起他們對自己與後代的責任的過程中的一小插曲、或一段過程。就像「司馬庫斯櫸木事件」整個部落的族群認同，以及部落會議的落實，這會是國家法律體系建構原住民族法律體系過程的重要里程碑；下一個里程碑就在於部落菁英的自我族群認同的再確認。本研究認為，藉由公開協商對話的平台，將所有的權利及疑慮取得互相認識與互相承認而化解。就像第三章介紹太魯閣族調處糾紛的概念：真相 *balay* 與調處 *psbalay*，來化解族群價值的認知矛盾。

肆、對主流社會擔憂失去既得土地權利的疑慮

本研究最後必須回應主流社會對於原住民族爭取傳統土地議題而疑慮既有土地權利喪失，以及實施原住民族自治而使國家主權無法保持統一的擔憂。而所有問題的答案必須由跳脫由自由資本主義的西方財產權概念評估資源最適配置，並重新認識、學習原住民族傳統社會文化的互惠關係與自然資源的共生

---

⁴ 在原住民族內部不同族群的傳統土地制度與管理模式並不相同，並且接受西方財產權概念的轉變程度或有差異。而參與原住民族土地管理的不同族群菁英在參與現代國家土地管理與開發制度中，會用現代教育的西方土地財產權概念或自己族群的「共有」制財產概念，理解或誤解爭取傳統土地的原住民族之傳統土地權利的概念與主張；致使這些原住民菁英偏離原基法所謂承認原住民族土地權利的解釋，甚至堅守殖民史脈絡之保留地制度的概念。

關係。

　　首先，本研究必須指出國家已經在憲法增修條文定位原住民族議題採用多元文化之原則，而原住民族土地權利的議題不是原住民在向國家「乞求」歸還傳統土地；反而是提供主流社會一個契機，得使現代國家尋求擴充西方土地財產權之所有概念，並引進多元文化生活態度來安排土地資源最適配制的制度改革與發展的試金石。原住民族傳統互惠的社會關係與土地資源共生的所有、共有、總有之多層次配置，其實是解決現代國家追求完全所有權概念管理土地資源之過度利用與發展、但常發生為保障所有權而抗爭、對立與終止最適發展之衝突的方法，也是國土復育的契機。只是百年來「蕃地國有」與五十年來的保留地私有化，原住民族傳統土地制度、管理組織以及社會核心價值都被摧毀殆盡；甚至不少部落菁英發覺藉由政治關係與社會脈絡而「合法」分配登記土地的財產累積比較快，原住民對自己族群傳統土地資源使用的社會文化價值也逐漸弱化。原住民族必須對逐漸凋零的耆老快速地紀錄、學習、詮釋與論述，嘗試由原住民族自己的觀點重新認識自己族群的傳統土地知識，並為人類提供多樣性的多元文化生活環境。

　　如果主流社會理解原住民族傳統土地制度也有自我約束與追求耕作事實的嚴謹調查與審查機制，重新建立原住民族土地管理的知識體系並不會危害到非原住民族群合法既得土地權利；相對來說，藉由原住民族土地知識與規範的確立並制度化，可以建立比保留地制度更彈性且嚴謹的法律程序，釐清傳統土地權利的衝突並保障原住民族與非原住民族群的土地權利。有

關土地權利衝突的釐清過程,原住民族土地財產權概念並非「零和」的遊戲規則,其實在保障雙方基本人權的概念下,並且在認識、尊重與承認的公開協商平台上,會取得多元文化原則之土地財產的「最適」配置可能。如果執政者、主流社會與原住民族菁英都採用西方財產權之完全所有的概念思考原住民族土地制度的建立,一方面會誤解了原住民族傳統土地制度的概念與價值,也喪失對當初國家與原住民族文化接觸之初的殖民政策而剝奪原住傳統土地的檢討,更流失國家進入多元文化生活的契機。

　　我國機關與學者研究國外政府的原住民族土地制度改革已經多年,有關原住民族自治會危害國家主權完整的疑慮已經不存在。尤其我國已經在憲法宣告多元文化的原則,國家應該藉由原住民族的殖民遭遇宣導主流社會認知多元文化生活的態度,跨文化藩籬認識承認弱勢的差異文化族群,並法制保障其固有權利。「金門馬祖東沙南沙地區安全及輔導條例」處理過「非因有償徵收登記為公有土地」、「因軍事原因喪失占有的未登記土地」土地被剝奪的實際經驗,重新進行土地總登記,而原基法承認的原住民族土地權何以限縮在文字證據地籍簿冊之內呢?有關原住民族在民族自治領域內的原住民族土地,包含保留地、傳統土地與海域,應儘速廢止採用分配概念的管理辦法與增劃編制度;在現有的管理機制改革、建立承認文字證據與口述證據皆有證據能力的獨立調查機制,公開且嚴謹地確認這些證據的證據力,以法治保障原住民族土地權利。我國在多元文化原則下確認殖民歷史脈絡的原住民土地制度是「制度欠

缺」的，政府應該自我學習多元文化與反省保留地制度，進行制度改革，才有「保障人權、依法行政」的意義。

後　記

　　這本論文撰寫過程，筆者在有限時間內將原住民族土地相關歷史與觀點"包裹"在一起，致使有一些觀點還交代不清，最後在不更動論文主文下作一些補充說明。

一、太魯閣族的世界觀、人觀

　　首先，是圖 3-6（太魯閣族世界觀與社會關係）的相關概念補充說明。第一，是有關族群對 *Utux* 的概念。*Utux* 在太魯閣族，甚至泰雅族、賽德克族都用相同的字眼，表達在族群生活的世界中，最爲奇妙的統馭與權威，並且有不同的層級與對象。比如，太魯閣族人觀察草木生長、日月圓缺、傷口痊癒等現象，而認爲這個世界有一個「神」（這是現代的字眼），創造且賦予這世界規則與知識（*Gaya*），祖先就以 *Utux Tmninun*（編織之神）稱之。編織之神「給予」族群生活的 *Gaya*。耆老（*Rudan*），達到 *mrudan* 的過程，並不單單只是年齡的增長就取得這個資格，而是熟悉(知)並實踐(行)*Gaya*，而 *Gaya* 面向很廣，大致包含社會規範（如現代法律制度概念）與生活知識（如現代生活上的科學知識與工業能力）等綜合概念。而本論文在第三章、第二節、「三、傳統土地規範（*gaya*）之社會核心價值的詮釋」從族群文化與社會價值來觀察 *Gaya* 的核心，並成爲族群在

現代社會延續文化、重新將傳統 *Gaya* 組織到新世界的準則。

　　第二，團體或家族也共同擁有一個 *utux*，並共同被影響。*Utux* 概念無所不在，如看顧土地的靈（*utux dxgal*）、迫害人的惡靈（*utux ruciq*），甚至家族與團體內個人是否遵守 *Gaya*，也會藉由 *utux* 的連結而影響到任何成員。家族是在 *Gaya* 規範的社會關係下，連結成一體，而共同承受遵守或違背 *Gaya* 的結果。比如，有家族發生許多意外而短壽過世的情況時，族人會猜想是否祖先馘首過多而違背不要殘害族人生命的 *Gaya* 或受族人咒詛，致使貽害後代子孫。所以，*Utux/Gaya* 的世界觀是跨時空連結的社會概念，這種模糊曖昧對於沒有文字紀錄與分類的太魯閣族來說有其需要，得用上述簡單架構的知識以口傳表述族群特殊的世界觀，並穩定於社會實踐。

　　第三，個人身上也有 *utux*。「自己身體的 *utux*」表示個人學習（內心 *lhbun* 的利益掙扎）、知道（腦力）、實踐（*qeepah* 身體佔地耕作）*Gaya* 的綜合能力。如果個人生活實踐違背 *Gaya*，人們會說他損害（*hamiliq, smiliq*）他自己的 *utux*，而必須藉由承認、補償、悔改，才可以回復自己內在 *utux*，得與社會恢復關係。族群對「遵守 *Gaya*」而得以安享晚年過世的族人，都會認為他靈魂 *utux* 已經通過彩虹橋，與祖靈（*Utux Rudan*）在一起。*Utux/Gaya* 概念在太魯閣族是貫穿族群、部落、家族、個人，並支配資源。

　　但「遵守 *Gaya*」的概念不當窄化到勇士出草、婦女編織、經過紋面等刻板印象作為資格條件，這樣的定義太過化約族群傳統生活的背後文化意義與社會價值，也與現代社會的環境脫

節而在現代社會失據。因爲，生活實踐能夠遵守 *Gaya* 是內心抗拒慾望誘惑的複雜 (*balay* 真誠)活動過程。太魯閣族人生活在不用文字契約、照片證據的規範下，堅持依據口頭承諾，檢視內心的慾望，面對物質與資源的分配權利。比如，族人當面承諾租用或交換土地，當租用時間到期或原地主要求歸還土地時，不會因爲現代國家法令的新規則允許你占有所租用或已登記的土地，而拒絕歸還。這過程是經過內心的掙扎（*Smpung* 比較），頭腦的理性思考（*lnglung*），抵抗私慾，堅持身體實踐（*qeepah*，工作勞動）「遵守 *Gaya*」。由此來看，原住民族沒有文字習慣而能遵守口頭承諾，相對現代社會習慣文字契約而遵守契約或鑽契約漏洞，原住民族需要較高層次的行爲自省與社會約束，不應該被視爲不文明或欠缺證據力，更不應被殖民政府視爲無文明的野蠻「動物」。

　　太魯閣族的人觀對身體（*qbubur*）的認識—內臟（*qsahur*）、心窩（*lhbun*）、頭腦（*tunux*，*lnglung*），有不同層次的差別。族群已經能區分身體的絞痛，內臟、心臟的痛都可表達身體的疼痛，但特別將精神或道德層次的心痛指向心窩的疼痛，而將 *lhbun* 引爲良心。而結合個人身體（*qbubur*）的 *utux* 或靈魂，是否「遵守 *Gaya*」這樣的行爲，本文將身體行爲或運動稱爲 *qeepah*，即生活的實踐。所以，可以劃出人的身體。如圖 A，太魯閣族 *Gaya/Utux* 世界觀的人觀，在沒有文字契約與法條約束日常社會行爲時，良心 *Lhbun* 已受社會 *Gaya* 的規範，並且在思考 *Lnglung*，甚至行爲實踐 *Qeepah*。這是兩種不同的世界，現代社會以科學理性來分析規範世界的角度來說，誤認爲這

是迷信，無法多元文化地跨文化藩籬詮釋。而現代司法體系 Legal system 則以規範個人行為的結果為主，將良心議題託賦予道德而中立。

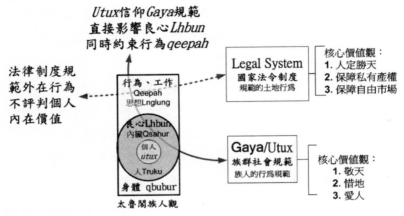

圖來源：圖 3-6 中 *qbubur* 的方塊標示一個太魯閣族的人觀，個人內在都有一個 *utux*。

後記圖 A：太魯閣族 *Gaya/Utux* 由良心規範行為，與國家法律 Legal 系統規範個人行為的差異。

在這樣的人觀與 *Utux/Gaya* 世界觀下，太魯閣族社會關係是建構在平權的 big man 的社會組織，而家族或部落的耆老 *Rudan* 依據社會 *Gaya* 規範，調處糾紛。而社會關係如下圖 B。其中，人與人的口頭協議與承諾，在沒有文字紀錄習慣的世界下，就如現代社會的契約、以及當事人完備的意見表示，對於土地邊界、歸屬、租用、交易等族人藉由口頭承諾或契約，既受 *Gaya* 規範，並有 *Utux* 在監督族人實踐此契約。如果族人的

土地占用行為違背口頭承諾或開墾歷史，而毀壞 *Gaya* 與自己內在的 *utux*，必須反省認錯並請祭司或耆老的協助，經過自我反省、承認、補償、悔改，來潔淨自己內在的 *utux* 與回復社會關係。如圖 B 所描述太魯閣族人之間的社會組織與土地關係。

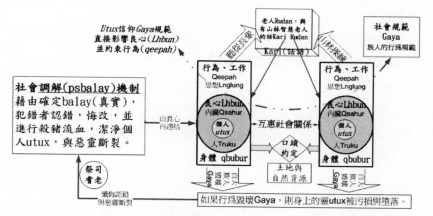

圖來源：簡化自圖 3-6，抽出太魯閣族社會組織與 *Gaya* 規範&*psbalay* 調解的運作。

後記圖 B：太魯閣族的社會組織、社會 *Gaya* 規範與土地資源糾紛調處機制

　　另一方面，臺灣原住民要在現代資本主義社會與現代國家正規教育重新理解並定義自己族群傳統土地規範，要先重新認識日治以來的殖民境遇。高監督成本、組織複雜、規範綿密、私有財產權制的現代司法體系，卻自我位居「文明」優越高權，無法由多元文化的角度理解與審判，協助原住民族建立現代司法體系的原住民族司法體系，以保障原住民族土地權利。但實

際上，如果從多元文化與法律多元主義思考，在國家強制原住民族世界進入現代世界之前，原住民族自己依所生存環境與適應技術，已經有一套低成本、結合社會組織、達到族群文化延續，運作穩定的原住民族土地管理機制與規範，並不是「制度欠缺」。

殖民政府建立保留地制度的核心問題在於：現代國家因為殖民帝國經濟擴張與掠奪資源需要，看中原住民生活「蕃地」的土地資源，藉由現代土地管理、工業開發等技術以累積殖民知識，將原住民傳統土地管理知識體系「問題化」（problematized），否定原住民族固有土地與自然資源權利，並排除權利、控制土地、同化「蕃人」，使「蕃地」成「國有蕃地」及保留地制度管制（Smith，1999：81,91）。若政府與原住民菁英沒有這樣的反省，則原住民族基本法所謂的原住民族土地還只是停留在國家施捨原住民生計的保留地之「德政」，並將原住民妝飾成很像學會穿西裝、努力背誦法規而順服的「動物」，並借用「原基法」而掩飾我國持續殖民原住民族的事實，或「自我殖民」的窘境。

本論文對原住民族傳統土地制度地立場，不是本質論地主張將這套原住民族傳統社會規範，直接與現代個人主義、資本主義、自由市場經濟活動的社會整併，甚至固守傳統而不變更或刻板印象地平行運作。以太魯閣族為例，太魯閣族傳統土地 Gaya 知識與規範的累積和運作在以口傳與語言(Kari)而發展的傳統土地管理制度與知識體系。在現代社會已經發展文字、影像與數位化的管理技術，太魯閣族土地管理制度在自我認識與協商

尊重族群土地關係與精神下，不應限制太魯閣族傳統 *Gaya* 知識
與規範引進文字、契約、電腦化的工具，甚至思考某種結合自
由市場與族人互動的新土地財產制度設計。

　　在此脈絡下，筆者認為在原基法之後原住民族主張土地權利
的核心工作在於：族群(爭取)擁有國家保障的公開協商平台，協
商出族群保存或調適哪些傳統社會規範與族群文化價值、並接
收或拒絕哪些現代資本主義社會的社會規範與文化價值；並落
實在自治法與土海法中，以建立原住民族法律體系。本論文對
此並沒有多所琢磨，只引用 Tully 的憲政協商原則而提出三階段
糾紛調處的工作。而這樣的整理屬於多元文化地、跨文化藩籬
地認識不同文化內涵的土地制度，是未來制度改革的基本工夫。
但是，在原基法與聯合國《宣言》的原則下如何進行原住民族
土地制度的變遷，是複雜而需要釐清多元族群價值與生存的社
會政治工程。

二、其他族群如何利用本論文的模式

　　原住民如何依據「原基法」建立「原住民族法律體系」時，
自我研究與論述原住民族土地與自然資源權利呢？本論文在第
三章只以太魯閣族的傳統土地利用、管理、分配的社會規範與
族群文化作說明原住民族土地權利的概念，但相同的架構可以
作為其他臺灣原住民族群的自我論述。在這樣的族群文化的核
心價值作為依據，思考新土地制度與民族自治時，新土地制度
變遷或現代社會重建的目標與準據之一。

　　筆者進行下述討論之前，必須再次強調：原住民族自我論述固有土地權利必需重讀自己族群傳統文化與殖民歷史，並協助主流社會「解殖」（歷史不正義包袱）；但進行族群永續發展及後代子孫文化延續的目標、建立「原住民族法律體系」時，不以固守本質論及批判西方財產權的「政治正確」而正確，而是尋找可理解的連結、可平順的轉換之土地制度改革。

　　這樣的依據其實就是「原基法」第20、23、30條內容的實踐。首先，由原住民族群自己的語言、文化及價值觀(世界觀)、資源利用方式與組織來尋找族群傳統土地與自然資源利用的核心價值。再來，這樣的核心價值也可以對照到族群土地管理知識、傳統開墾習俗、社會經濟組織型態、土地擁有利用與管理模式，來論述族群在沒有政府統治之前，已經建立完整的土地管理機制，並且族群文化與人民生計也依此傳承與延續。這部分就是本論文第三章、第二節與第三節的介紹。這些是各族群現在可以進行的工作，尤其耆老逐漸凋零的急迫危機，不需要乾等政府的資源與承認，就趕緊進行自我文化與歷史的研究與紀錄，依原基法成為反覆實踐的慣習並與現行法律作「對照」，進而形成法律化主張。

　　最後，主流社會或原住民菁英在上述兩項前提來互相認識原住民族傳統土地權利(的殖民歷史與多元文化)之後，將進到這樣的原住民族固有土地權利要如何在現代社會制度調適、並結合國家確立區域計劃與都市計劃之中，預留「原鄉發展計劃」與「原住民族自治」的實踐空間。這部分就是第五章討論「原住民族土地糾紛調處的三階段工作」的說明，而政府成立獨立的

糾紛調處與事實調查機關甚為重要。

　　對於其他原住民族群的討論，也可以在這樣的架構自我論述與整理。族人可以先大量採集與整理日據時期族群開墾耕地與資源利用的口述故事或現地實際環境的操作知識，以紀錄族群適應耕作環境的在地知識。在這樣的在地知識運作過程，進一步分析族群社會組織與分工合作的模式，確認土地安排、邊界管理、租借協商、勞動管理、交易承諾、繼承分配等等，整理出族群的文化及價值觀等核心概念，並且分析族群社會組織與勞動管理的運作模式，以論述族群在現代國家殖民統治之前，已經有自己一套傳統土地制度在穩定的運作。在國際反歧視、保障原住民族人權（集體權）的多元文化原則下，或依據原基法第 20、23、30 條的內容，即便原住民族固有土地管理制度不是私有制、也沒有完成土地登記，現代國家也沒有資格片面宣告「蕃人是不順服的動物」、「蕃地是無主地」而將「蕃地國有」；相對地，國家依據原基法必須重新承認並建立法制保障原住民族土地權利[1]。

　　以阿美族為例，筆者認為「年齡階層」可以作為族群自我論述土地財產權研究的一個適合切入點；阿美族社會組織的「年齡階層」在傳統土地墾耕的勞動管理、知識傳遞、組織培養、社會關係建立的角色，結合部落頭目的成長與養成，是可以進

---

[1] 保留地制度只是救濟式分配的「特權」，並沒有保障原住民(族)的土地主張與請求權，也就是沒有權利的概念，即不是且更違反「原住民族土地與自然資源權利」的概念。

一步分析族群土地利用的文化內涵及社會關係的核心價值。當進到土地糾紛調處與自然資源分配的動態管理分析之時，社會組織運作與族群文化內涵則會成為糾紛調處與社會秩序的穩定基礎。這些也作為族群自我論述：殖民政府強制原住民族進入現代國家統治之前，阿美族自己已經有一套固有的維繫族群生計、傳承族群文化之土地與自然資源管理制度，並非制度欠缺。這研究並不是單單在研究「年齡階級」這個制度本身，而是由此萃取出制度背後的族群文化、社會價值與世界觀、並延伸到社會組織運作傳統土地管理與資源分配的糾紛調處規範，甚至成為該族群在原住民族法律體系的核心價值。如果研究者可以找到另外的切入點而可以整合到上述土地財產權的各個面向，也是不錯的選擇。而本論文為了研究上的方便，以太魯閣族為例並以 Utux/Gaya 的世界觀與社會組織為切入點，而不同族群會有不同的切入點。

　　這些分析主要在論證：「原住民族土地是屬於『制度欠缺』」的論述是殖民政府在殖民地開發與資源掠奪時，以現代財產權、地政與法律角度來套用，而「問題化」「蕃人」及「蕃地是無主荒地」，產生掠奪與開發原住民族土地資源的「制度欠缺」問題，也為殖民政府可以合理剝奪「蕃地」。族群傳統土地管理制度的整理，論述固有原住民族土地權本身並沒有制度欠缺，可以在原初的族群社會文化與固有土地管理制度足夠運作，而「制度欠缺」是殖民帝國政府的需要與問題。

　　另一方面，如果原住民族在「事先自由知情同意」原則而與現代國家「合意」，進入現代土地管理的法制體系時，現代國

家法制也才會在公平正義對待上，產生欠缺「原住民族土地與
自然資源權利」保障的「制度欠缺」的問題。所以，原住民族
的固有土地制度對原住民族本身原先是不存在「制度欠缺」的
問題。而是當代多元文化憲政國家「邀請」原住民族加入而政
府土地行政在所謂私有財產制與文字登記制之狹隘的憲政原則
下，而對「原住民族土地與自然資源權利」產生現代國家的「
制度欠缺」問題。原住民族在政府承認固有土地財產權運作上
，原先就不存在「制度欠缺」的問題。

三、以工程數學作標轉換思考制度變遷 下固有權利在新制度的完全保障

　　土地行政研究或制度變遷研究既然採用「新制度經濟學」的
「制度相依」理論，來分析並支撐對保留地制度的「批判」，
筆者也嘗試用更接近社會工程研究的工程數學，以函數(土地權
利)的座標轉換(制度變遷)之必要條件，來探討保留地制度的建
立或變遷是否完整保障原住民族土地與自然資源權的提問。
　　原住民族土地制度的問題，不在於原住民原始社會是否採用
現代土地登記或文字契約規範交易等活動。問題在於現代國家
強制原住民族進入現代國家與建立新土地管理制度之時，應先
承認「蕃人」不是沒有歸順的「動物」，而是一個完整的「人」
（人格權），且擁有原住民族集體權利的原住民，同時承認族
群管理土地與自然資源的組織與制度原是有效運作，並在憲法

層次給予多元文化原則保障,並重新建立「混合私有制與共有制」的原住民族土地管理制度,即承認原住民族土地不是「無主地」;也就是原基法第 20、23、30 條所修正的原則。

在這樣的背景,本論文在第五章、第四節引用黃居正(2010)有關「非線型憲法架構」下的「國家建構」議題,討論土地制度變遷時政府保障原住民族土地權利完整而應有的規範。假設,原住民族土地權利可以用一個權利函數描述,而制度變遷可以視為座標轉換的函數來描述。則,筆者在**圖 5-12** 引用自然科學中工程數學的座標轉換,將原住民族土地權利視為一個權利函數,而制度變遷也視為另一個座標轉換函數 **H**{ · };則該原住民族固有土地權利函數 **F**(·)帶進制度變遷函數轉換 **H**{ · },而得到現代土地制度下的原住民族土地權利之新權利函數 **G**(·)。

原住民族基本法第 20、23、30 條所謂"承認並保障原住民族土地與自然資源權利"表示政府重新承認原住民族土地權利並經過制度變遷轉換前後,保障新原住民族土地權利函數保持"1-對-1 的映射"。而這種「制度變遷」(H 函數:**H**{**F**(·)} = **G**(·))的設計,使得「政府承認原住民族土地權(F 函數)」即會取得現代國家法律制度下「原住民族土地權保障(G 函數)」為真,以滿足「政府承認」即得「權利保障」為真的「必要 necessity 條件」關係,則此函數轉換(H 函數)之工程分析,應對了原住民族土地權利「完全轉換」(權利保障)之制度變遷的社會工程條件。

在此,如圖 5-12,權利函數(F 函數與 G 函數)必須滿足政府

承認完整的三個基底(個人價值與社會生活、社會組織與族群規範、生存環境與後代責任)、一個尊重基本人權與反歧視的核心價值，進而理解原住民族土地管理的文化與組織。同時，如圖5-12，「制度變遷」的 H 函數也必須滿足三項條件：符合邊界值問題(初值條件與邊界條件，即政府承認並理解原住民族土地權)、制度核心價值的結合點(即基本人權與反歧視)、原先制度變遷設計本身的完整性(即保障三個權利基底的完整)。這樣的類比使工程數學的理論分析更貼近於原住民族實際的殖民遭遇與反省，並非工具理性地中立而無人性的刻板印象。

　　進一步探討，在這部分有兩項問題必須作補充說明。第一，社會科學的權利內容是否可以用工程學科的座標空間轉換，來保障制度轉換到現代國家法律系統下的原住民族土地權利的完整性呢？筆者並不認為政府可以用科學、理性、中立、合法、強制暴力等文明原則建立的制度變遷，就可以處理好差異文化族群的社會變遷與土地權利保障。而筆者採用這樣的架構思考政府進行制度變遷下，原住民族土地與自然資源權利保障的基本條件。可以說，論文引用工程數學的座標轉換函數條件類比為：**（原住民族土地）權利空間基底維度相同、特徵函數或向量維持正交、滿足「邊界值問題」**，呈現「政府承認原住民族土地權」只是「在當代多元文化社會原住民族土地權保障」的「**必要條件**」，而不是「充分條件」[2]。

2　以「人在呼吸」表示「政府承認原住民族土地權」，以「人得以生存」表示「原住民族土地權完整保障」。原來的陳述邏輯關係會成為：若「人在呼吸」為真則「人得以生存」也為真，這樣得陳述屬實；則「人在呼吸」是「人

　　這樣的分析與論述雖然有跨學科領域的借用爭議,但並沒有邏輯上的問題。因為這已足夠點出原住民族在殖民政府「理蕃」政策設立的(保留地)制度變遷,欠缺承認人格權、多元文化認識等視野,使「蕃人」欠缺原基法的「政府承認」之幾項必要條件,即「當代多元文化憲政的國家法制無法保障原住民族固有土地權利」的(保留地)制度設計核心問題。是故,當代多元文化現代國家重新建立原住民族土地制度時,應注意「政府承認」之後,還有很多的制度設計執行細節要注意,包含:需要重新檢討何謂政府承認原住民族土地權的內涵、以及制度變遷設計的三項條件的基本議題,才有機會達到「當代多元文化國家憲政下的原住民族土地權的法制保障」。這也就是圖 5-12 已經從殖民歷史與多元文化反省,提出操作制度變遷的建議,以回應圖 1-1 的研究提問。

　　第二,論文本文沒有特別指出一個族群權力關係的盲點,是屬更高層次的問題:現代國家的政府是否擁有殖民知識之後,就有絕對「權力」對原住民族土地權利強制進行制度變遷的問題呢?「蕃人」是否有「權力」說不呢?或政府需要哪些條件與程序才可以進行呢?現在如果以原住民保留地制度的殖民歷史脈絡來說,沒有人會覺得這是「合法」的制度變遷,因為侵犯了「『蕃人』人權」;即便制憲之初,從來沒有政治人物反省大漢民族對蠻夷蕃邦的歧視或日本殖民帝國對「蕃人」的歧

得以生存」的必要條件而非充分條件,「人得以生存」是「人在呼吸」的充分條件。因為「政府承認」是「保障權利」的必要條件,但不足以充分保證「保障權利」,還需要其他很多條件的成立才為真。

視，而敢正視「原住民族」並用憲法條文保障。從後殖民主義批判，就可以檢討保留地制度對「蕃人」的歧視，並取得「反歧視」的共識—「人」擁有「作爲人」的基本權利，而「**蕃人**」也擁有「作爲人」的基本權利。所以，從原住民族基本法及聯合國《宣言》來看，即便前一段提到政府完備地設計制度變遷，但政府還是要在「事先自由知情同意」原則下，取得原住民族的同意、滿足其後代子孫的文化延續與生計保障、並在形式上補救/取得「非線型憲法架構」的法律形式的「合意」過程之後，政府在憲法與基本人權上才有治理『蕃地』與『蕃人』的「合法」資格。

很可惜，我國雖然比聯合國《宣言》早通過原基法，之後也通過《兩公約施行法》，補強憲法增修條文「多元文化原則」處理原住民族事務的內涵。但攸關原住民族自治與原鄉發展的「原住民族土地及海域法(草案)」(2008)，無取得到主流民意代表的支持；甚至，立法院某政黨的政策執行長的非原住民立委強烈反對該法排入優先審議法案，並定位該法爲「分土地的法」[3]；近期主流族群民意代表在沒有確定原住民族土地與領域權利及原住民族強烈表達疑慮下，推動沒有土地管轄權利的「原住民族自治『試辦』」，凸顯「漢人主流族群擔心失去在臺灣生存空間與土地資本的焦慮」。但這是誤解了原住民族主張「還我土地」的原意，「還我土地」不是建立在「西方私有財產

---

[3] 參考〈原民法案遭排擠立委砲轟〉2008/6/12。 (http://www.libertytimes.com. tw/2008/new/jun/12/today-p2.htm) (2012/4/21)

權」模式的概念，而是存在面對面協商、互相尊重與族群及自然共同永續生存的精神，「既排他、也共存」的生活實踐。

　　本論文不是要否定該立法委員的專業背景與族群立場,隱現其成長與專業教育欠缺對異文化「他者」的尊重、歷史反省與同理心。但這也凸顯現在主流社會還是沒有辦法認知原住民族主張「還我土地」與制度重建的殖民歷史背景，這歷史不正義只要與既得利益衝突，就失去互相認識、協商討論的公領域空間，而無法推動符合原住民族基本法原則及原住民需要的法制改革。

　　多元文化憲政國家下,討論原住民族土地與自然資源權利保障的原住民族土地制度，並不是要否定現代的行政、地政、法律等專業知識，而是要先釐清「原住民族土地與自然資源權利」的殖民歷史背景與多元文化內涵，才能釐清「政府承認原住民族土地與自然資源權利」得實質內涵，並可能推動保障「**蕃人人權**」[4]的制度變遷。

---

[4] 我國現行憲法 1947 年在中國大陸施行時，對於台灣原住民在日治時期台灣總督府為母國經濟開發「蕃地」林礦資源的「理蕃」政策下，遭遇「蕃地國有」與「集團移住」，在制憲時是未考慮的問題。「原住民族」是在 1997 年憲法增修條文引入，並確認在憲法上的特殊地位。在 2005 年原住民族基本法，才確認「原住民族土地與自然資源權利」的概念。雖有這些改革，但沒有處理三項爭議：1.日治政府架構在否認「蕃人」人格權的基礎，依據 1895 年日令第 26 條，解決清末來的「蕃地國有」權利轉換(邱寶琳，2010：7)；2.台灣總督府 1910-1914 年以武力「討伐」國家政權尚未進入「蕃地」內原住民族的正當性(藤井志津枝，2001：43-44,85-86,100-106,132；林淑雅，2007：66-69；邱寶琳，2010：177)；3.現今政府在 1945 年戰後接收日產相關辦法，直接將日治時期「森林事業計畫」的成果(包含原屬「蕃地」的官有林野、即後來的林班地與原住民保留地等)收歸國有土地。前兩項是日治殖民歷史的結果，後一項是政權轉換時，「繼受」不公義權利的問題。我國

四、本論文探討的核心問題

　　本論文原初的研究動機是兩件原住民主張「歸還傳統土地」的爭議：原住民主張依據原住民族基本法等要求政府承認地籍簿冊遺漏登載的「原住民族土地權」，而系爭土地管理機關則主張政府已經依據保留地管理辦法保障原住民「土地/保留地權利」。以附錄九的參考案例來說，原住民即便已經充分整理地籍簿冊之外的佐證資料：舊地圖、美軍空照圖、日治戶籍資料、親身經驗耆老的口述歷史與文本化之法院公證等等，已經充分證明公營事業機關(臺灣電力公司)違反省政府命令(41 府民丁字第一二三五五三號令)、強制排除原住民使用保留地，致使原住民無法在 1966 年保留地總登記取得權利，實踐原基法的權利。但執行管理的鄉公所還是「依法行政」，拒絕協助原住民證明與調查。

　　筆者整理這些日治與戰後政府在否定原住民族土地權，但同時要保障原住民生計的命令與保留地制度。筆者並不支持建立「原住民族土地及海域法」(草案)，是將「原住民族基本法」定位在殖民統治的脈絡來「承認」原住民族土地權，尤其是參與

政府雖然可以在憲法增修條文承認有原住民族的存在，並且「承認原住民族土地與自然資源權利」，但對於此權利要處理原住民族的殖民統治被歧視與剝奪權利(既前兩項爭議)、原住民族在政權轉移過程時固有權利的「非線性轉換(黃居正，2010；邱寶琳，2010：270)」(第三項)的部分，還是沒有正視與解決。所以，我國憲法現在雖然承認原住民有公民、原住民族的權利，但對於原住民被認定為「蕃人」之時的權利剝奪，卻還沒有處理，既本文所稱「蕃人人權」的問題。

政府管理的族群精英也要從國家正規(normal)教育中「自我解殖」，土地行政、立法與司法機關更要重新反省「政府承認」應有內涵。

原住民主張「還我土地」爭議還是要回到殖民歷史與多元文化脈絡理解。1910-1920 年日本殖民政府以軍隊「討伐」統治權未曾進入的「蕃地」上的原住民族，並自認為合法與正當；其背景屬於 Anaya 《國際法中的原住民族》中論述 19 世紀國際法實證主義學派設計「國際之家（Family of Nations）」、否定原住民族固有的政治主體性與基本人權的殖民帝國主義脈絡。本論文也特別在第三章、第一節末段整理 1625 年荷蘭至 1945 年日治殖民政府處理政治主體性的差異，凸顯出臺灣原住民族其實也是國際法中原住民族遭遇脈絡下的一種特殊情況。

臺灣原住民族在現代國家的憲法定位，應該依多元文化原則、正視整個殖民歷史脈絡與日治時期五年「理蕃」政策的武力「討伐」；即便中華民國立憲時承認大陸少數民族而未明確包含臺灣原住民族，也沒有思考過已經世代在此土地生活的原住民族的需要。原住民族的殖民遭遇突顯主流社會在「繼受」這片「蕃地」之時，有責任與義務自我學習這段殖民歷史，並朝向多元文化族群關係改革。

雖然在臺灣的主流社會與原住民的日常生活中，很少使用「原住民族實質還處於被殖民狀態或其遺緒」的用語，甚至原住民自己已經遺忘這樣表述，但原住民族主張土地權利還是走在「去殖民」的路上邁進[5]。而中華民國與中國國民黨的建立，也

---

[5] 參考 Smith, Linda T. 1999. Decolonizing Methodologies. London: Zed Books。

有「外抗強權」的反帝國對抗經驗，但在接收臺灣時也「繼受」
了日本帝國的殖民遺毒—「理蕃」政策與「森林事業計劃」；
而民主進步黨對馬關條約後之臺灣發展的努力，也有著日治以
來對抗日本帝國的「主體性建構」與自我認同過程[6]。主流社會
與原住民族在跨文化溝通上，應該有相同的話語與意識。如果
臺灣的主流社會與原住民族各自在殖民或帝國遭遇有相同的歷
史背景下，主流社會與各政黨代表應理解、同情、並支持原住
民族主張政府承認並「回復」傳統土地權利，乃至於支持保留
地制度轉換為原住民族需要的自治法與土海法，並使主流族群
從「繼受」「殖民者」的歷史不正義包袱解放。

　　總結來說，筆者原住民族土地權利的探討有兩個重點：第一，
確認我國保留地制度是殖民統治的遺留，這樣的法律制度是建
立在否定原住民人格權及否定原住民族土地權。原住民傳統土
地管理制度是被殖民政府所「問題化」（problematized）而否定
其固有權利，並被汙名為不文明與待改革（Smith，1999）。「
蕃人」有權利使用其傳統土地社會規範、在地知識與族群文化
在「蕃地」生活實踐，且不受限於本質論地對未來開放；除非

Smith（1999：98）指出，去殖民不只是殖民政府被取代或管理機關的更替，
還牽涉到殖民強勢權力對原住民族長期的心理、文化、語言、官僚政府影
響的去殖民。

[6] 這部分可以參考荊子馨著，鄭力軒譯（2006）《成為日本人：殖民地臺灣與
認同政治》，臺北：麥田出版。本書作者以宏觀的視野審視臺灣的住民(不包
含原住民)在中國-日本-臺灣這三個符碼的自我認同之掙扎選擇，並指出此
認同的流動最後受到日本殖民統治的差別待遇而產生帶有民族(nation)認知
的自主意識。而此自主意識當初原初的訴求是在殖民架構下的自主權，並
隨歷史事件發展而發展。

他們自願接受現代社會的生活，且此時，政府有責任階段性安排制度設計與社會變遷的過程。這項權利就是憲法或國際公約層級「反歧視」之基本人權或「蕃人人權」。

第二，原基法第 20 條所謂「政府承認原住民族土地與自然資源權利」，必須架構在政府承認「**蕃人人權**」也屬於基本人權保障的思維邏輯下，依據該法第 20、23、30 條的承認、尊重、法制原則，重新建構「原住民族法律體系」時、思考何謂「原住民族土地權」並如何保障之。舉例來說，以巴西政府對日前剛「發現」的亞馬遜叢林雨林區的印地安人原始部落，是正視其作為「人」的權利而反省伐木工業的威脅。我們對於日治殖民政策下的「蕃地」上的「蕃人」，也是如此，不能因為殖民政策的經濟發展與擴張需求而單方面的否認之，並處在殖民歷史不正義的法制結構中發展。所以，政府行政、法律、地政、森林管理、國家公園、國土保育等機關與專業領域更應即刻重新檢討所依據的法律制度、實質落實原基法第 20 條的「政府承認」。

反思「理蕃」政策下「蕃地國有」的「森林事業計畫」與保留地制度的運作，也應抱持相同的反省。而國內相關大學科系在人才培育與專業知識傳遞時，尤其法律、地政、森林、公共行政等科系，將與原住民族相關的探討部分，應該引入「多元文化」的意識與態度，檢討殖民歷史以來的殖民知識相關的學術專業，對專業知識權威進行自我檢討與解放。

參考書目

王躍生。1997。《新制度主義》。台北：揚智。

王泰升。1997a。《臺灣原住民的法律地位》。行政院國家科學委員會專題研究計畫成果報告。

1997b。《臺灣法律史的建立》。台北市：三民書局。

2003。《原住民保留地專屬法庭設置研究》。行政院原住民族委員會委託。臺灣大學法律學院執行。

王國治、徐名駒。2008。《法學概論》。台北縣中和市：新文京開發出版。

江樹生(譯註)。2000。《熱蘭遮城日誌(一)》，臺南市：臺南市政府。

李建良。2003。〈淺說原住民族的憲法權利〉《臺本土法學雜誌》，第 47 期，頁 115-129。

宋才發等。2005。《中國民族法學體系通論》。北京：中央民族大學出版。

沈宗靈。1994。《法理學》。台北市：五南出版。

余光弘。1980。〈泰雅族東賽德克群的部落組織〉《中央研究院民族學研究所集刊》，第 50 期，頁 91-110。

洪鎌德。2001。《法律社會學》。台北市：揚智出版。

胡幼慧主編。1996。《質性研究：理論、方法及本土女性研究實例》。台北市：巨流出版。

胡樂明、劉剛。2009。《新制度經濟學》。北京市：中國經濟
　　出版。

旮日羿・吉宏。2004。《即興與超越：Sejiq Truku 村落祭典與
　　祖靈形象》。慈濟大學人類學研究所碩士論文。

何鳳嬌編。1995。《光復初期土地之接收與處理（二）》。台
　　北縣新店市：國史館印行。

邱韻芳。2004。《祖靈、上帝與傳統：基督長老教會與 Truku
　　人的宗教變遷》。國立台灣大學人類學研究所博士論文。

邱寶琳。2009。〈由太魯閣傳統土地制度的知識體系探討原住
　　民土地權利〉，《第一屆原住民族知識體研討會論文集》。
　　5 月 15-16 日于東華大學民族學院舉辦，頁 14-1~14-30。

2010。《原住民族土地權之探討—以花蓮太魯閣族為例》。國
　　立東華大學民族發展研究所碩士論文。

李亦園主持計畫。1983。《山地行政政策之研究與評估報告書》。
　　臺灣省政府民政廳委託，中央研究院民族學研究所執行計
　　畫。

李承嘉。1999。《原住民保留地政策與問題之研究》。行政院
　　原住民族委員會委託，中國地理經濟學會執行計畫。

李龍華。2003。〈紐西蘭原住民土地索償問題〉《人文與社會
　　學報》，第 3 期，頁 81-106。

巫和懋、夏珍。2002。《賽局高手》。台北市：時報文化。

林えいだい（1996）著《台灣植民地統治史—山地原住民と霧
　　社事件.高砂義勇隊》，日本福岡市：梓書院。

林英彥。1976。《土地經濟學通論》。台北市：文笙。

林佳陵。1996。《論關於台灣原住民土地之統治策略與法令》，國立台灣大學法律學研究所碩士論文。

2000。〈臺灣原住民土地之法律研究〉《律師雜誌》，第 247 期，頁 33-50。

2004。〈臺灣戰後初期的原住民政策與法令〉《臺灣史料研究》，第 23 期，2004.08，頁 153-183。

林柏年。2006。《臺灣原住民族之權利與法律》。台北縣板橋市：稻鄉。

林修澈主持。2000。《原住民的民族認定》。臺北市：行政院原住民委員會委託研究。

林淑雅。2007。《解／重構台灣原住民族土地政策》。國立台灣大學法律學研究所博士論文。

林淑慧。2004。《臺灣文化采風：黃淑璥及其《臺海使槎錄》研究》。臺北市：萬卷樓出版。

林瓊華。1997。《台灣原住民土地財產權之演變》，東吳大學經濟學博士論文。

佃瑞國。1998。《政府行為制度變遷與經濟成就－以臺灣戰後土地改革為例》，國立政治大學地研所博士論文。

周鍾瑄。1993。《諸羅縣志》，南投市：臺灣省文獻委員會。

周元文。1995。《重修臺灣府志》，台北縣：宗青圖書出版。

官大偉。2002。《原住民保留地共有制施行基礎－公共資源自主治理模式的研究：以新竹縣尖石鄉個案為例》，國立政治大學民族學系碩士論文。

2010。〈國土計畫、原住民族自治與原住民族土地權之落實〉，

《原住民族傳統習慣規範與國家法制研討會論文集》，11月 14-15 日于臺灣大學法律學院舉辦，頁 1~25。

施正鋒。2008a。〈原住民族土地權的國際觀〉，《原住民族人權》，頁 35-68。花蓮縣壽豐鄉：東華大學原住民族學院。

2008b。〈原住民族的主權〉《原住民族人權》，頁 95-134。花蓮縣壽豐鄉：東華大學原住民族學院。

2008c。〈原住民族的文化權〉《原住民族人權》，頁 283-320。花蓮縣壽豐鄉：東華大學原住民族學院。

2008d。〈原住民族非政府組織與聯合國原住民族權利宣言〉《原住民族人權》，頁 349-368。花蓮縣壽豐鄉：東華大學原住民族學院。

吳豪人。1989。〈山地政策立法實質內容初探〉《國家政策季刊》，第 4 期，頁 94-101。

吳豪人、黃居正。2006。〈對市民財產制度的再檢視：由司馬庫斯部落公約到自然資源的歸屬〉《台灣國際法季刊》，第三卷，第一期，頁 207-263。

吳樹欉。2000。《臺灣原住民族土地財產權制度變遷之研究》，國立政治大學地政研究所博士論文。

高德義。2009a。〈從殖民同化到自決—全球原住民族的危機與轉機？〉《解構與重構—原住民族人權與自治》，頁 1-23。花蓮縣壽豐鄉：東華大學原住民族學院。

2009b。〈司法體系中的原住民〉《解構與重構—原住民族人權與自治》，頁 99-124。花蓮縣壽豐鄉：東華大學原住民族學院。

2009c。〈公有地悲劇？—臺灣原住民族保留地政策與土地權〉
《解構與重構—原住民族人權與自治》，頁 133-184。花蓮
縣壽豐鄉：東華大學原住民族學院。

高順益。2001。〈Truku 人的生命禮儀〉《太魯閣國家公園原住
民文化講座內容彙編》花蓮縣秀林鄉：內政部營建署太魯
閣國家公園管理處。頁 70-76。

孫大川。2000。《夾縫中的族群建構》。台北：聯合。

速水佑次郎&神門善久，李周譯，（2009）《發展經濟學—從貧
困到富裕》（第三版）北京：社會科學文獻出版社。

許通益。2001。〈傳統的土地管理與生態保育〉《太魯閣國家
公園原住民文化講座內容彙編》花蓮縣秀林鄉：內政部營
建署太魯閣國家公園管理處。頁 41-43。

2009。〈花蓮縣秀林鄉 2006 太魯閣族文化系列活動　太魯閣族
歲時祭儀研討會　專題研討二 ：　感恩祭典概述〉，再收錄
於花蓮縣秀林鄉舉辦《2009 Mgay Bari 全國太魯閣族文化系
列活動：太魯閣族歲時祭儀研討會》，於 2009/07/11，花蓮
縣萬榮鄉舉辦，頁 46-49。未出刊。

2009。〈2009 Mgay Bari 全國太魯閣族歲時祭儀研討會　主題二 ：
Powda、Hadur、Pntriyan 的意義與探討〉，收錄於花蓮縣
秀林鄉舉辦《2009 Mgay Bari 全國太魯閣族文化系列活動：
太魯閣族歲時祭儀研討會》，於 2009/07/11，花蓮縣萬榮鄉
舉辦，頁 33-39。未出刊。

郭佩宜。2008。〈當地景遇到法律〉《考古人類學刊》，第 69
期，頁 143-182。

常士閭。2009。《異中求和：當代西方多元文化主義政治思想研究》。北京：人民出版社。

陳秋坤。1997。《清代台灣土著地權》。台北：中央研究院近代史研究所。

趙文洪。1998。《私人財產權利體系的發展：西方市場經濟和資本主義的起源問題研究》。北京市： 中國社會科學。

溫吉 (編譯)。2001。《臺灣番政志(二)》，南投市：省文獻會。

郭輝 (中譯)。1970。村上直次郎 (日譯)。《巴達維亞城日記》。臺北市：臺灣省文獻委員會。

張京媛編。1995。《後殖民理論與文化認同》。台北：麥田。

張培倫。2005。《秦力克論自由主義與多元文化論》。宜蘭縣礁溪鄉：佛光人文社會學院。

2009。〈多元文化、認同與社會統合〉，《憲政基本價值》，台北：中央研究院。

傅寶玉等編輯。1998。《臺灣原住民史料彙編.第三輯.臺灣省政府公報中有關原住民法規政令彙編》。南投市：臺灣省文獻委員會。

楊彥杰。2000。《荷據時代台灣史》。臺北市：聯經。

楊松齡。2006。《實用土地法精義》。第六版，臺北市： 五南。

雅柏甦詠‧博伊哲努 。2008。〈加拿大第一民族土地爭議解決機制之探討〉，《加拿大原住民族的土地權實踐》，頁127-160。花蓮縣壽豐鄉：東華大學原住民族學院。

2009。〈論原住民族集體權〉，《原住民族權之詮索》，頁 1-34。花蓮縣壽豐鄉：東華大學原住民族學院。

黃崇浩。2007。《賽德克人的生產及社會秩序》，國立台東大學南島文化研究研究所碩士論文。

黃居正。2005。〈時間、勞動與生態—原住民族財產權的核心論題〉《清華科技法律與政策論叢》，第二卷，第一期，頁 5-48。

2010〈原住民法與市民法的衝突—論非線型憲法結構下特殊權利的地位〉，收錄於《原住民族傳統習慣規範與國家法制研討會論文集》，11 月 14-15 日于臺灣大學法律學院舉辦，頁 1~25。

黃應貴。1986。〈台灣土著族的兩種社會型態及其意義〉，《台灣土著社會文化研究論文集》。台北：聯經。

1993。〈東埔社土地制度之演變：一個臺灣中部布農族聚落的研究〉，《臺灣土著社會文化研究論文集》。台北：聯經，頁 371-419。

黃長興。2001。〈族群的狩獵文化〉，收錄於《太魯閣國家公園原住民文化講座內容彙編》花蓮縣秀林鄉：內政部營建署太魯閣國家公園管理處。頁 13-20。

廖守臣。1998。《泰雅族的社會組織》。花蓮市：慈濟醫院及人文社會學院。

蔡志偉 。2008。〈加拿大法制中的原住民族土地權格〉，《加拿大原住民族的土地權實踐》，頁 93-126。花蓮縣壽豐鄉：東華大學原住民族學院。

2010〈初探現行法制下臺灣原住民族狩獵與採集權利的意涵〉，收錄於《原住民族傳統習慣規範與國家法制研討會論文

集》，11 月 14-15 日于臺灣大學法律學院舉辦，頁 1~17。

蔡桓文。2007。《國家法與原住民族習慣規範之衝突解決》，
　　國立台灣大學法律學研究所碩士論文。

臺灣總督府臨時台灣舊慣調查會原著，中央研究院民族學研究
　　所編譯。1996。《番族慣習調查報告書〔第一卷〕泰雅族》，
　　台北市：中央研究院民族學研究所。

臺灣省民政廳編著。1971。《發展中的臺灣山地行政》。南投
　　縣：臺灣省政府。

鄭維中。2004。《荷蘭時代的臺灣社會》。臺北市：前衛出版。

盧呂金德。2010。《台灣原住民族土地所有制政策之探討》。
　　國立東華大學公共行政研究所碩士論文。

衛惠林。1965。〈臺灣土著社會的部落組織與權威制度〉。《國
　　立臺灣大學考古人類學刊》，第 25/26 期合訂本，頁 71-87。

1981。《埔里巴宰七社志》。臺北市：中央研究院民族學研究
　　所出版。

謝世忠主持。2007。《原住民族傳統習慣之調查整理及評估納
　　入現行法制第二期委託研究計畫—泰雅族、太魯閣族》。行
　　政院原住民族委員會委託。

羅國夫。2008。《原住民知識、習慣法與人權—以排灣族為例的
　　探討》。國立東華大學民族發展研究所碩士論文。

顏愛靜，楊國柱。2004。《原住民族土地制度與經濟發展》。
　　台北縣板橋市：稻香。

顏厥安。1998。〈法體系的統一性與多元社會〉，《多元主義》，
　　台北：中央研究院，頁 153-193。

藤井志津枝。2001。《台灣原住民史：政策篇（三）》。南投：
　　台灣省文獻會。

中文翻譯參考書目

Anaya, S. J. ，蔡志偉譯。2010。《國際法中的原住民族》。台
　　北：行政院原住民族委員會。

Benedict, A.，吳叡人譯。1999。《想像的共同體— 民族主義的
　　起源與散布》。台北：時報。

Benton, L.，呂亞萍、周威譯。2005。《法律與殖民文化— 世界
　　歷史的法律體系 1400—1900》。北京：清華大學出版社。

Borao Mateo（鮑曉鷗），邢瓜（Nakao Eki）譯。2008。《西班
　　牙人的台灣體驗(1626-1642)：一項文藝復興時代的志業及
　　其巴洛克的結局》。臺北市：南天。

Coase, R. Alchain, A. North, D.el，劉守英等譯。2004。《財產權
　　利與制度變遷—產權學派與新制度學派譯文集》。上海：
　　上海人民出版社。

Furubotn , E. G. & Richter, R.，嚴愛靜主譯。2001。《制度與經
　　濟理論— 新制度經濟學之貢獻》。台北：五南。

Geertz, C.，楊德睿譯。2002。《地方知識— 詮釋人類學論文集》。
　　台北：麥田。

Hoebel, E. A. ，嚴存生等譯。2006。《原始人的法》。北京：
　　法律出版社。

Kymlicka W. 鄧紅風譯。2004。《少數群體的權利：民族主義、
　　多元文化主義與公民權》。台北：左岸。

North, D. C.，劉瑞華譯。1994。《制度、制度變遷與經濟成就》。台北市：時報文化出版社。

劉瑞華譯。1995。《經濟史的結構與變遷》。台北市：時報文化出版社。

Malinowski, B. K.，夏建中譯。1994。《原始社會的犯罪與習俗》。台北：桂冠。

Ostrom, E.，余遜達、陳旭東譯。2000。《公共事務的治理之道》。上海：上海三聯。

O'Neil, P. V.; 劉上聰、吳嘉祥譯。1987/1991。《高等工程數學》。台北市：曉園。

Pejovich, S.，蔣琳琦譯。1999。《產權經濟學── 一種關於比較體制的理論》。北京：經濟科學出版社。

Rawls, J.，張少軍、杜麗燕、張虹譯。2003。《正義論》。臺北市：桂冠。

Ryan, A.，顧蓓曄譯。1991。 《財產》。臺北市：桂冠。

Roemor, J.E.，段忠橋、劉磊譯。2003。《在自由中喪失── 馬克思主義經濟哲學論》。北京：經濟科學出版社。

Stein, P. & Shand, J. 王獻平、鄭成思譯。2004。《西方社會的法律價值》。北京：中國法制出版社。

Sunstien C. R. ，宋華琳等譯。2005。《偏頗的憲法》。北京：北京大學出版社。

金朝武等譯。2002。《自由市場與社會正義》。北京：中國政法大學出版社。

Taylor, C.，董之林、陳燕谷譯。2005。〈承認的政治〉，《文

化與公共性》，北京：新知三聯書店。頁 290-337。

Tully, J.，黃俊龍譯。2001。《陌生的多樣性— 歧異時代的憲政主義》。台北市：聯經。

Ulrich Duchrow & Franz J. Hinkelammert 倪延碩、肖煉譯。2005。《資本全球化—產權為民，不為利》。北京：社會科學文獻出版社。

Watson, C. W. ，葉興藝譯。2005。《多元文化主義》。長春：吉林人民出版社。

西文參考書目

Anaya, S. J.　2008. "The Human Rights of Indigenous Peoples in Light of the New Declaration and　the Challenge of Making Them Operative： Report of the Special Rapporteur on the Situation of Human Rights and Fundamental Freedoms of Indigenous People" (http://ssrn.com/abstract=1242451) (2009/11/04)

Allen S.　2009.　"The UN Declaration on the Rights of Indigenous Peoples: Towards A Global Legal Order on Indigenous Rights," in *Theorising the Global Legal Order*, edited by Andrew Halpin & Volker Roeben. Oxford: Hart Publishing.

Kincheloe, J. L., and Steinberg, S. R. 1997. *Changing Multiculturalism.* Buckingham：OPEN University press.

Kymlicka W. 1995.　*Multicultural Citizenship.* Oxford: Clarendon

Press.

Smith, L. T. 1999. *Decolonizing Methodologies*. London: Zed Books.

Tully, J. ，(1998) "Aboriginal Property and Western Theory ： Recovering a Middle Ground", in *Theories of Empire, 1450-1800*, edited by David Armitage ed., Ashgate Publishing Limited.

Ulfstein,G. （2004）"Indigenous Peoples' Right to Land"，in *Max Planck Yearbook of United Nations Law*, Vol.8,pp.1-48

Willem van Genugten & Camilo Pérez-Bustillo, "The Emerging International Architecture of Indigenous Rights: The Interaction between Global, Regional, and National Dimensions," *International Journal on Minority and Group Rights*, No.11, pp.379-409 (2004).

Young, I. M. ，(1990) *Justice and The Politics of Difference*. New Jersey: Princeton University Press.

附　錄

附錄十二、土地總登記之前機關以換地方式保障原住民
　　　　　土地使用權利案例

附錄十三、太魯閣族傳統土地財產權利制度與民法物權
　　　　　的比較

附錄十四、國外案例 Mary and Carrie Dann v. United States
　　　　　案

附錄一、歷來我國主要原住民土地管理法規與政策

日治初期原住民「蕃地」重要法規：

日令第 26 號(1895)（引自藤井志津枝，2001：5）

「官有林野及樟腦製造取締規則」

第一條: <u>無官方證據及山林原野之地契，算爲官地。</u>

賽夏族南庄事件(1902)　（引自藤井志津枝，2001：43）

採用"<u>民木論</u>"。政府不承認蕃租爲正常的情形。殖民政府迫於事實狀況而承認原住民只有土地使用權，山林「蕃地」的土地所有權還是屬於國有。

參事官持地六三郎的「理蕃建議書」(1902)：（引自溫吉，1999：695~680）

採用「唯有蕃地, 而無蕃人」的論點，以服從政府及文明進化區隔熟蕃及「生蕃」。故，政府視「生蕃」爲動物，無法律地位，而「蕃地」爲「無主地」， 歸爲國有。「蕃人」與「蕃地」分開處理，「蕃地」以母國經濟發展爲觀點。

日治時期原住民「蕃地」土地調查：

· 台灣土地調查事業（1898~1904）

· 蕃社台帳 **(1904 依據訓令第 73 條,訓令第 167 條)**
但目前政府宣稱蕃社台帳調查結果遺失。

· 台灣林野調查事業（1910~1914）：普通行政區內，區分林野的官民所有權。採用無主地國有化原則，實際上等同「沒收」。

· 官有林野整理事業(1914~1925)：前項林野調查之後續處理。官有林野區分「要存置林野」以及「不要存置林野」(得以緣故關係地放領)。

· 森林計畫事業（1925~1940）：對特別行政區內(160 萬餘甲番界)的山地林野之調查與整理，併森林事業同時進行。特別整理 20 餘萬甲「準要存置林野」，作原住民移居準備。最終經濟目的乃是爲平

地的日本企業的特產獎勵及農業移民之需要做準備。

註：本計畫事業在戰後被政府暫時保留，並成為保留地管理辦法的起源。

- **蕃地開發調查**（1930~1939）（警務局）：蕃人調查＆蕃人所要地調查
- **山地開發調查**（1936~1939）（殖產局）：山地資源調查

註：國家權力進入太魯閣地區主要的事件有 1914 年太魯閣戰役；1918 年開始勸導集團移住，使族人遷離山林。而在 1930 年霧社事件之後，此移住政策被強調並落實，截至昭和 12 年(1937 年)此工作告一段落。

戰後中華民國接收臺灣初期：

（台灣省行政長官公署時期：1945.10.25~1947.4.22，之後建立省政府）

台灣地政接管計畫草案（ n.d.）（引自何鳳嬌編，1995：395~398）

第九條：接管後對敵人佔有的林地，官有、公有、社會的，一律收歸公有。 私人有的，照前條乙項辦理。

署法字第 36 號 (1945.11.3) ---（引自林佳陵，2000：34）

查本省自戰後日起，對於以前日本佔領時代之法令，凡壓榨台民，及抵觸三民主義與民國法令者，均經明令予以廢止，<u>其未經廢止部分，作用在維護社會安寧秩序，確係人民權益及純屬事物性質者，暫仍然有效</u>。

署產字第 21 號 (1946.6.15) ---（引自何鳳嬌編，1995：333）

…統限於七月三十一日前，檢同業權憑證，及一切有關文件，<u>逕向本省日產處理委員會申請處理，逾期不收受</u>…

署法字第 36283 號 （1946.10.24）---（引自林佳陵，2000：34）

前日本佔領時代之法令除<u>附表所列暫緩廢止之外</u>，其餘均自 1946 年 10 月 25 日起，悉予廢止，今後公私有關行為，均以中華民國及本省現行法令為依據…現行法令未規定….暫依慣例處理。

註：關於"「蕃地」之律令，「蕃地」取締規則"未列表中，故已廢止。附表含「森林計畫事業規程」、「森林計畫事業施業案檢定規程」、「國有財產法」等，暫緩廢止。作為「台灣省各縣山地保留地管理辦法」的基礎。

台灣省土地權利清理辦法(1947.11.28)（引自林佳陵，2000：35）

第八條：經前台灣總督府依據土地調查及林野調查清理之結果歸公有之

　　土地概不發還。（註：包含要存置林野及準要存置林野，既原住民保留地）

台灣省各縣山地保留地管理辦法草案 （引自林佳陵，2004：174）

（民國 36 年參陸卯東民？字第 28368 號）代電林務局後附本(草案)及(日政府時代保留地辦法)(此草案原只有十九條，1948.1.5 公布施行成三十條)

- 第一條：台灣省行政長官公署（以下簡稱本署）為安定山地人民生活，發展山地經濟，並確保山地人民之利益，特訂定各縣山地保留地管理辦法，除澎湖縣外，凡本省各縣山地保留地之管理，適用本辦法。
- 第二條：本辦法所稱山地保留地，指日治時代，依森林計畫事業規程之實施，為維護山地人民生計及推行山地行政所保留的土地而言。前項保留地係屬國有。
- 第十八條：山地保留地應挨山地人民移住平地完成或計口授（？）田工作完成時解除。

（註：保留地制度待原住民移住平地並採定耕農業之後予以廢止，而廢止的方式是如何分配土地權利，則未加以說明。）

台灣省各縣山地保留地管理辦法（引自傅寶玉等編輯，1998：849）

依據台灣省政府令　1948.1.5 參柒子微府密法字第 1032 號

- 第 1 條：臺灣省政府（以下簡稱本府）為安定山地人民生活、發展山地經濟起見，特訂定本辦法。
- 第 2 條：本辦法所稱山地保留地，系指日治時代因維護山地人民生計及推行山地行政[1]所保留之國有土地及其地上產物而言。

---

[1] 國家「山地行政」的政策核心，既向前延伸自日治時期的「理蕃」政策、向後發展為國治時期的山地平地化與社會融合等同化政策。國治之後的原住民保留地制度的基礎是參考日治的「蕃人所要地」之調查，也就是日治「理蕃」政策下「森林計畫事業」所發展的「高砂族保留地」制度。山地人民生計在日治時期是依據舊慣使用傳統土地，而到 1966 年政府才採用公有荒地招墾、清查、丈量、登記的分配程序，私有化公有保留地，開放企業租用開發，「照顧」原住民生計。

- 第 28 條：山地保留地應挨山地人民生活改善，及有自營生活能力時解除之。

　　由這些法令的整理，可以看出原住民耕作的山林原野被歸屬國有及原住民只有使用權沒有所有權的政策，是從國家統治權力進入原住民族土地就已經作這樣的規劃，不管是日本殖民政府還是中華民國政府都是如此。日治時期的「官有林野及樟腦製造取締規則」第一條與國治時期的「台灣省土地權利清理辦法」第八條，都提供政府否定原住民族土地權利的基礎。保留地制度明顯是對原住民族土地資源的殖民統治之延續，也必須由殖民歷史脈絡觀察原住民族在國家地位的變動，而不因「制度相依」或「因現狀而中立」，而視之為理所當然的存在。

　　原住民保留地的設置其實是日本殖民統制時，政府為了國有化山林「蕃地」及提供日本母國企業開發臺灣山林資源而作的準備工作。法令的基礎都是依據行政命令，直到 1986 年「山坡地保育利用條例」第 37 條的訂定而提供保留地管理新法源，但原住民族土地權利的法治規範還是不足，也無法改變殖民政府統治及剝削原住民使用山林土地的事實。若由上述法令歷史脈絡及保留地設置歷史背景可察覺：保留地的設置是沿自「森林計畫事業」，可以說是日本殖民政府統治遺留下來的原住民行政管理制度。實際上存在聯合國原住民權利宣言第 28 條的「未經原住民事先自由知情同意而沒收、拿走、佔用」的問題。新制度經濟學要如何來分析這些政府在政權轉變及殖民地開發政策對於原住民族土地權利的損害，其分析評估的立足點是需要再加省思的。

附錄二、現有原住民土地管理法規對個人化放領之規定

　　第四章介紹我國現有原住民族土地管理法令，既原住民保留地制度
與開發管理辦法。在圖 4-2(圖示現有管理辦法申請設定保留地權利的時
間與勞動條件概念)、表 4-2(政府現行法令規畫原住民申請保留地權利
的分類與制度安排)、表 4-3(國家承認原住民族土地權後的原住民族土
地權利分類與制度安排)也做了整理。本附錄將相關法令條列出來以資
對照參考。

　　原住民申請取得公有土地的辦法有兩種：一種是屬於原住民保留地
範圍，採用開發管理辦法，以及分配的規則；一種是屬於公有範圍，以
公有土地增編為原住民保留地方式使原住民取得土地權益。其中，在申
請增編保留地條件中承認政府公部門有排除原墾耕原住民佔有傳統土
地的情形，並可依此提出(歸還)申請，是比較明顯的差異。相對來說，
公有土地有原住民被強制排除使用之傳統土地被剝奪的歷史，而公有保
留地也會有相似的情況發生，然並沒有明確地相對處理方法。以本研究
實際參考案例來說，原住民爭取傳統土地有些屬於公有土地，有些屬於
公有保留地，原住民保留地也有發生類是公部門有排除佔有的情形而成
為公有保留地，但是這樣的剝奪原住民土地權利歷史會被管理執行機關
所否認。

　　在現有原住民族爭取傳統土地歸還的法令規範上，因為維持殖民時
期「蕃地國有」的概念與「制度相依」的理論，還是只有「分配模式」，
沒有原基法「回復」或《宣言》「歸還」的概念；就算有充分的佐證資
料證明有公產管理機關強制排除使用傳統土地的情況，還是必須公產管
理機關的同意，才有通過分配之申請。以下節錄規定內容中，筆者在規
範的重點加註底線。

壹、原住民保留地開發管理辦法：

　　以下節錄管理辦法中，申請資格、審查流程、文字證據等規定。其
中保留地土地使用者除了原住民的分配申請、公私營企業機關的租用；
鄉鎮市公所也有進行公共造產的土地使用的角色。所以，鄉鎮市公所在

保留地有潛在土地使用者與審查申請的重身分。

第八條：（農牧用地之保留地耕作權申請資格，第二項爲公有荒地招墾與分配）

原住民保留地合於下列情形之一者，原住民得會同中央主管機關向當地登記機關申請設定耕作權登記：

一、本辦法施行前由原住民開墾完竣並自行耕作之土地。

二、由政府配與該原住民依區域計畫法編定爲農牧用地、養殖用地或依都市計畫法劃定爲農業區、保護區並供農作、養殖或畜牧使用之土地[2]。

第九條：（林業用地之保留地地上權申請資格，第二項爲公有荒地招墾與分配）

原住民保留地合於下列情形之一者，原住民得會同中央主管機關向當地登記機關申請設定地上權登記：

一、本辦法施行前已由該原住民租用造林，並已完成造林之土地。

二、該原住民具有造林能力，由政府配與依區域計畫法編定爲林業用地或依都市計畫法劃定爲保護區並供造林使用之土地。

第十二條：（建築用地之保留地地上權申請，第二項採公有荒地招墾與分配資格）

原住民於原住民保留地內得就原有自住房屋基地申請設定地上權，其面積以建築物及其附屬設施實際使用者爲準。

爲適應居住需要，原住民並得就依法得爲建築使用之原住民保留地申請設定地上權。

前二項土地面積合計每戶不得超過零點一公頃。

第一項及第二項之地上權，應由原住民會同中央主管機關向當地登記機關申請設定地上權登記。

---

[2] 第8、9、12條第二項都有同樣的條件「由政府配與」以及「依區域計畫法編定」。所以，原住民必須要在政府規劃完成並提出「分配計畫」之後，原住民才有申請之事實條件。

第十七條：（保留地採用私人所有權制度的西方財產權理論：定耕勞動）

依本辦法取得之耕作權或地上權登記後繼續自行經營或自用滿五年，經查明屬實者，由中央主管機關會同耕作權人或地上權人，向當地登記機關申請辦理所有權移轉登記。

前項土地，於辦理所有權移轉登記前，因實施都市計畫或非都市土地變更編定使用土地類別時，仍得辦理所有權移轉登記與原耕作權人或地上權人。

第二十條：（申請分配的優先順序，與該土地有歷史淵源者優先）

依本辦法收回之原住民保留地，得由鄉（鎮、市、區）公所公告三十日後，按下列順序辦理改配與轄區內之原住民：

一、原受配面積不足，且與該土地具有傳統淵源關係者[3]。

二、尚未受配者。

三、原受配土地面積較少者。

原住民有違法轉讓、轉租原住民保留地者，不得申請受配。

第二十二條：（鄉公所除了保留地管理之執行機關，同時是公共造產的公益使用者角色）

政府因公共造產或指定之特定用途需用公有原住民保留地時，得由需地機關擬訂用地計畫，申請該管鄉（鎮、市、區）公所提經原住民保留地土地權利審查委員會擬具審查意見並報請上級主管機關核定後，辦

---

[3] 依據本辦法第二十條的分配優先順序的規劃，與該土地有歷史傳統淵源關係者，因為地籍薄冊的會勘調查的條件而遺漏登載，也將只能依據申請分配的方式爭取傳統土地權利，就算曾經被公產管理機關排除佔用或拒絕登載，也必須要等待管理保留地的執行機關確定沒有使用該土地公共造產的需要，而願意提送「分配計畫」，與該土地有歷史淵源的原住民才可以申請原住民族土地權利。而當其它蓄意爭取相同土地的原住民產生申請範圍重疊的情況，執行機關站在「中立」的原則，等待所有申請相同土地的原住民協商確定之後，才會受理申請案件的審查。所以，原住民申請與歷史淵源的傳統土地之權利，是在層層的限制條件的同意與協商，才可以主張。

理撥用。但公共造產用地，以轄有原住民保留地之鄉（鎮、市、區）公所需用者為限；農業試驗實習用地，以農業試驗實習機關或學校需用者為限。

　　前項原住民保留地經辦理撥用後，有國有財產法第三十九條各款情事之一者，中央主管機關應即通知財政部國有財產局層報行政院撤銷撥用。原住民保留地撤銷撥用後，應移交中央主管機關接管。

貳、公有土地增劃編原住民保留地審查作業規範

　　以下節錄作業規範中，申請資格、審查流程、文字證據等規定。

三、申請資格：（註：有兩項，其第二項承認政府公部門有排除佔有的情形）

　　第一項：原住民於民國 77 年 2 月 1 日前即使用其祖先遺留且目前仍繼續使用之公有土地，得於自公布實施之日起至民國 100 年 12 月 31 日止，申請增編或劃編原住民保留地。

　　第二項：第一項土地使用因下列情形之一而中斷者，亦得增編為原住民保留地 ：

　　1.經公產管理機關提起訴訟或以其他方式排除使用。

　　2.因不可抗力或天然災害等因素，致使用中斷。

　　3.經公產管理機關排除占有，現況有地上物或居住之設施。

　　4.因土地使用人之糾紛而有中斷情形，經釐清糾紛。

　　5.77 年 2 月 1 日以後經公產管理機關終止租約。

四、鄉（鎮、市）公所應於受理申請後一個月內，會同公有土地管理機關、申請人及有關機關辦理現地會勘及審查。

　　增編原住民保留地作業項目如下：

　　（一）公告及宣導。

　　（二）受理原住民申報。

　　（三）鄉〈鎮、市〉公所調查。

　　（四）洽商公有土地管理機關同意。[4]

---

[4] 增劃編保留地是否得以取得公有土地管理機關之同意，乃原住民得以申請增劃編土地而「分配」取得土地權利的實際關卡，既與保留地為「蕃地國有」而發展出管理機關同意之審查要件是相同的背景。在實際作業規範來說，公有土地管理機關如果有土地使用的需要，會拒絕增劃編保留地的申請，而管理機關的拒絕不會因為有申請人與該土地有歷史之淵源或是被公產果裡機

（五）外圍境界勘定及劃入山坡地範圍。

（六）林班地解除及林木調查。

（七）地籍整理。

（八）土地可利用限度查定。

（九）非都市土地分區編定。

（十）土地利用現況調查。

（十一）土地分配。

（十二）輔導原住民取得土地權利。

五、原住民申請增編或劃編原住民保留地，應檢具下列文件，...

（五）使用證明 1 份。

1. 屬農業使用者，其使用證明為下列文件之一：

（1）土地四鄰任一使用人出具之證明。

（2）其他足資證明其使用事實之文件。

2. 屬居住使用者，其使用證明為民國 77 年 2 月 1 日前之下列資料之一：

（1）曾於該建物設籍之戶籍謄本。

（2）門牌編訂證明。

（3）繳納房屋稅憑證或稅籍證明。

（4）繳納水費證明。

（5）其他足資證明之證明文件。

關排除使用的歷史事件，而被申請之原住民推翻，此既事實調查之法政策的擬制。所以，原住民申請與自己有歷史淵源的傳統土地，還是在公有管理機關放棄該管理土地之公共使用的利益之下，原住民才得以申請土地權利的主張。

附錄三、國家原住民保留地制度「時效取得」分配傳統土地權利之法律解釋

　　原住民保留地開發管理辦法在民國 36 年的草案第二條可以確認保留地制度乃日治「理蕃」政策下的「森林計畫事業」的延續，實際上是殖民統治時期為母國經濟發展而掠奪原住民族土地的目的，甚至此行政命令一直沒有相關的法源依據。直到增定山坡地保育利用條例第 37 條，開發管理辦法才在形式上完備了此行政命令的法源基礎，**並掩飾「森林事業計畫」的殖民脈絡背景的違憲爭議或合法化此殖民過程。**

　　我國土地財產權在憲法第 143 條設計是採用西方財產權理論為基礎的私人所有權制，對於原住民族土地權的概念是不存在，所以必須藉由以下「蕃地國有」與公有荒地招墾之創設法律解釋，來分配傳統土地給原住民。民法第 765 條及土地法第 10 條既落實了私有財產權保障。但在民法第 758 條及土地法第 43 條的登記主義，則否定了在土地總登記之前的原住民族土地權利。所以，原住民族土地權利必須回到民法第770 條及土地法第 126 條公有荒地招墾並土地法第 133 條依法登記完成開墾者之「時效取得所有權登記」的條文。其中，土地法第 54 條是人民「和平繼續占有之土地」的土地主張請求權利，無關於公有荒地招墾的登記限制，本條比較符合原住民世居開墾固有傳統土地權利與原基法的事實；而管理辦法的設計引用土地法第 133 條，是基於殖民歷史脈絡之「蕃地國有」而由政府主導公有荒地的招墾，必須依法招墾並登記，既管理辦法第八條的耕作權申請與管理辦法第 20 條的分配執行。**(以上引用的法令整理在下表時，會加上表格灰色網底作為標示)**

憲法 (民國 95 年 06 月 14 日 修正)	
第 15 條	人民之生存權、工作權及財產權，應予保障。
第 143 條	中華民國領土內之土地屬於國民全體。人民依法取得之土地所有權，應受法律之保障與限制。私有土地應照價納稅，政府並得照價收買。 附著於土地之礦及經濟上可供公眾利用之天然

	力，屬於國家所有，不因人民取得土地所有權而受影響。 　　土地價值非因施以<u>勞力資本</u>而增加者，應由國家徵收土地增值稅，歸人民共享之。 　　國家對於土地之分配與整理，應以<u>扶植自耕農及自行使用土地人為原則</u>，並規定其適當經營之面積。
第 145 條	國家對於<u>私人財富及私營事業</u>，認為有妨害國計民生之平衡發展者，應以法律限制之。 　　合作事業應受國家之獎勵與扶助。 　　國民生產事業及對外貿易，應受國家之獎勵、指導及保護。

憲法增修條文 (民國 94 年 06 月 10 日 修正公布)	
第十條	第十一項 　　國家肯定多元文化，並積極維護發展原住民族語言及文化。 註：1994 年引入「原住民」，1997 年引入「原住民族」並修訂在第九條。 第十二項 　　國家應依民族意願，保障原住民族之地位及政治參與，並對其教育文化、交通水利、衛生醫療、經濟土地及社會福利事業予以保障扶助並促其發展，其辦法另以法律定之。對於澎湖、金門及馬祖地區人民亦同。

民法 (民國 97 年 05 月 23 日 修正)	
<u>第 757 條</u>	<u>　　物權除依法律或習慣外，不得創設。</u>（98.01.23 修正，總說明指出修正本條原因：為避免物權法定主義過度僵化，妨害社會之發展，將習慣列入物權法定主義規範之列。） 　　（物權法定主義原條文：「<u>物權，除本法</u>或其他法律有規定外，不得創設</u>」。）

	註：對原住民族來說，其務權上的習慣為何？哪些成為法院法官判決依據？是另一項型成習慣規範的過程。也許與傳統習慣有關、也許與現代社會結合，但至少可以強化 2004 年原基法第 23、30 條依據民族習慣的實踐，似乎給了新的解釋空間。但還欠缺習慣法文字化、協商共識、生活落實的過程。
第 758 條	不動產物權，依法律行為而取得設定、喪失、及變更者，非經登記，不生效力。
第 765 條	所有人，於法令限制之範圍內，得自由使用、收益、處分其所有物，並排除他人之干涉。 註：定義所有權的一束權利，包含排他的權利。
第 769 條	以所有之意思，二十年間和平繼續占有他人未登記之不動產者，得請求登記為所有人。
第 770 條	以所有之意思，十年間和平繼續占有他人未登記之不動產，而其占有之始為善意並無過失者，得請求登記為所有人。（註：時效取得）
第 802 條	以所有之意思，占有無主之動產者，取得其所有權。 註：動產以先佔取得所有權，土地法第 10 條指出未依法取得所有權的不動產、土地，屬於國有。

土地法 (民國 95 年 06 月 14 日 修正)	
第 10 條	中華民國領域內之土地，屬於中華民國人民全體，其經人民依法取得所有權者，為私有土地。 私有土地所有權消滅者，為國有土地。 註：無主之不動產屬於國有。民法 802 對無主物的先佔之標的只限於動產。土地必須依法和平佔有登記，才得申請所有權。
第 38 條	辦理土地登記前，應先辦地籍測量，其已依法辦理地籍測量之地方，應即依本法規定辦理土地總登記。 前項土地總登記，謂於一定期間內就直轄市或縣(市) 土地之全部為土地登記。
第 43 條	依本法所為之登記，有絕對效力。 註：此規範不動產登記之絕對權利，亦屬於法律保護動/交易的安全規定，乃民法第 758 條登記主義在土地法之落實。
第 54 條	和平繼續占有之土地，依民法第七百六十九條或第

	七百七十條之規定(佔有事實)，<u>得請求登記爲所有人</u><u>者</u>，應於登記期限內，經土地四鄰證明，聲請爲土地所有權之登記。
第 57 條	逾登記期限無人聲請登記之土地或經聲請而逾限未補繳證明文件者，其土地視爲**無主土地**，由該管直轄市或縣 (市) 地政機關公告之，公告期滿，無人提出異議，即爲**國有土地**之登記。
第 60 條	合法占有土地人，未於登記期限內聲請登記，亦未於公告期間內提出異議者，喪失其占有之權利。 註：此規範完成不動產登記之時效限制。
第 80 條	土地使用，謂施以勞力資本爲土地之利用。
第 126 條	**公有荒地**適合耕地使用者，除政府保留使用者外，由該管直轄市或縣 (市) 地政機關會同主管農林機關劃定墾區，規定墾地單位，定期**招墾**。
第 133 條	<u>承墾人</u>自<u>墾竣之日起</u>，無償取得所領墾地之耕作權，應即依法向該管直轄市或縣 (市) 地政機關聲請爲耕作權之<u>登記</u>。但<u>繼續耕作滿十年者</u>，無償取得土地所有權。 　前項耕作權不得轉讓。但繼承或贈與於得爲繼承之人，不在此限。 　第一項墾竣土地，得由該管直轄市或縣 (市) 政府酌予免納土地稅二年至八年。
<u>第 222 條</u>	<u>徵收土地，由中央地政機關核准之。</u> 註：公務機關預使用人民私有土地財產，必須經過法定徵收土地的程序。但在原住民保留地還沒有依法測量登記之前，約 1970年代之前，並不需要經過徵收的程序就可以剝奪原住民傳統土地權利。
<u>第 236 條</u>	徵收土地應給予之<u>補償地價、補償費及遷移費</u>，由該管直轄市或縣 (市)地政機關規定之。 　前項補償地價補償費及遷移費，均由需用土地人負擔，並繳交該管直轄市或縣 (市) 地政機關轉發之。

山坡地保育利用條例
(民國 95 年 06 月 14 日修正版本，1986 年修正版本加入第 37 條)
第 37 條 　　山坡地範圍內山地保留地，<u>輔導原住民開發並取得耕作權、地上權或承租權</u>。其耕作權、地上權繼續經營滿五年者，無償取得土地所有權，<u>除政府指定之特定用途外，如有移轉，以原住民為限</u>；其開發管理辦法，由行政院定之。

森林法 (民國 93 年 01 月 20 日　修正)	
第 1 條	為保育森林資源，發揮**森林公益**及**經濟效用**，制定本法。
第 3 條	森林係指林地及其群生竹、木之總稱。依其所有權之歸屬，分為國有林、公有林及私有林。 森林以國有為原則。
第 5 條	林業之管理經營，應以**國土保安長遠利益**為主要目標。
第 6 條	荒山、荒地之宜於造林者，由中央主管機關商請中央地政主管機關編為林業用地，並公告之。 　　**經編為林業用地之土地，不得供其他用途之使用。**但經徵得直轄市、縣 (市) 主管機關同意，報請中央主管機關會同中央地政主管機關核准者，不在此限。 　　前項土地為原住民土地者，除依前項辦理外，並應會同中央原住民族主管機關核准。 　　土地在未編定使用地之類別前，依其他法令適用林業用地管制者，準用第二項之規定。

森林法施行細則 (民國 95 年 03 月 1 日　修正)
註：本法對原住民傳統土地(獵場與傳統領域)成為國有林地而國有化，其實也呼應了日治時期的森林事業計劃。而本論文主要在保留地

制度，故本法暫不討論。	
第 2 條	森林所有權及所有權以外之森林權利，除依法登記為公有或私有者外，**概屬國有**。
第 3 條	本法第三條第一項所稱林地，範圍如下： 一、依非都市土地使用管制規則第三條規定編定為林業用地及非都市土地使用管制規則第七條規定適用林業用地管制之土地。 二、非都市土地範圍內**未劃定使用分區**及都市計畫保護區、風景區、農業區內，經該直轄市、縣(市)主管機關**認定為林地之土地**。 ……
第 4 條	本法第三條第一項所稱國有林、公有林及私有林之定義如下： 一、國有林，指屬於國家所有及國家領域內**無主之森林**。 二、公有林，指依法登記為直轄市、縣 (市)、鄉(鎮、市)或公法人所有之森林。 三、私有林，指依法登記為自然人或私法人所有之森林。

原住民保留地開發管理辦法 (民國 96 年 04 月 25 日 修正)	
第一條	本辦法依山坡地保育利用條例第三十七條規定訂定之。
第三條	本辦法所稱原住民保留地，指為保障原住民生計，推行原住民行政所保留之原有山地保留地及經依規定劃編，增編供原住民使用之保留地。
第六條	原住民保留地所在之鄉（鎮、市、區）公所應設原住民保留地土地權利審查委員會，掌理下列事項： 一、原住民保留地土地權利糾紛之調查及調處事項。

	二、原住民保留地土地分配、收回、所有權移轉、無償使用或機關學校使用申請案件之<u>審查</u>事項。 三、原住民保留地<u>改配土地補償</u>之<u>協議</u>事項。 四、申請租用原住民保留地之<u>審查</u>事項。
第七條	中央主管機關應會同有關機關輔導原住民設定原住民保留地之耕作權、地上權及取得承租權、所有權。
<u>第8條</u>	原住民保留地合於下列情形之一者，原住民得會同中央主管機關向當地登記機關申請設定耕作權登記： 一、本辦法<u>施行前</u>由原住民<u>開墾完竣</u>並<u>自行耕作</u>之土地。 二、<u>由政府配與</u>該原住民依區域計畫法編定為農牧用地、養殖用地或依都市計畫法劃定為農業區、保護區並供農作、養殖或畜牧使用之土地。
<u>第9條</u>	原住民保留地合於下列情形之一者，原住民得會同中央主管機關向當地登記機關申請設定地上權登記： 一、本辦法<u>施行前</u>已由該原住民<u>租用</u>造林，<u>並已完成造林</u>之土地。 二、該原住民具有造林能力，<u>由政府配與</u>依區域計畫法編定為林業用地或依都市計畫法劃定為保護區並供造林使用之土地。
第10條	原住民依前二條規定申請設定耕作權或地上權，其面積應以申請時戶內之原住民人口數合併計算，每人最高限額如下： 一、依第八條設定耕作權之土地，每人一公頃。 二、依前條設定地上權之土地，每人一點五公頃。 　前項耕作權與地上權用地兼用者，應合併比例

	計算面積。 　　依前二項設定之土地權利面積，不因申請後分戶及各戶人口之增減而變更；其**每戶面積合計不得超過二十公頃**。但基於地形限制，得爲百分之十以內之增加。
第 12 條	原住民於原住民保留地內得就<u>原有自住房屋基地</u>申請設定地上權，其面積以建築物及其附屬設施實際使用者爲準。 　　爲適應居住需要，原住民並得就依法得爲建築使用之原住民保留地申請設定地上權。 　　前二項土地面積合計每戶不得超過零點一公頃。 　　第一項及第二項之地上權，應由原住民會同中央主管機關向當地登記機關申請設定地上權登記。
<u>第 17 條</u>	依本辦法取得之耕作權或地上權登記<u>後繼續自行經營或自用滿五年</u>，經查明屬實者，由中央主管機關會同耕作權人或地上權人，向當地登記機關申請辦理所有權移轉登記。 　　前項土地，於辦理所有權移轉登記前，因實施都市計畫或非都市土地變更編定使用土地類別時，仍得辦理所有權移轉登記與原耕作權人或地上權人。 <small>註：1995 年修法時，本辦法規定由參考民法第 770 條十年的和平佔用之持續耕作期限改爲五年。所以，之後山坡地保育條例第 37 條時限也由十年改爲五年。</small>
第 20 條	依本辦法收回之原住民保留地，得由鄉（鎮、市、區）公所公告三十日後，按下列順序辦理改配與轄區內之原住民： 一、原受配面積不足，<u>且與該土地具有傳統淵源關係者</u>[5]。

---

[5] 依據本辦法第二十條的分配優先順序的規劃，與該土地有歷史傳統淵源關係者，因爲地籍簿冊的會勘調查的條件而遺漏登載，也將只能依據申請分配的

	二、<u>尚未受配者</u>。 三、原受配土地面積較少者。 　　原住民有違法轉讓、轉租原住民保留地者，不得申請受配。
第 22 條	政府因<u>公共造產</u>或指定之特定用途需用公有原住民保留地時，得由需地機關擬訂用地計畫，申請該管鄉（鎮、市、區）公所提經原住民保留地土地權利審查委員會擬具審查意見並報請上級主管機關核定後，辦理撥用。但公共造產用地，以<u>轄有原住民保留地之鄉（鎮、市、區）公所</u>需用者為限；農業試驗實習用地，以農業試驗實習機關或學校需用者為限。 　　前項原住民保留地經辦理撥用後，有國有財產法第三十九條各款情事之一者，中央主管機關應即通知財政部國有財產局層報行政院撤銷撥用。原住民保留地撤銷撥用後，應移交中央主管機關接管。

方式爭取傳統土地權利，就算曾經被公產管理機關排除佔用或拒絕登載，也必須要等待管理保留地的執行機關確定沒有使用該土地公共造產的需要，而願意提送「分配計畫」，與該土地有歷史淵源的原住民才可以申請原住民族土地權利。而當其它蓄意爭取相同土地的原住民產生申請範圍重疊的情況，執行機關站在「中立」的原則，等待所有申請相同土地的原住民協商確定之後，才會受理申請案件的審查。所以，原住民申請與歷史淵源的傳統土地之權利，是在層層的限制條件的同意與協商，才可以主張。

附錄四：原住民族土地權利與「原住民族基本法」主要相關條文

　　「原住民族基本法」以下整裡條文之中，其實可以呼應民法物權篇第 757 條：「<u>物權</u>，除本法或其他法律有規定外，不得創設。」其中，「原住民族基本法」第 20 條已經規範政府要承認「原住民族土地及自然資源權利」，而土地與自然資原屬於物權項目之權利客體，也就間接承認民法第 757 條賦予原住民族土地與自然資源之財產權利的「其他法律有規定」之空間。

　　只是這樣的原住民族土地與自然資源之財產權利，要如何解釋其屬性、依據與內容，則需要藉由原基法第 23、30 條之規範來進一步澄清。而政府承認之原住民族土地與自然資源權利是在「原住民族選擇生活方式、習慣、社會經濟組織型態、資源利用方式、土地擁有利用與管理模式」之原住民（人民）基本權利。而且必須依據第 21、22 條之原住民族政治參與原則，以及第 30 條法律程序保障原則落實。故，原基法已經給定了國家主權內之原住民族財產權的修法方向與解釋空間。如果對於原住民族財產權進行法定物權劃之內容有進一步的解釋需要，可以參佐 2007 年聯合國通過的《原住民族權利宣言》，或國外的原住民族土地制度改革發展與現況。

原住民族基本法 (2005 年 02 月 05 日公布)	
第 2 條	本法用詞定義如下： 五、<u>原住民族土地</u>：係指<u>原住民族傳統領域土地及既有原住民保留地</u>。
第 20 條	**政府承認原住民族土地及自然資源權利。** 政府為辦理原住民族土地之調查及處理，**應設置原住民族土地調查及處理委員會**；其組織及相關事務，另以法律定之。 原住民族或原住民所有、使用之土地、海域，其<u>回復、取得、處分、計畫、管理及利用</u>等事項，另以<u>法律</u>

	定之。 註：本研究稱此為承認原則，既原註民土地權利主體的確認。
第 21 條	政府或私人於原住民族土地內從事土地開發、資源利用、生態保育及學術研究，<u>應諮詢並取得原住民族同意或參與，原住民得分享相關利益</u>。 　　政府或法令限制原住民族利用原住民族之土地及自然資源時，<u>應與原住民族或原住民諮商，並取得其同意</u>。 　　前二項營利所得，應提撥一定比例納入原住民族綜合發展基金，作為回饋或補償經費。 註：本研究稱此為政治參與原則，表現原住民族對族群議題的自決權。
第 22 條	政府於原住民族地區劃設國家公園、國家級風景特定區、林業區、生態保育區、遊樂區及其他資源治理機關時，<u>應徵得當地原住民族同意，並與原住民族建立</u><u>共同管理機制</u>：其辦法，由中央目的事業主管機關會同中央原住民族主管機關定之。 註：本研究稱此為政治參與原則，表現原住民族對族群議題的自決權。
第 23 條	政府應尊重原住民族<u>選擇生活方式、習俗、服飾、社會經濟組織型態、資源利用方式、土地擁有利用與管理模式之權利</u>。 註：本研究稱此為尊重原則，既確認原住民族集體權利的背景與範圍。
第 29 條	政府為保障原住民族尊嚴及基本人權，應於國家人權法案增訂原住民族人權保障專章。
第 30 條	政府<u>處理原住民族事務、制定法律或實施司法與行政救濟程序</u>、公證、調解、仲裁或類似程序，<u>應尊重原住民族之族語、傳統習俗、文化及價值觀，保障其合法權益</u>，原住民有不諳國語者，應由通曉其族語之人為傳譯。

	政府爲保障原住民族之司法權益，得設置<u>原住民族法院或法庭</u>。 註：本研究稱此為<u>法制原則</u>，既確認民族法學概念與國家法律體系 　　內部處理原住民族族群議題的「原住民族法律體系」的建制。
第 32 條	政府除因立即而明顯危險外，不得**強行將原住民遷出其土地區域**。
第 34 條	主管機關應於**本法施行後三年內**，依本法之原則修正、制定或廢止相關法令。

附錄五：節錄「司馬庫斯櫸木事件」之判決書6主要理由 內容

　　以下節錄，2010年2月9日臺灣高等法院刑事判決98年度上更(一)字第565號之判決書理由內容。理由內如包含違反森林法被告對於自己族群對傳統領域的自然資源使用的概念，並否認犯罪。法院也邀請部落長老詢問「司馬庫 斯部落生活方式」。邀請原住民族生態研究學者林益仁作證，詢問「本案櫸木倒下後經林務局噴漆、蓋鋼印處理後，依部落習慣，這是否列為禁忌不得採取？」，而其詢問的是禁忌，而不是詢問是否違反森林法。也參考行政院原住民族委員會委託國立台灣大學人類學系進行調查研究報告「原住民族傳統習慣之調查、整理及評估納入現行法制第二期委託研究──泰雅族、太魯閣族」一書，更指出慣習法（*gaga*）及主宰賞罰之祖靈（*rutux*）的敬畏，人人都會遵守規定的概念。筆者在節錄內容的上述重點加註<u>底線</u>。

　　這些審判理由陳述法院正視原基法第23條有關尊重原則：「選擇生活方式、習俗、社會經濟組織型態、資源利用方式、土地擁有利用與管理模式之權利」。而法官引用這些被告族群在傳統領域範圍內的傳統習慣的審理基礎，在於原基法第20條的承認原則：「政府承認原住民族土地及自然資源權利」。雖然，行政院農業委員會林務局宣稱「前因相關法律尚未制定，現階段無法依....訂定原住民族依生活慣俗採取原住民族傳統領域土地內森林產物之管理規則」。但法院對於行政機關、立法機關的怠惰、無法保障原住民族土地與自然資源權利，司法機關經過多次的判決才修正並正視原基法的原住民基本人權與集體權，不需要等待施行法律規範。也顯見原住民族需要行政機關與立法機關積極地完備原住民族法律體系，維護法治保障原住民基本人權與集體權的迫切需求。本研究節錄此判決書理由，做為比對現行管理機關依據管理辦法的行政裁量、台北高等行政法院判決書97年訴字第1668號之主要理由

6　自司法院判決書查詢系統，網址
　http://jirs.judicial.gov.tw/FJUD/FJUDQRY01_1.aspx

（圖 5-7）之參考。

四、訊據被告乙○○、丙○○、甲○○均堅詞否認上開犯行，辯稱：櫸木是順著土石流下來，不是我們砍伐的，我們認為可以帶回部落做為造景或雕刻，是很好的利用，出發點是為部落發展，這到底哪裡有錯？出自部落的想法，我們才去做，我們生活在這個領域不是十年、二十年，是百年、千年，我們尊重部落決定，帶回部落善加利用，活化利用，我們認為沒有錯；若將這些樹頭像一般變賣，就承認這樣的判決等語。經查：

(一)被告丙○○、甲○○、乙○○三人均為居住於新竹縣尖石鄉司馬庫斯部落之泰雅族原住民，有三人之戶籍謄本各一份在卷可稽（見本院卷第六０至六二頁）。

(二)被告丙○○於警詢時供稱：因為司馬庫斯部落正在發展觀光 事業中，須美化環境，所以將櫸木搬回作為原住民傳統雕刻 藝術造景之用。我是在九十四年九月中旬時，就發現上述的 　櫸木因颱風豪雨已倒在路旁中。…我完全是基於為司馬庫斯 部落環境美化，供遊客觀賞用，為部落盡自己的一份心力等語（見偵卷第六頁）；其於偵查時稱：被林務局告，我們部落的心情很不滿意，因為颱風時我們搶修，我們老一輩的人開會，九十四年十月十四日早上派我們去做這些事，我們去的時候，樹身已經不見了，只剩樹頭，所以我們就把樹頭鋸一鋸，拿回去的路上就碰到警察等語（見偵卷第四二頁）。

(三)被告甲○○於警詢稱：櫸木是颱風過後，被土石流沖到路中 間埋起來，因修路就發現櫸木，將櫸木挖起來放置路旁。…該五支櫸木先前由林務局竹東站噴漆及現場編號。我們載運櫸木是用在部落造景及雕刻用，以美化社區景觀，沒有買賣關係等語（見偵卷第九、一０頁）；其於偵查中稱：木頭原本是在路中，因颱風垮下來，我們花了二天時間把它挖出來，先放在路邊，想說部落要用的，好的部分林務局都拿去了，我們就把剩下的比較細的、比較不好的，後來搬到部落，這是部落叫我們去的，也不是我們自己要用的等語（見偵卷第四二頁）。

(四)被告乙○○於警詢時供稱：我在國有林大溪事業區八一林班往司馬
　　庫斯路旁搬運系爭櫸木，該櫸木先前均由林務局竹東工作站噴紅色
　　漆記號及現場編號。…在今年九月中旬颱風來　　襲時，造成司馬
　　庫斯道路不通。經部落決議自行搶修。搶修中發現被土石掩埋之扳
　　倒櫸木一棵，先行移至路旁，待道路搶修後，於今日前述時間至該
　　處載運櫸木時，發現櫸木樹身已不在現場，所以將該樹幹及樹根載
　　運至部落廣場，作為造景雕刻用，絕無載往山下變賣圖利等語（見
　　偵卷第一三、一　四頁）；其於偵查時稱：過去我們搶修道路時，
　　都有樹倒在路上，這次我們就有想說要先把路修好，在開挖時，看
　　到樹　倒在路中間，我們丙○○總幹事開怪手，一邊挖一邊把樹弄
　　到旁邊，他看到這個樹木可以用在部落造景，可是沒有當場就帶到
　　部落，是後來九十四年十月十四日才搬的，我要說的是，那棵樹是
　　我們搬到路邊的，林務局不聲不響的就把最好的部分拿走，也沒有
　　先知會我們部落，當我們知道樹身最好的部分被取走時，我們部落
　　都心理不太平衡，畢竟是我們耗費部落的柴油將樹木挖出，後來部
　　落會議叫我們去把剩下的　樹幹拿回去，結果在路上就遇到警察等
　　語（見偵卷第四二頁）。

(五)證人馬賽穌隆（教會長老）於本院前審證稱：（問：司馬庫　斯部
　　落生活方式？）部落推動共同經營發展，以一個社區為團體生活模
　　式，互相照應。以前祖先就要我們有福同享、有難同當，要堅持關
　　懷互助，因此有共同經營。部落有基督教信仰，因此以基督教會、
　　部落發展協會為架構，底下有十一個部，如教育部、農業部等。決
　　策是會員制，以部落會員來表決，部落再決策。九十四年九月一次
　　颱風，部落前方道路做清理工作時，在前方十幾公里處發現倒木，
　　部落決議倒木作造景，因此開會如何搬運倒木作造景。我有參加該
　　次會議。該次部落決議將倒木載到部落，部落的人發現樹幹已經被
　　載走，因此將剩餘部分載回。…九月中旬在司馬庫斯決議。…颱風
　　後三天到清理現場，木頭已經堆在路邊。中間開會時間有多次，但
　　是櫸木載到部落時，已經離颱風一個多月等語（見上訴卷第八四至
　　八五頁）。

(六)系爭櫸木發現地點係在新竹縣尖石鄉玉峰村大溪事業局八一　林班
地旁道路座標Ｘ280934、Ｙ0000000　處　，位於泰雅族馬里光群
（Mrgwang　或　Maliqwan）<u>傳統領域範圍內</u>，有行政院原住民族委
員會九十六年七月十一日原民字第０九六００二九五二七號函暨
所附新竹縣尖石鄉原住民族傳統領域調查成果圖一份可稽（見上訴
卷第四三、四六頁）。又新竹縣尖石　鄉屬於泰雅族馬里光群者，
包括錦屏村、新樂村、玉峰村，而司馬庫斯部落屬於玉峰村，亦有
行政院原住民族委員會九　十六年八月二十七日原民地字第０九六
００三八九九六號函可佐（見上訴卷第九二頁）。

(七)告訴代理人余智賢於警詢稱：系爭櫸木是我們竹東工作站大溪事業
區八一林班地所有的（生長）台灣櫸木共計五支，先　前均由本竹
東工作站噴紅漆烙鋼印。該整棵櫸木因為今年受多次颱風侵襲，土
石崩塌連帶整棵櫸木倒在路邊，經我們竹東工作站人員於九十四年
十月七日雇用大型機具（吊車）搬運（秀巒檢查所登記在案），因
樹根盤根結土主根部分深埋土裡無法搬運，將一部份載運回竹東等
語（見偵卷第一六、一七頁）；其於偵查時陳述：<u>紅漆是做記號，
鋼印表示林務局有處理過等語</u>（見偵卷第九０頁）。

(八)<u>證人林益仁於本院前審證稱：我專長於原住民傳統生活知識傳統領
域，最近參與國家原民政策、釐定。</u>對台灣魯凱族、泰雅族特別有
研究。司馬庫斯部落是屬於泰雅族「馬里光」這群，他們是<u>集體共
同經營生活方式</u>。就是不分個人收入、所有收入為共同集體所有。
這種生活方式基本上還是順著祖　先方式。他們對於林木、動植物
自然資源利用態度，是關於　傳統文化規範，也是泰雅族法律。司
馬庫斯部落決議將倒木作為雕刻造景之用與泰雅族習慣吻合。…他
們運回倒木並沒有違反部落法律。<u>（問：本案櫸木倒下後經林務局
噴漆、蓋鋼印處理後，依部落習慣，這是否列為禁忌不得採取？）
據我所知部落沒有這種樹木經國家噴漆不得採取的禁忌。這應該是
國家法律禁止。</u>部落禁忌比如聖地、及對某些動植物使用，如不得
獵捕熊等語（見上訴卷第八六頁正反面）。

(九)<u>行政院原住民族委員會委託國立台灣大學人類學系進行調查研究</u>

　　報告「原住民族傳統習慣之調查、整理及評估納入現行法制第二期委託研究—泰雅族、太魯閣族」一書中指出：近百年來，泰雅族森林動植物資源的使用觀念沒有太大的變化，其核心概念一直是部落公有的領地範圍內，動植物資源可由部落成員共享，其他部落不會越界取用，彼此也會互相尊重。 由於對慣習法（gaga）及主宰賞罰之祖靈（rutux）的敬畏，人人都會遵守規定。…從傳統泰雅族對於山林資源的利用，可知野生植物不屬於任何個人所有，大家均可採用，這是一種分享的概念。也可說在泰雅族的慣習上對於山中的資源是採取一種開放的財產態度，採集果實、搬運木料等行為是被允許可自由利用的等語（詳該書第二二０、二二一頁，見證物袋內上證八處）。

(十)行政院農業委員會林務局就本院函詢：「在中央主管機關尚 未會同中央原住民族主管機關依森林法第十五條第四項規定，訂定管理規則之前，關於原住民族在傳統領域土地，依其 生活慣俗需要，採取森林產物時，如何管理？有無明文適用 或準用國有林產物處分規則之命令？」函覆結果：「…二、九十三年一月二十日森林法修正增訂第十五條第四項之立法意旨，係尊重原住民文化，使原住民族得在原住民族傳統領域土地內採取森林產物，以維繫其生活慣俗。法文稱『原住民族傳統領域土地』，要在生活慣俗之實踐，恆在傳統領域土地範圍，且各族（甚至各群）間對於各自之傳統領域均有不同之淵源，自應以此為實施範圍，惟依據原住民族基本法第二十條規定，傳統領域土地須以法律予以規範界定，前因相關法律尚未制定，現階段無法依森林法第十五條第四項末段訂定原住民族依生活慣俗採取原住民族傳統領域土地內森林產物之管理規則。三、另，行政院農業委員會與原住民族委員會，為因應新竹縣尖石鄉玉峰村及秀巒村原住民族依生活慣俗需要，申請採取森林產物之相關事項，曾於九十六年十月十八日會銜令訂定『新竹縣尖石鄉玉峰村及秀巒村原住民族採取森林產物作業要點』，惟當地原住民族部落對於前揭要點中傳統生活慣俗所需使用森林產物之種類、採取管理方式等事項仍有意見，本局雖經與當地部落之意見領袖多次溝

通，仍未獲共識，致迄今尚無執行案例。四、綜上所述，原住民族傳統領域土地『依其生活慣俗需要』採取森林產物乙事，依法尚難踐行，亦無明文適用或準用『國有林林產物處分規則』之命令。」，有行政院農業委員會林務局九十九年一月十九日林造字第０九九一七四００六一號函可參（見本院卷第二二－一、二二－二頁）。......

(十二)按基於民族平等及多元文化的發展、延續，原住民基本法第二十條第一項規定：「政府承認原住民族土地及自然資源權利。」、第十九條規定：「原住民得在原住民族地區依法從事下列非營利行為：...二、採集野生植物及菌類。...前項各款，以傳統文化、祭儀或自用為限。」及森林法第十五條第四項前段規定：「森林位於原住民族傳統領域土地者，原住民族得依其生活慣俗需要，採取森林產物」。是依上揭規定，足見政府承認原住民族土地及自然資源權利，並尊重原住民族之傳統文化及生活慣俗。再依上開國立台灣大學人類學系所進行調查研究報告指出，在泰雅族的慣習上對於山中的資源是採取一種開放的財產態度，採集果實、搬運木料等行為是被允許可自由利用的；又證人林益仁亦證稱司馬庫斯部落決議將倒木作為雕刻造景之用與泰雅族習慣吻合。準此，足徵被告三人依司馬庫斯部落決議，於九十四年十月十四日，在泰雅族馬里光群傳統領域範圍內，欲將上開櫸木殘餘部 分運回部落，以作為部落造景美化景觀之用，係合於上開政 府承認原住民族土地及自然資源權利，並尊重原住民族之傳 統文化及生活慣俗之立法意旨。再參酌振興經濟擴大公共建設特別條例（即俗稱「擴大內需方案」）第四條第一項第五款規定「能提升文化生活環境品質」者，亦屬擴大公共建設投資計畫範圍，則被告三人將系爭櫸木殘餘部分搬回以美化部落景觀，係屬能提升原住民文化生活環境品質，則與國家財政資源分配使用之目的，不相違背。又森林法之立法目的，係為保育森林資源，發揮森林公益及經濟效用；而系爭櫸 木係因颱風來襲被土石流沖到路中，造成司馬庫斯部落聯外道路不通，該部落為搶修道路，先將該櫸木挖出移至路旁， 嗣林務局竹東工作站人員先將該櫸木樹幹部分運

走，被告三人方依司馬庫斯部落決議，欲將櫸木殘餘部分運回部落以美化部落景觀，是被告三人之行為，並未破壞森林自然資源，且欲發揮該櫸木之公益及經濟效用，是被告三人之行為，並未違反森林法之立法目的。依據慎刑原則，唯具有社會倫理非難性的不法行為，始有動用刑法手段之必要；然如上所述，被告三人之行為，既符合原住民族之傳統文化及生活慣俗；且與國家財政資源分配使用之目的，不相違背；又未違反森林法之立法目的，是被告三人之行為，並不具有社會倫理非難性。從而，系爭櫸木雖經林務局竹東工作站人員先將樹幹運走，再將殘餘部分噴紅漆烙鋼印，惟被告三人係基於部落傳統文化及生活慣俗，遵循司馬庫斯部落決議，欲將上開櫸木殘餘部分運回部落，以作為部落造景美化景觀之用，渠等主觀上並未具有不法所有之意圖。是被告三人之行為與森林法第五十二條第一項第四款之竊取森林產物之要件有間；而被告三人之行為，既不構成竊取森林產物之罪，該櫸木殘餘部分自非屬贓物，則被告三人自亦不構成森林法第五十二條第一項第六款之為搬運贓物而使用車輛之罪。是被告三人被訴之犯罪事實，要屬不能證明。

(十三)至森林法第十五條第四項後段規定：原住民族依其生活慣俗需要，在原住民族傳統領域土地，採取森林產物，其採取之區域、種類、時期、無償、有償及其他應遵行事項之管理規則，由中央主管機關會同中央原住民族主管機關定之；惟依行政院農業委員會林務局上述函覆可知，迄今中央主管機關尚未會同中央原住民族主管機關訂定管理規則，致使原住民族依其生活慣俗需要，如何在原住民族傳統領域土地採取森林產物，並無明文程序可遵循。又森林法第十五條第三項所規定「國有林林產物之種類、處分方式與條件、林產物採取、搬運、轉讓、繳費及其他應遵行事項之處分規則，由中央主管機關定之。」乃關於採取「國有林林產物」之一般規定。而同法條第四項所規定「森林位於原住民族傳統領域土地者，原住民族得依其生活慣俗需要，採取森林產物，其採取之區域、種類、時期、無償、有償及其他應遵行事項之管

理規則，由中央主管機關會同中央原住民族主管機關定之。」則為對於「位於原住民族傳統領域土地，採取森林產物」之　特別規定。兩者所規範之範圍，並非同一。亦即第三項所稱之「處分規則」，與第四項所稱之「管理規則」，應分別訂定；行政院農業委員會林務局亦函覆，現無明文適用或準用「國有林林產物處分規則」之命令。從而，被告三人上揭行為，自不適用或準用國有林林產物處分規則，須向管理機關「專案申請」核准之規定；但亦不能因上開管理規則尚未訂定即遽認被告三人之行為應科以森林法之罪責。另林益仁於本院前審雖證稱：根據伊對原住民部落之研究經驗，很多撿拾流木被判刑，這些案件部落都知道，也有討論，再根據伊和部落的人接觸，他們知道即使觸法還是會撿拾，因為這是根據部落法律，他們也知道被林務局查獲會觸法等語（見上訴字卷第八七頁）；惟撿拾流木通常係供己用；與本件被告三人係依司馬庫斯部落決議，將上開櫸木殘餘部分運回部落，以作為部落造景美化景觀之用，兩者間主觀上之目的不同；且打撈漂流木，係屬森林法第十五條第三項規定之範疇，而依國有林林產物處分規則第十四條第一項第十二款規定，須專案核准；此與本案應適用森林法第十五條第四項之規定不同。是尚難因原住民族知悉撿拾流木會被判刑，即推論本件被告三人於搬運系爭櫸木時具有不法所有之意圖，併予敘明。

五、原審失察，遽為被告三人有罪之判決，自有未合。被告三人以否認犯行為由上訴，指摘原審判決不當，請求撤銷改判，為有理由，自應由本院撤銷原審判決，另為被告三人無罪之諭知。

附錄六：訪談大綱與訪談同意書

一、個人基本資料。（受訪者姓名、年齡、族群、出生與遷徙、工作經驗、家庭）

二、家族成員工作與經濟狀況、土地使用狀況。（有無原住民保留地、保留地類型、土地開發營收與家庭經濟的依靠）

第一部份：對自己族群傳統土地使用習慣的認知及其經驗

1. 介紹在國家土地法規施行之前自己族群的傳統土地使用習慣。（傳統土地規範：開墾、休耕、租借、調解、權利概念，休耕土地的規畫，是游耕嗎？）
2. 傳統社會的土地使用與傳統文化關係。（土地的規範在「社會互惠」的價值觀、以及由休耕與重分配介紹大自然生態平衡關係，傳統信仰與土地間的關係）
3. 在國家統治之前，族人對於部落土地是否存在權利概念或「部落領土」的概念？你對歷史上自己族群與外族或日本發生戰役的看法。

第二部份：國家建立現代原住民土地制度的運作與效果

1. 國家 60 年代放領原住民土地法令的宣導與經驗，及執行成效與結果？
2. 在民國 60 年代，國家測量、登記、放領土地後，你與長輩認為該土地放領是國家賦予的權利？還是本來就是自己傳統土地？（是分配？還是歸還？）
3. 原基法『原住民族土地權利』是保留地放領？還是傳統土地權利？（原住民族土地權利的切入觀點？原住民族人的概念發生轉變的脈絡？）

第三部份：原住民土地糾紛與制度變遷

1. 在現在原住民土地制度中，你是否知道保留地土地糾紛的案例？而制度中，原住民土地糾紛如何調解？鄉公所及鄉土審會是否發揮功能？

2. 你對國家規定「原住民傳統領域及保留地原來是屬於國有土地」的看法？

3. 在現行原住民土地制度中，你覺得：法律制度（管理辦法、增劃編）與組織機關（鄉公所及鄉土審會）有需要改善的問題？

4. 你覺得：國家在原住民土地上的機關，如國家公園，林務局，都市計畫，河川局...對於原住民的保障，符合原住民生活或發展需要嗎？

第四部份：原住民土地制度的反思

1. 你覺得：國家的原住民土地制度、原住民族傳統土地制度，兩種主要差別？如果原基法承認「原住民族土地權利」，法令制度規劃如何整合兩者？

2. 聯合國原住民權利宣言認為原住民族土地權利需要「歸還」。台灣原住民族屬於《宣言》指的原住民族嗎？你覺得：原基法中「承認原住民族土地權利」要如何落實，才符合原住民族發展的需要？

第五部份：綜合討論

1. 原住民族傳統土地制度有必要保存嗎？傳統土地制度的文化與知識有助於族群永續發展嗎？原住民族需要學習什麼現代土地管理技術才可以永續發展嗎？

2. 如果政府承認「原住民族土地權利」且尊重「傳統習慣」，並建立土地管理制度。你覺得：政府要如何承認與尊重？須要先研究各個族群土地使用習慣及傳統文化，建立族群土地使用的知識體系嗎？

3. 如果政府真地尊重「原住民土地權利」，你覺得：原住民族社會內部該如何面對這樣的權利？有哪些需要自己反省的地方嗎？

4. （提出本研究整理國外政府保障原住民土地權利的政策及制度、「原住民族土地及海域法草案」）你覺得哪些可以作為國內參考？

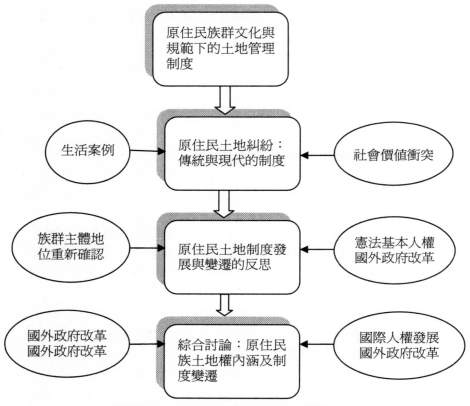

附錄圖 A：訪談大綱之問題意識的結構圖。

訪談同意書

您好：

　　我是邱寶琳，目前就讀國立東華大學民族發展所，為探究國家原住民族土地制度變遷與原住民族土地權的落實，誠摯邀請您參與並接受訪問，訪談的所有內容都將保密並僅作學術之用。

　　另外，為使訪談內容不失真，在徵求您的同意之下，我將在訪談過程中全程錄音及隨時紀錄，錄音資料將進行編碼，在研究的論述中，會尊重您的決定保留或刪除（採匿名代號的方式來作為您的身份、訪談內容以保密原則）所有足以辨識您身份的資料，以確保您的隱私與意願，所有記錄或錄音，將在研究完成後予以銷毀□，提供備份□，或提供研究論文電子檔□。

　　在研究過程中，您可以隨時拒絕不願回答的問題，且有權利要求退出此項研究工作。如果您願意參與本研究，請閱讀並於後附的同意表上簽名，您的協助對本研究將有非常大的貢獻，在此向您敬上十二萬分的謝意。

　　我同意參與「**原住民族土地權利研究：以花蓮太魯閣族為例**」的研究。我瞭解所有的回答將被保密（或公開），而我也可以隨時自訪談中退出。

受訪者簽名：

日　　期：民國_____年 _____月 _____日　星期___
　　　個人資料　□同意　□不同意　公開　（匿名 _____　）

訪問者簽名：

日　　期：民國_____年 _____月 _____日　星期___

附錄七：主要報導人之訪談整理

　　本研究的報導人分為兩個階段，首先是比這在初步了解太魯閣族傳統土地制度與社會文化、傳統信仰關係之時的訪談，這部分並成為筆者投稿 2009 年 5 月原住民族知識體系研討會的內容。而此階段的報導人資料如下：

附錄表 A、第一波主要報導人（年齡：a：80 歲以上；b：70 歲以上；c：50 歲以上；d：35 歲以上；）

編號	報導人	年齡	性別	個人介紹
1	A1	a	男	住加灣，退休牧師，有日本殖民經驗，太魯閣族文化工作者
2	A2	b	男	住富世，退休牧師，太魯閣族文化工作者，家族傳統土地在大禮部落
3	A3	a	女	住富世，有日本殖民經驗，在土地總登記之前其原墾土地被台電強佔之經驗
4	A4	b	男	住富世，退休牧師，太魯閣族文化工作者，家族傳統土地在大同部落
5	A5	c	男	住富世，現任牧師，太魯閣族文化工作者
6	A6	a	女	住崇德，太魯閣族祭司，有日本殖民經驗。目前還維持傳統醫療的服務
8	A8	a	男	住富世，基督徒，有日本殖民經驗，協助 A3 為土地被台電強佔案件作口述記錄
9	A9	c	男	住佳民，早年國小老師，擔任過鄉長
10	A10	c	男	住文蘭，太魯閣族文化工作者，參與過土地總登記的丈量工作，曾與族人交換土地

註：訪談時間都集中在 2008 年 12 月～2009 年 4 月。

　　本研究在第二階段，對於原住民族土地制度與國家原住民土地制度的競合，以附錄五之訪談大綱再次進行相關的訪談紀錄，而整理如下的報導人個人資料與訪談紀錄。

附錄表 B、第二波主要報導人（年齡：a：80 歲以上：b：70 歲以上：c：50 歲
以上：c：35 歲以上：）

編號	報導人	年齡	性別	個人介紹
1	B1	a	男	70 歲上的耆老住富世，退休牧師，太魯閣族文化工作者，家族傳統土地在大禮部落（原 A2）
2	B2	b	女	70 歲上的耆老住富世，有日本殖民經驗，在土地總登記之前其原墾土地被台電強佔之經驗 （原 A3）
3	B3	c	男	50~60 歲上下的族人 住富世，現任牧師，太魯閣族文化工作者（原 A5）
4	B4	c	男	50~60 歲上下的族人 住富世，國小校長
5	B5	d	男	35~49 歲上下的族人 富世部落青年 警察
6	B6	d	男	35~49 歲上下的族人 有旅外工作經驗的青年建築業
7	B7	d	男	35~49 歲上下的族人 鄉公所保留地承辦員
8	B8	c	男	50~60 歲上下的族人 曾經擔任鄉土審會委員
9	B9	b	男	70 歲上的耆老住大同，有日本殖民經驗，有傳統土地使用習慣的耕作經驗

註：訪談時間都集中在 2010 年 3 月~2010 年 6 月。

富世部落耆老 A3/B2 訪談紀錄

報導人：**A3/B2** 女士 　(註：過去經歷使用中的傳統土地被剝奪、並爭取主張土地
　　權利)

訪談時間：990402 PM3:00-5:00； 　990508 PM4:00~6:00；
　　　　　 990514 AM9:00~10:30

一、個人基本資料。（受訪者姓名、年齡、族群、出生與遷徙、工作經驗、家庭）

　　民國 12 年出生，87 歲。太魯閣族，家族原先居住在砂卡礑溪上游
(kluhux)，在日據時期因為日本警察要求小孩要到大同部落的學校念
書，並容易管理深山內部原住民家族，故家族也逐漸項大同部落遷移。
我的工作以務農為主，並養殖少許豬隻。

二、家族成員工作與經濟狀況、土地使用狀況。（有無原住民保留地、保留地性質、土地開發營收與家庭經濟的依靠、貸款情況、土地分配的情況與政策看法）

　　擁有保留地，有水田、旱地、林地。大多是先生祖傳土地、用豬隻
等買來的土地。我的身體就像是土地，小孩子的教育、家庭的開支，都
是由土地種植的收穫所供養的。

第一部份：對自己族群傳統土地使用習慣的認知及其經驗

1. 介紹在國家土地法規施行之前自己族群的傳統土地使用習慣。（土地的 gaya 規範：開墾、休耕、租借、調解、權利概念、utux 與土地 gaya 之間的關係）

　　太魯閣族在山上的開墾耕作的時間是三月種植小米、陸稻、豆子、
玉米等主食並且兼種地瓜、芋頭等，七月主食收穫後而地瓜芋頭持續保
留在土地上到 11 月。小米等主食將成熟的結穗與梗摘取之後曬乾並拿
到庫房儲存；芋頭則挖出來放到通風陰涼的山洞儲存並且需要翻動避
免；地瓜則不會全部挖出來保存，而是留在土地中，當需要的時候到田
裡挖，因為挖出來地瓜無法放久。其中，豆子只在休耕後的第一年種植。
到隔年一、二月的時候將土地重新整理，三月再次重新撥種。如此週期

三年，土地將因地力衰弱而休耕三年，帶雜草樹木長到適當的養分且亦於整理之後，也就是稱爲土地老了，則重新開始耕作前的準備。

重新整理休耕土地是在 10、11 月，將雜草與小樹木砍倒之後，隔一個月或放到明年的一、二月在將乾草整理、燒成灰、作肥料。在作初步整理，三月才開始撥種。既休耕後第一年的種植周期。之前，族人不會將雜草的根完全拔除，因爲會在種植主食的同時兼種植地瓜，而地瓜藤會將雜草覆蓋並減輕除草的工作量。但後來才開始將雜草連根拔除。

太魯閣族的土地是分爲耕地與獵場。耕地是誰的家族的名字(藉由父子連明確認)，就是誰的(ne naku、ne nima)，但沒有所謂權利的現代字眼，用的是管理(kmdawa)的字眼。而且在過去沒有所謂土地糾紛的衝突發生，因爲有 gaya，規範族人不可以隨便侵犯他人的土地。

太魯閣族土地的 gaya 是這樣，族人開墾新土地不可能會侵犯他人耕地、休耕地是最基本的 gaya，也就是先尋找到新耕地的族人在確定邊界之後，既擁有該土地，部落族人都承認那土地是他的名字。其他族人從他人所有的土地邊經過必須詢問與同意並禁止任意通過，土地的邊界在共同的約定下會設立邊界石頭，而不可以任意移動。任意通過、侵占或移動邊界石塊都被嚴格禁止，因爲有 utux 再看，祂會逞罰違背 gaya 的人，甚至會將這個罪影響到數代子孫。另外，如果有人侵犯別人地土地，是會被攻擊的。

當發生土地屬於誰的衝突時，家族長輩是很重要的角色。比如回家之後，將事情告知長輩，由長輩將土地應該歷年使用的事實確認，並依據 gaya 確認自己的家人是否有做錯事情，如果家長認爲錯在我的家人，會要求趕快認錯。土地衝突的雙方自己就會知道該如何做了。沒有做錯的一方，就確認沒有錯就可以了，但社會是認同他有攻擊做錯事的對方家庭的牲畜、房子(不包含人)。所以，做錯事的人要趕快進行認錯悔改地調解過程，我們稱爲 *mesahow sinaw*，也就是做錯事的一方會帶酒到被侵犯土地的一方，說自己的過失與道歉，並倒兩杯酒，戶飲，並說(之前的不愉快)到此爲止。被侵犯的一方也就會把內心的不愉快放掉，回復原先正常的互動。

太魯閣族的概念是這樣的，土地的歸屬是與家族長輩的名稱相符

的，部落都會知道哪一塊地是由誰開墾、誰在耕作、轉換給誰、給誰租借使用，這是事實的真相。但是，我們不會一直強調什麼權利的問題，我們會說土地是 utux 賜予（借給）我們努力工作的人，而我們只是管理（mgdawa）這一個土地。而族人如果會違背這真相而侵犯他人土地，會被認為這一個人很貪心、自大(psrabang)，違背 gaya，並被族人唾棄、被 utux 懲罰。

2. 傳統社會的土地使用與傳統文化關係。（土地的 gaya 規範在「社會互惠」的價值觀、以及由休耕與重分配介紹大自然生態平衡關係）

　　傳統土地的管理、使用是有 gaya 的。家族長輩在分配土地給成家且有小孫子的男孩的時候，會告誡將分家的孩子要管理(kndawa)好土地。土地是家的根(busu)，不可以任意買賣土地。並用土地的生產好好造顧家庭與子女。土地的安排是由家長決定，男孩不可以有任何意見，並且不可以侵犯其他兄弟所分配到的土地。如果兄弟之間有需要借用，也要依據租借的 gaya 進行。最重要的一句話還是，"ki bi utux."(小心有 utux 在看)。土地是有看顧的 utux 的，一般人不會任意給別人使用，甚至連穿越經過都會被罵。有時候會到很小氣的情況。除非經過長時間的交往(建立社會關係)。像我父親跟我先生的關係，也是這樣，剛開始我們遷移到大同部落的時候，我與我先生不認識，只是覺得他很小氣，他有很多父母留下來的土地，也不會主動跟這些遷移過來的人直接主動表示可以借用，有一次我觀察到他打獵回家，會蓄意避開我家回去。但是我父親看他是很認真、勤奮的人，故喜歡他而將我嫁給他。

　　老人家以前對土地是這樣，你依據家庭的需要，包含男孩成家獨立的土地，依據 gaya 努力認真開墾，但不要浪費、不要貪心、不要損壞。對於遷徙的族人也要施捨，靠自己的勞動耕作收穫，照顧家人及孩子。有 utux 在看。你遵守 gaya，utux 會豐富你的生活需要。

3. 你個人認為：在國家統治之前，族人對於部落土地是否擁有特殊的權利或「部落領土」的概念？你對歷史上自己族群與外族或日本發生戰役的看法。

　　太魯閣族土地的 gaya 是認為，耕地是哪一個老人家的名字就是誰的，部落有共同使用的獵場，別的部落不可以隨便進入，也是有名字的。

部落族人會認同部落地土地是部落族人的概念，侵犯的情況認爲有 pais 敵人、壞人要來搶土地，一般是會抵抗的。當日本來的時候老一輩的人會集體防衛自己地土地，並說 pais 要來吃人*(meqan　seejiq)*，我聽長輩有不少日本軍人被部落族人設的陷阱所殺害，後來是姬望老太太出面告訴族人日本有先進的武器，要保留部落族人的命脈，使得外太魯閣的反抗變得比較少。

　　老一輩的 Truku 對於國家這個東西沒有什麼概念，只知道打輸了而有一群敵人（*pais*）要來吃（*mqan*）我們，原先我們抵抗是擔心這些敵人會拿走我們的東西，我們的 gaya 告訴我們要抵抗。但是，我們爲了生存，只能被管理（*kmdawa*）。我們是認爲他們所說的管理是他們 sdmai 到我們這裡（請進來作客的意思，經過我們部落且受招待，像招待朋友進來座的概念）。

　　我個人覺的國家進來的時候，日本是尊重我們的 gaya，還是可以依據傳統規範使用土地，並且管理我們、給我們新的教育及建設。如果國家是帶來好的發展，我就接受；但是，如果是帶來不好的，就不能。但是，中華民國就不行了，會改變 gaya，族人可以騙人，任意侵犯別人土地。

第二部份：國家建立現代原住民土地制度的運作與效果
1. 介紹國家過去放領原住民土地的宣導與經驗，及執行成效與結果？

　　日本時候有登記家族的名字，也知道哪一些人是住在哪裡，所以，並且是依照 gaya 管理，土地是誰的可以很清楚的判斷。日本警察會問(smidin)清楚這一些，並問當地老人有關當事人的家族遷移狀況，就可以依據 gaya 判斷誰在說謊，並且處罰破壞 gaya 且侵犯土地的人。但是當時沒有進行測量、登記，沒有土地的號碼給我們。

　　中華民國的時候，才有測量以及拿到土地權狀。當時宣傳是說，土地是誰耕作的、登記名字、使用五年之後，土地就是你的了。這樣管理是很好的，但是跟日本不一樣的是沒有問(smidin)，讓土地的借用、偷用的人可以成爲使用者，登記土地名字。沒有詢問產生了兩個問題，一個是測量的人沒有實際地來問土地真正的名字是誰的，就登記了。另一個問題是自己族人會偷偷登記別人的土地，破壞 gaya。

　　國家測量、登記土地、並且給土地號碼以及權狀,是很好的。這就是我的土地,不會亂。但問題在來調查的人沒有詢問過老人家,那個土地到底是誰的以及我們 gaya 是怎樣規定的。

2. 在國家土地放領後,你與長輩認為該土地是國家賦予的權利?還是本來就是自己的土地?

　　太魯閣族的土地管理習慣是有土地是誰的名字的概念,任何人都不可以任意侵犯。侵犯會發生打鬥的情況。但是,國家來了之後,土地要經過測量、登記、紅單、五年耕作、取得權狀,這的確是國家給予的土地。如果土地因此被別人或國家強占,我跟他講以前土地的歷史,並且希望他(還)給我。但是他不給的話,怎樣就怎樣了*(kiya do, kiya da.)*,因為有 utux 在看。偷拿別人土地的人是很貪心、很自大的,他們的後代都不太好。

　　就像我們在爭取的土地(註:既秀林鄉富世村舊台電電廠宿舍案),現在很多貪心、自大而拿很多土地的人,utux 在看。我們已經整理很多資料、講很多話。鄉長是我們的頭,到現在看都不看,也不來問我們一聲。如果是日本警察,他們會來詢問的那個土地的名字根源(*busu haqan rudan*)。現在,很多人在想那塊地,她也就不看真相是什麼。我是現在還活著的老人、台電從我手上強走我在上面踏(註:*qmkah dxgal*,表示腳踏在土地上,意旨耕作)的土地,我曾經求他們不要砍我種的(果)樹,他們還是砍了並且用鐵絲網圍起來不讓我們耕作,那是我親身的經歷,鄉長、管理土地的都應該來問才對。他們只有在選舉的時候來看我們並且說拜託我們,他們應該要幫我們解決問題,還是以前的 Sibu(註:前省議員陳學益先生,本地人,做過老師、鄉長、縣議員、省議員,已過世)比較好,他過世前還說要幫我們爭取的。沒有關係,她說我們沒有在這土地耕作過、是台電先使用這土地,我已經講了,utux 在看,將來怎麼樣就怎麼樣了*(kiya do, kiya da.)*,看著吧(*kdai ha.*)。

　　學習國家使用(土地權狀)登記名字的方式管理是好的、適當的。但有一個比較不好的規定,就是調查登記的時候說,是誰在使用、就繼續使用、並且給你使用、登記給你。這就不好了。Truku 有關土地的 gaya 是依據家族長輩的名字,這土地是誰開墾並繼承給哪一個小孩的名字,

這就是他的土地。現在土地權利也是一樣，不是嗎？上面也是登記名字，誰的名字就是誰的土地，也是依據長輩的名字繼承給小孩子的，不是也一樣嗎？現在的土地登記制度只有一個很大的差異：如果，這一塊土地(依據傳統土地規範)是我的名字，但後來可能土地借給親友、或是被機關佔用，就說誰在使用土地就登記誰的名字。這就完全做錯了。就是要詢問(*smidin*)土地的真正原始開墾者(*busu rudan*)才行。要查明詢問才好；不管到何時，沒有詢問而強占土地，都不會好。

　　從我的角度來看，兩個土地規範最大的差別就是沒有詢問(smidin)。兩套 gaya 制度在打架，但我覺得兩個都很好。(你所謂的好是指什麼？)就是不會混亂，可以很清楚繼承土地的過程(*mgrudus busu rudan*)，由過世長輩、上一輩、到小孩子名字的過程。現在的土地管理也是這樣啊。但是我們土地在登記名字的時候就是就發生這一個問題，沒有詢問土地是誰的名字，就給使用土地的人登記，就混亂了這個土地是誰的規則，也讓自己的族人有可以偷別人土地(名字) 並登記的漏洞。沒有詢問之下，現在說登記誰的名字就是誰在使用的土地、依據這一個 gaya 土地給了誰，就這樣了，沒有辦法再談(*blnngow*)。只有這就是不好的，*mlawa*(玩、亂) da。

　　比如，我自己的例子：……(不適合公開)

2. 你對國家規定「原住民傳統領域及保留地是屬於國有土地」的看法？ 現在國家法律又要政府承認原住民族土地與自然資源權利，要尊重傳統土地習俗，你的看法呢？

　　(你知道為什麼國家派人來登記土地名字的時候，沒有詢問？)我也是經過爭取自己土地的經驗之後，才感覺到國家認為，我們 truku 自己依據 gaya 開墾耕作的土地，在國家登記土地名字之前，其實我們耕作的這土地並不是我們的，是國家的，並且是國家「借給」我們使用(*gnsiyuh*)的意思。國家登記土地的意思表示國家將土地給了我們，並不是因為我們依據 gaya 開墾耕作自己土地(的名字)。所以，才會混亂、而且隨便了，使人很容易衝突(*rmudau ida seejiq*)，族人會想去依據現代規則偷佔族人土地，且族人之間會記得(*msqu lnglung*)誰強佔了我們祖先的土地，並且將這一個(想法、仇恨)放在心理。

　　(所以，有兩個 gaya，而國家說土地權利是他的，你相信嗎？)對的，土地是上帝(utux barraw)所創造的，現在的情況是，國家才是權力根源，也(有責任)要好好管理土地，不要毀壞，而我們 truku 也是，只是管理土地，要我們好好使用土地，不要賣土地、不要毀壞。從太魯閣族遷移的過程，我們老人會找到一塊平地、作為自己管理土地，也不是很清楚 utux 在哪裡，知道有 gaya、utux。我們要依據 gaya 好好使用土地。只有一個問題，國家說使用土地就登記名字，沒有先詢問真正土地(名字)的根源，所以會混亂。如果是需要給後來借用者成為使用者、並登記他的名字的時候，應該要先講好，也就是談好要用什麼交換或是協議，就可以實際依據國家的 gaya 登記。不要認為當時土地在開墾的過程是隨便的，那是要經過流血流汗、辛勤工作，才有的土地。而且土地是 utux 所準備的，我們開墾的人只是依據 gaya 管理，而且是要好好的使用，也就是這土地的名字是我的，要好好照顧家裡以及小孩。所以，我們不會看輕土地的重要性。否則土地很容易取得，會看輕土地的重要、而不會好好管理使用土地。遵守 gaya 的才會好好的使用並且豐收，如果沒有，則 utux 會懲罰。而土地的名字是誰的就是誰的，且建立土地的邊界也是很重要的，不可以任意侵犯。土地是誰的(名字)這樣的概念在我們 truku 很早就有的，不是因為教會或是國家進來測量登記才有這樣的概念。

　　(現在，國家法律說政府承認原住民族權利，要尊重傳統土地習俗，你的看法呢？)已經被毀壞了。現在的生活只有依據國家的 gaya，已經毀壞了過去的。國家權力太大，我們太小了，沒有辦法。無法說什麼。那是完全錯誤的，但不太容易(改過來)。現在的 truku 也隨便、混亂、亂玩了。但是，國家不知道土地是有 utux 的、truku 是有 gaya 的；如果真的是這樣，那是好的，它要先學習、研究，問題只在沒有詢問土地權利的根源是哪一個家族老人的名字。但是，另外的問題是自己 truku，知道自己的 gaya 但是放棄不遵守，學習國家的 gaya，隨便申請土地、亂了權利、亂了 gaya，主要是自己變得貪心(psrabang)了，他們應該要覺得羞愧。*Ana ni ya.*(沒有關係)、我只有一句話，*Naso ungat utux da.*(不要以為沒有 utux)

　　(如果這樣，依據國家法律以及原住民族法律，會有兩個 gaya 與權利，你認為要如何處理？)現在，我們 truku 沒有權力去談什麼，因為國家才有在管理的權力；只有現在才這樣，日本警察會詢問、尊重 truku 的 gaya。如果真的這樣，國家知道 utux 以及 gaya，那會很好，這個國家才會和平。只有一件事情，就是要詢問老人家，到底以前土地的名字是誰的，到底 truku 的 gaya 是什麼？兩個(國家法律與傳統規範)需要對話(*brnaw*)，應該要接近，不是要分離。不同的地方要協商，尋找真正的(*balay*)，經過 *psbalay*，就會和好了。

　　(你認為要如何處理土地權利糾紛？)兩邊需要當面談，都不要自大(*smbaru*)貪心(*psrabang*)。如果好好談、尊重老人家、重視 gaya，我也不會全部拿走糾紛的土地，也會保留給他們，我自己不能夠貪心，他們也要到道謝；但是，如果他們還是在騙人，都還是很自大、不承認之前貪心需要道歉，損壞自己老人家的 gaya，我也會不高興，我就會背向他們，我就不想分給他們；如果拿不回來，國家的權力我們沒有辦法超過，我只能說，我們知道(rudan 的)名字還在、utux 也在，我們的心還在，Naso ungat utux da.(不要以為沒有 utux)，你們就好好的用吧。

第三部份：原住民土地糾紛與制度變遷

1. 在現在原住民土地制度中，你是否知道保留地土地糾紛的事情？而原住民土地糾紛如何調解？(土審會、鄉調解委員會、鄉民代表…)

　　我的經驗是這樣，在日本時候，我們會去找警察，日本警察會詢問，土地的名字與人的名字是否可以相連結，他也會問老人我們的 gaya。弄清之後，日本警察會嚴重的懲罰侵犯土地的族人，並且對土地的人很尊重，並要她們好好耕作、不要損壞。另外，警察希望以後有任何土地衝突，不要像以前沒有國家的時候，自己去攻擊侵犯的人，要我們相信他的管理。

　　但後來中華民國來測量登記之後，國家看輕 truku 的 gaya，自己 truku 也有貪心的族人申請別人沒有登記的土地。產生土地爭議(*bbgeluh*，有兩個人主張同樣一件東西的權利或名字)：土地是我的，但是為何登記為別人的名字？國家要來調查。

　　我去過鄉公所的調解委員會，但是沒有辦法進行協商，沒有辦法詢

問。只聽到拿到土地的那一方的說法，他們拎著土地權狀在那裏搖晃著，依據現在國家已經改變的 gaya，如果是你在使用就登記你的名字，已經登記名字的就被拿走了，沒有辦法再講了。他當著我的面說，這就是我的土地了，還要再來講什麼。那些協調委員的想法也是這樣，那實在沒有協商的功能。我那時哪裡有說話的能力。我那時心裡想著，好！你就好好的耕作吧，*Naso ungat utux da.*(不要以為沒有 utux)，你們就好好的用吧。當時參加協調會的過程實在不簡單，我的內心很像再次被撕裂一樣。那時候調解會也應該要給我跟我妹妹直接當面討論的機會，土地原來是誰的名字、是如何在耕作、是如何登記到誰的名字，他們委員應該也知道 truku 的 gaya，我們遷徙的過程也可以查的到，土地的名字應該如何連結。但是，他們沒有機會進行詢問。

　　鄉公所的部分，我們也曾經因為台電的土地權利去過鄉公所協調。當時是直接到鄉長那裏討論。我們到了之後，鄉長指著我們其中兩個比較積極爭取土地權利的兩個人，指著他們說「你們兩個就像(911 事件)開飛機去撞美國大樓的人一樣」。(是什麼意思？)很像我們是沒有知識的、恐怖分子、不懂現代 gaya 的人，而且我們很像變成來偷拿申請土地的人一樣。鄉長對於我們這一些老人家則比較客氣，他說「對於那一些老人家，我沒有話可以說，只希望妳們 kmkda na naq(自己去知道現在國家的法律)」

　　對於法院，我當時在那哩，法官的意思原來也是要我們好好跟鄉公所談，但是，鄉長或鄉公所從來沒有來跟我們談過，也沒有來詢問我們，到底台電當時是怎樣。陳情給鄉公所，也沒有針對問題回答或來詢問我這一個親身經歷台電的人。沒有關係、沒有關係，怎麼 utux 沒有在看一樣。只有這樣，只有 gaya 發生問題了。

　　(法院可以進行協調嗎？)這部分我就不知道了，必須要懂得法律的人才可以進行。我有問過平地人的律師，他也認為有 utux 的存在，但是國家的法律沒有辦法給我們權利的機會，我們(上法院)一定會輸。他建議我們要私底下好好談，也許有一天他們良心會發現。我也覺得只能這樣。

2. 你對『原住民族土地權利』的認知是什麼？（從傳統社會的土地管

理，進到國家原住民土地制度，有哪些切入觀點？原住民族人的概念是否發生轉變？）

還是像以前 truku rudan 的 gaya 一樣，我們不能夠「隨便」。他土地(的名字)就是他的、你的(土地名字)就是你的。不要侵犯 Ayus 邊界。Ayus ka busu balay.邊界是最根本的。在山上，開墾土地一定會有邊界，有了邊界，族人就不會任意侵犯。

(我想問的是政府說他承認「原住民族的土地權利」，你認為是什麼？)我這個不知道，就像他們說的一樣吧，這不是國家創造 gaya 之後，大概就是那樣了吧。我們就沒有力量了(我們就沒有表達的空間了)。但是，我的內心還是會有想法，沒有關係，你把土地給了其他人去管理，Naso ungat utux da.(不要以為沒有 utux)，就算我沒有辦法表達(主張)。我們就是沒有力量、被踩在腳下，就算被踩在腳下，我們還是會起來。(要如何起來呢？)現在我們沒有辦法表達，但是老人的話、老人的想法以及土地的名字都還在，如何起來我則不知道，只有 utux 知道，強占使用土地的人不會有好的日子，不論到何時，這些都是存在的話。(你認為什麼是「原住民族的土地權利」呢？)還是 kari rudan ka balay bi.。就算國家創造 gaya，還是會造成土地權利的衝突。

3. 在原住民土地制度中，你覺得：鄉公所及鄉土審會是否在糾紛處理上發揮功能，並保障原住民土地的權利？法律制度與組織機關有需要改善的問題？

能夠討論、協調是好的。但是，我們目前沒有辦法實際討論並且解決問題。我是很想告訴他們事實的經過，但是它門就說土地登記以及土地權狀在手上了，就是這樣了，他們堅持這樣，就無法真正的談了，我想講也就沒有機會說。這是什麼國家 gaya，要去找鄉長談，他都說歡迎又不出面，請他來直接跟我們談，他也沒有來。

以前很好，有村民大會，鄉長村長都會聽村民的問題、聽他們的話，甚至會來到家裡直接請教什麼問題、解決問題。現在有鄉民代表，調解委員會、土審會，但是都沒有辦法表達問題、解決問題、好好討論。有什麼用？沒有用啊。不知道這是怎麼情況。

第四部份：原住民土地制度的反思

1. 你覺得：國家的原住民土地制度、原住民族傳統土地制度，兩種主要差別？(如果原基法承認「原住民族土地權利」，)兩個 gaya 可以一起使用嗎？

　　國家現在的認為(土地)一直是我的，這樣能怎麼談？沒有辦法這樣(情況下)談。就像我之前說的，沒有關係，拿去啊，那些我們老人家的土地，你的工作也不會順利，經歷之後他們就會學習到了。不管到什麼時候。

　　國家承認必須要先相信老人說的話，有可能土地是哪一個原來土地的名字，然後調查、詢問、確認。如果國家沒有這樣的認識，哪裡有討論協商的機會，我們都是沒有權利的。我只能說，沒有關係、拿去、你會知道你及孩子的生活也會有問題。

　　兩個 gaya 最大的差別就是沒有詢問，如果有詢問，就不會有這些問題。如果國家珍的承認，就會發現拿去土地的人固然高興，被拿走土地的人會很傷心，那國家應該要派人來調查詢問，你為什麼難過？我就可以將我的故事告訴他們。但是，現在他們怎麼會來詢問呢？國家現在權力很大，這樣就這樣，giya do giya daha do.

　　我們沒有什麼話說了。就是好好的讓你們的孩子念書。

2. 聯合國原住民權利宣言認為原住民族土地權利需要「歸還」。你覺得：國家要如何作，才符合原住民族的需要？

　　這就看國家的心意、誠意了。國家在很早以前已經將土地拿走了。國家如果說我們很可憐，給我們土地，也是好的。就像我們老人所說的，人要有憐憫、幫忙的心(megaaluq，medayaw)，這是我們的 gaya。

　　如果說，國家相信有可能土地是老人家的土地，經過調查後歸還(benahorng ma)給他的家人，國家有這樣的心才好。(為什麼？)這土地本來就是我的啊。不管是國家可憐而分給我，或是歸還給我，最根本的問題就是要來詢問老人(smidin rudan)、調查事實(balay)，這才是根本(busu)。才不會亂了 gaya。

3. 接上題，你覺得：國家法律制度如何設計，才是比較好的管理？比如，「分給各人所有」，「部落一起使用」或其它的管理方式呢？

不是！土地必須有規則(edu)，先要把土地名字確定，給土地權狀。如果這些沒有被確認，現在我們也就沒有權利可以談。

有關我的土地要拿來做什麼部落發展的需要，我覺得這可以共同來談。我基本上是同意的，只要我們討論清楚、談好要如何作，對部落有什麼好的發展。那是可以的，我們一起來工作。比如要拿去蓋什麼、做什麼、怎麼用、時間多久，我們都談好同意之後，就可以拿去規劃。主要是爲了我們部落的發展。那是可以的、好的講法。但是妳們要先承認、尊重我，也就是我的土地的名字要給我。

第五部份：綜合討論

1. **你覺得：原住民族傳統土地制度有必要保存嗎？傳統土地制度的知識有助於族群永續發展嗎？原住民族學習現代土地管理技術才可以永續發展嗎？**

老人是有這樣的想法，土地開墾耕作是要持續給小孩、後代好好使用的。不要毀壞，不要亂賣。我們不可能侵犯別人的土地，土地是根，一定要好好使用。就算休耕，也要保留土地、讓他休息。我們不可能放棄，土地的名字還是在的(mrudut)。

沒有使用肥料的時候，一定要三年以上的休耕，現在有肥料，就可以持續的使土地肥沃，使得種植可以持續的生長。

2. **如果政府承認「原住民族土地權利」且尊重「傳統習慣」，並建立土地管理制度。你覺得：政府先要如何尊重各個族群土地使用習慣及傳統文化，承認土地的權利？**

第一個要學習我們的 gaya 以及知道有 utux 存在。也要知道我們使用土地的方式，才會相信土地是我們老人家的名字。

一定要來問老人家，有關土地的名字，這樣的討論協商才有用。這樣才能知道真正的 balay bi 土地根源 busu 是誰，才可以 psbalay(調解)。土地名字清楚之後，土地才可以依據 gaya 好好的使用，努力耕種，不要毀壞。

3. **如果政府真地尊重「原住民土地權利」，你覺得：原住民社會內部該如何面對這樣的權利？有哪些需要自己反省的地方嗎？**

應該要好好知道以前老人家的 gaya，同時要知道現在國家的 gaya。

他們要好好的學習,同時要研究,討論如何的 gaya 創造會是比較好的。大家都要來討論,怎樣的 gaya、如何使用土地是比較好的。要知道以前的問題,為什麼現在的 gaya 會使族人隨便並且可以破壞 gaya。國家也是要想,為何麼會這樣,重新建立新的 gaya 的時候會改善。同時,大家都不可以再貪心,只想要使自己的更大、更多。

　　如果這樣,最根本的 gaya 是要調解 psbalay。就是個倒一杯酒(smsahuqn),共同喝,並說我們(的糾紛)到此為止,不要將不愉快放在心裡(msqu lnglung)。酒是有效力的,可以 psbalay,就沒有什麼(問題)了。這是 gaya rudan,如果做錯事的人,會覺得我有地方做錯了,只要他真心的還道歉,帶著酒,幫別人到一杯,自己也到一杯,並且承認自己違反了什麼 gaya,共同飲酒,並說我們到此為止。只要一杯酒就好了,不是要一種瓶。酒的效力是拿裡來的,我就是不知道了。

4.　（提出本研究整理國外政府保障原住民土地權利的政策及制度）你覺得哪些可以作為國內參考？

　　真的嗎?對呀,詢問才是真的、好的。如果隨便使用、沒有詢問協商,是不好的。

　　小孩子一般會問父親,這土地怎麼這麼好?老人一般會說那土地是誰的誰的(名字),我們的土地在哪裡。這就是詢問。

5.　（提出「原住民族土地及海域法草案」）你覺得：對原住民族土地權利更加保障嗎？符合國際人權規範？與國外政府保障原住民族土地權利政策比較,有哪一些特色？

　　第一個就是要經過討論,就會可以真的知道。但是現在的 gaya 沒有辦法好好的討論,也就沒有辦法保障我們土地的權利。協商是國家的權利,她應該要使兩個可以坐下來談,但是現在國家的 gaya 不好,只讓有登記的拿到權利,完全忘記我們 rudan 土地的名字,這樣就沒有辦法談了。

　　像我上次去鄉公所,本來他們是要我跟我的妹妹談清楚我先生祖先的土地是如何變成我妹夫登記名字的。但是他女兒在談的時候,說她母親有心臟病,就拉去休息,沒有再回來。所以,沒有辦法再協調。在日本時候,就會讓大家講清楚,到底之前是怎樣使用、土地名字是怎麼變

得，這樣就不會混亂，不會毀壞 gaya。現在的 gaya 很不好，真相是什麼都不敢查不敢講，就說土地是誰的就已經登記給誰了，沒有辦法討論，每個人都會將不愉快的事情放在心裡，無法化解糾紛。我們老人家的 gaya 就不會這樣。就算違背 gaya，只要真心道歉，把事實 balay 講出來，並可以重新討論如何重新分配土地，兩方都不可貪心，就可以調解 *psbalay* 了，這才是好的 gaya。

富世部落耆老 A2/B1 訪談紀錄

報導人：**A2/B1** 耆老　<u>（註：退休老牧師、文化工作者）</u>

時間：2010/06/05 PM07：30~9：00

地點：花蓮縣蒙厚愛文教發展協會會址

一、個人基本資料。（受訪者姓名、年齡、族群、出生與遷徙、工作經驗、家庭）

　　本人民國 22 年出生，現年 77 歲，太魯閣族，從小就在 Slinang 部落出生，日據時期因為管理整個太魯閣族的方便，警察要我們遷到 huhus(大禮)等地方，而 huhus 的原先住家在往平地遷。所以，父親那時就遷到大禮部落。

　　我日本結束統制之前國小畢業，我的成績不錯，本來有機會在念初中，父親不希望我念書，說念書沒有出息，就回到山上與家人一起工作。之後，念了四個月的牧師養成教育，就開始坐傳道的工作。但是當時在富世教會慕會 14 年，傳道的工作並沒有辦法維繫家庭生活，所以是在大禮部落從事農業工作，每次下山來慕會，在回山上種田。

　　後來，民國 60 多年，因為部落人口增加，小孩子教育的問題，以及發生種植香菇與耕作的土地被設定為「加速造林計畫」地區，經過抗議與協調之後，在富世村現在住處提供 20 坪土地、每戶 7 萬補助款興建房子，我們大約民國 68 年被迫再搬到平地。我們這群太魯閣族人很像政府的難民一樣，為了政策的需要到處遷移。

二、家族成員工作與經濟狀況、土地使用狀況。（有無原住民保留地、保留地性質、土地開發營收與家庭經濟的依靠）

　　我雖然作牧師，但是還是以農耕為生。在大禮部落山上耕作，剛開始家裡生活還是很辛苦，大都以地瓜維生，耕作還是用人力。在民國 58 年左右，鄉公所農業課推廣香菇種植，在我們那裡很成功，我們種的香菇很香，全國第一，我還在 61 年被推為全國模範農民，接受表揚。當時鄉公所也推廣造林，種植梧桐、竹子，也有外銷日本，也有不錯的受入。現在太管處上方的流籠就是那時候興建的。所以，大家那時候都有了收入，儲蓄，我們可以買米，生活有了改善。民國 60 年初，林務

局也在現在太管處上方興建大流籠，當時是為了砍伐 *slinang* 的大檜木，用造林的名義，將這些檜木砍伐，普通的樹林，也建造林道，大約有五年的時間。而我們那裡的檜木也大約在 65~68 年這三年時間，有一個「加速造林計畫」，我們的地方被設定作為造林，佔我們土地。所以，我沒當時種植 10 年的香菇園就被吹毀了，我就告到省政府，那時行政院長是蔣經國，縣政府鄉公所擔心，就像我們說幫我沒蓋房子，也就促成 68 年我們下山遷移的事情。

第一部份：對自己族群傳統土地使用習慣的認知及其經驗

1. 介紹在國家土地法規施行之前自己族群的傳統土地使用習慣。（土地的 gaya 規範：開墾、休耕、租借、調解、權利概念、utux 與土地 gaya 之間的關係）

我們傳統上沒有土地登記，Truku 管理(*kndawa*)的土地都是 Truku 的。第一個先來到的 Truku 會確認屬於(*ne ni na*)他土地的邊界，一般會以山谷、溪流等地形地貌為邊界。第二個 Truku 來了之後，會詢問有沒有人在使用？並且找到已經在耕作的土地所有者，並詢問他土地的邊界，就在邊界之外再尋找後來者自己的土地，並確定他們的邊界。只要第一個先到的族人說哪裡是我的邊界，那土地就是他的了，其他族人就不會侵犯。這時候，邊界可能會用埋設石頭來確定，而這個界石埋設之後，gaya 規範是不可以挪移的。另外，後來者可以用談的，如果用一隻雞或豬來買一塊幾甲的土地，就可以 dealang。但是，實際耕作的範圍可能只有幾塊 5 分地在輪流耕作，有些土地可能在休耕，而且那時候沒有用機器耕作，都是用人力，所以邊界範圍內的土地不管是否還沒有耕作，當他確定邊界在哪裡的時候，都是他的。

一般第一個先到的 Truku 族人，土地會很大，對於親友來此定居，形成聚落是很歡迎的。如果沒有土地的族人來的時候，我們社會的 gaya 是要協助這些需要土地的人耕作，雙方講好之後，從哪裡到哪裡的土地借用給他。之後，大家都是用人力開墾，也就會建立很好的社會關係，也許可以當面說用，哪些土地可以賣給借用土地的人，用一隻雞或豬就可以了。所以，我們是有分享憐憫愛人 *gnaalu* 的心。

一般在山上耕作是要輪耕與休耕的。一塊地可以使用三年，就需要

休耕。當時種植地瓜，一塊五分地開墾耕作三年，就休耕，並且使用新的土地，也使用三年之後進入休耕，那第一塊休耕土地也就休耕 3 年了，在一個新的土地耕作三年，這樣第一塊土地就休耕 6 年，第二塊土地就休耕 3 年。最後第一塊土地休耕 5、6 年時，樹木已經長大，成為天然的肥料，就又成為新的土地，可以在開始耕作使用三年。有時休耕的時間會更長，樹木也長得粗，也變得更肥沃。只要在這一個原先設定的邊界範圍內，他管理的土地，就可以依照這樣的輪耕休耕的知識使用。

我們耕作的土地是喜歡在山坡地，不是在平坦的土地，人力比較方便耕作，而且種植的不是需要很多水的水稻，一般是旱作。

日本政府是鼓勵我們盡量開墾，沒有耕作就會處罰。他也很尊重我們的土地使用的 gaya。但是我們政府來了之後，後來就規定山上的土地有林地與旱地，林地每人只有 1.5 甲、旱地每人只有 1 甲。但是我們休耕的土地最多每人只有 1.5 甲，沒有辦法採用輪耕的種植方式。他們不懂我們耕作的方式，把休耕土地當作林地，沒有登記就成為公有土地，也不尊重我們，建立新的制度限制我們的生活。

我們借用土地也是需要跟土地所有人當面談好，我們稱為 *pnlabu*。當土地不夠養活家庭的族人臨時需要土地，會向有休耕土地的所有人協商，哪一塊土地、邊界在哪裡、可以使用多久(可能是三年)、用什麼作條件。一般有很多休耕土地的人依據傳統 gaya 是會借用土地給需要的族人，但這也看彼此的關係好不好、有沒有互相幫忙。講好之後，就依照口頭的約定，借用人提供雞或什麼東西而出租人提供休耕土地，當使用期限時間到的時候，就需要歸還土地。當然，當大家建立好關係，並當面說好，是可以進一步用豬雞買賣土地。

我們太魯閣族(在國家沒有建立新土地制度之前)對於豬與雞的價值，是高於土地的。在山上養的豬是不經過飼料，約要養 2、3 年以上，雞則需要養 1 年以上，而且我們祭典或是傳統醫療，很需要用豬或雞，對於我們當時在山上的生活是很重要的。與我們的文化有關。而山上的土地在當時原來是可以有很多的土地可以開墾耕作，而且充分滿足我們家族生活的需要，只要是認真努力工作，就可以有土地耕作，所以土地是作不完。但是我們政府來了之後，土地就是要登記，沒有登記的變成

國家的，所以，現在就比較缺乏土地，而豬雞也有飼料跟抗生素。但我想，以前養的比較好。

2. 傳統社會的土地使用與傳統文化關係。（土地的 gaya 規範在「社會互惠」的價值觀、以及由休耕與重分配介紹大自然生態平衡關係）

　　的確，我們 Truku 相信有 utux 存在的。而所有的土地使用與 utux 有關係。我們的神學是認為世上存在一個創造萬物的 utux，建立 gaya、開墾土地、創造萬物、耕作收穫、獵場打獵都是由這位創造的 utux 所決定的，甚至世上生活的好壞也是由 utux 所決定的。但祂是看你在世上作事是否遵守 gaya，尊敬父母與 rudan。父母其實也是創造 utux 在世上的代表。以前沒有學校，但是家就代表學校，父母與 rudan 就是老師，24 小時的身教，是人格教育、生命教育。Rudan 教子女如何遵守 gaya，並尊重創造的 utux，也學習在山林土地如何生活、成家、養家、與其他族人建立社會關係。有關土地開墾、使用、邊界的重要 gaya，rudan 也會教小孩。如果這個小孩很遵守 gaya，我們不會說他好，而是稱讚他的父母教育的好。

　　我們 Truku 在土地使用的文化是尊重先佔權，誰先到並且確認邊界，其他的人就不可以任意侵犯。但是，我們的 gaya 也要求愛人，對於需要土地耕作的，要給予租借使用。對於土地使用也要用休耕、輪種的方式，不是要一直開墾使用，要愛惜土地。但是，我們的政府使用登記制度之後，說我們使用土地的方式破壞水土，限制我們土地的範圍，就沒有辦法像以前一樣輪耕。

　　如果有土地糾紛，我們 Truku 會先讓雙方表達，邊界在哪裡，也就是 smayus，確認當初耆老談好的邊界在哪裡。那時候也不可能去動邊界立的石頭，是嚴重觸犯 gaya。問題就解決了。如果在協商過程不確定，會再詢問清楚，雙方把不清除的部分放在心中，交給 utux 作判決。因為在生活上，不論打獵、耕作、或身體狀況、甚至作夢，當事人自己會不斷的反省、有所警覺，utux 會告訴他是否違反 gaya 而作錯了。我們稱為 kmutux。當事人承認錯誤之後，會帶酒、殺雞，當面倒一杯酒，賠罪、道歉、請求互相的內心衝突到此為止，當大家喝了那一杯酒之後，就什麼糾紛與內心的不愉快都不存在了。酒只要一杯就好，不是要喝

醉，而殺雞流血是給 utux 的訊息，表示當事人也向 utux 承認錯誤，希望停止之前 utux 帶來的警訊。我們稱這個過程叫作 smahaw。

我想，政府法律限制我們使用土地的方式，也給一些聰明的族人登記了不該登記的土地。但是我相信有 utux 在，我們的 gaya 還是會持續發生，凡損壞 gaya 的，交給 utux 處理，總有一天。就像以前的鄉代〇〇〇，利用職務與關係，將要開發工業區的族人傳統使用耕作的土地，登記成自己的並拿到豐厚的補償金，族人都在罵，*ki bi utux*，後來他死於自己豪宅的意外，我們相信那是 utux 對回應。像現在，還是有人拿別人的傳統耕作土地，還有有趕快悔改認錯，化解之前的仇恨。現在雖然沒有怎樣，但總會有一天，utux 是一直在那裏的。

3. 你個人認為：在國家統治之前，族人對於部落土地是否擁有特殊的權利或「部落領土」的概念？你對歷史上自己族群與外族或日本發生戰役的看法。

就是太魯閣事件。我們太魯閣族人要保衛自己的土地，所以會抵抗侵略的日本人。當時我們稱日本人為猴子，就是沒有 gaya 的人，他會侵犯我們的女人、沒有紋面、侵犯土地，我們認為是敵人。我們稱這些自認為文明人叫做猴子，因為他們不懂得怎樣進到(dmay)我們的地方的禮節。我們 Truku 是不可以隨便進到別人的家，一般會先看門有沒有開，如果關門就不會再敲門。如果開門就會先打招呼，問有沒有人在，有人回應才可以接受邀請，進到別人的家裡。而被訪問的人會熱情招待你的到來。所以，就算是別人的土地，我們也不能隨便侵犯，我們很重視溝通與對話，這是 gaya。

○○部落 現職牧師與文化工作者　B3　訪談摘要

時間：2010/06/22　PM08：00~9：30
地點：花蓮縣蒙厚愛文教發展協會會址

一、個人基本資料。（受訪者姓名、年齡、族群、出生與遷徙、工作經驗、家庭）

本人 1955 年出生在卓溪鄉立山村，那裡是屬於布農族的傳統領地，而我們族人遷移至此還是尊重他們布農族的傳統領域，不侵犯而當時到附近的林班地偷偷開墾新的耕作，也作為家族依據傳統開墾土地規範取得的傳統土地。

家族是 1925-1927 年間由內太魯閣部落遷居過去。而在父母輩的概念，家族的傳統土地就是在原來遷移之前的土地。當時前移的時候，父親說管理我們部落的日本警察將所管轄的部落遷移的工作以及發展視為他的責任與榮譽。警察本來很好心，預知將來平地一定會被漢人佔走，故當時本來郭化部落是遷移到現在吉安鄉慶豐那一代，但是後來老人認為平地的地瓜種出來的比山上的小、沒有木材可以烤火、沒有獵物可以打，所以婉拒了日本警察的好意，而最後遷移到立山村、布農族的領域。

當時遷移到立山村之時，是在布農族領域的中間，沒有太多的耕地可以分配。所以，當時到林班地偷偷開墾，利用五六月的時候晚上的時間砍伐林地、燒墾，後來管理林班地的單位就不得不給我們承租，我們就有新的開墾耕作的土地。這成為我們在立山村的傳統土地，我父親開墾約 1 甲多，去年才登記並放領取得土地權利。但該土地實際上休耕了 20 多年，目前也沒有在使用、當時種的梧桐樹也已經被後來的林木淹蓋。

二、家族成員工作與經濟狀況、土地使用狀況。（有無原住民保留地、保留地性質、土地開發營收與家庭經濟的依靠）

我本身高中(約民國 60 年)外出讀書之後，就比較少再到田裡耕作。國中之前，我家還是用這塊土地維繫家族的生計，主要的經濟作物是李子，兼種玉米、地瓜。有一段時間還種植梧桐樹、生薑等，但當我們種

植時市場價格已經在下坡，沒有得到豐厚的利潤。但民國 60 年代，我也需要到外面接受教育、部落社會環境改變，需要用到大量的金錢工子女念書，而那時台灣經濟也開始起來，我父親就漸漸放棄耕作，到外地從事建築業。所以，土地耕作的事情成為次要的工作，甚至荒廢了。

第一部份：對自己族群傳統土地使用習慣的認知及其經驗

1. 介紹在國家土地法規施行之前自己族群的傳統土地使用習慣。（土地的 gaya 規範：開墾、休耕、租借、調解、權利概念、utux 與土地 gaya 之間的關係）

我們太魯閣族對於土地開墾有一定的 gaya，土地是有邊界、是有社會共是屬於誰的名字所有。就以我父親當時到立山村之時，我們有 gaya 不可以侵犯別人的土地，就算是布農族的領域我們也尊重。我父親那時 10 多歲，父母也遷居不久也過世，也參與到不是布農族領地的森林開墾新土地。當時他們約定好晚上去伐木，開新耕地，也利用晚上燒墾。當時在自己開墾範圍用石頭定椿，確定那邊界內的土地是我的，而且依據這樣的先佔權概念，當我開墾之後其他族人也會尊重這是我的土地，這是社會共識，稱那塊土地是我的名字。族人對與邊界的約束是來自 gaya 的約制，不可以用不好的手段侵犯族人已經開墾的土地。違背 gaya 會有嚴重的咒詛。我們會很尊重其他已經開墾土地的權利，是源自於生活經驗的，因為地主咒詛而嚴重的傷害侵犯者的家族及所有的人。所以，沒有族人敢亂偷偷移動界石。當發生這樣的情形，是雙方當事人要經過所有部落族人的公評，其他知道的族人會作證，確認界石所再以及土地是誰的名字、誰所有的。

土地是可以買賣，但一般是不會隨便買賣，除非家裡有特別需要而不得不賣土地，不是為了想要吃喝就賣土地。土地交易是當事人當面協商且說了就算數，不用再依靠文字契約，我們對語言的承諾是很重視，一句話成交就不會反悔。

我們太魯閣族對土地是很執著的。是誰開墾的土地，就是誰的名字，除非經過買賣或自願放棄，傳統土地的權利還是存在。就像我父親在還沒有遷移立山村之前的傳統土地，是繼承自他父親並且也曾經親自耕作。被迫遷移之前並沒有轉賣給其他族人、也沒有想要放棄，所以像

前幾年我們部落辦尋根活動，發現那塊土地居人有可樂部落的族人向林務局申請租用耕作，我父親就很生氣地對那人說你是誰的小孩？你家族有名字在這塊土地上嗎？就算你向林務局登記租用，但部落族人會公開指責承租的人，侵犯了其他族人的傳統土地，這是 gaya。因爲傳統土地是誰的是通過部落族人確認先佔權的共識，不是說像林務局登記就可以主張的，那不是傳統土地的概念，會受 gaya 的咒詛。

　　傳統土地的使用是這樣的，對於開墾耕地必須是確認沒有族人使用的土地、也在自己族群的領域之內，依據之前先佔權的過程與概念，確認邊界與範圍，這塊土地就是我的土地，部落族人都承認這土地是名字，我擁有的像是現在的所有權一樣。（是屬於家族的？還是家長的？）應該是這樣，是獨立家庭的，一個獨立家庭是有一個父親，就是指那一個父親的名字、且擁有那塊土地。所謂獨立家庭是男子結婚並且獨立出原生家庭，經過原生家庭的父親分配取得土地並建立房屋者，這個男孩也許也會去開墾新的耕地。

　　獵場的部分是一個家族爲單位，一般看是一個山頭或一個有邊界 Ayus 的山坡，由下而上的整片爲單位。主要的原因是打獵一般是由有信任的親友組成獵團，除了追捕陷阱斷線的獵物，或是避免在山上的意外，必須組成一個獵團。有關獵場的範圍與位置也是先佔的概念，獵人會看那一塊獵場是否已經有人在放陷阱，如果有獵人以經在這一塊山坡下陷阱，就不得在去這一塊獵場下陷阱。在先下陷阱的族人會回到部落與其他族人報告位置，這樣其他族人會說那塊山坡或山頭是屬於某某某的獵場，其他族人就不能任意去放陷阱或打獵，這是 gaya。概念上也是講哪個家族的名字與該獵場連結，而確認該獵場屬於誰的。而且部落族人都認同，那家族有這個獵場的土地所有權利。

○○部落參與部落工作之國小校長 B4 訪談摘要

　　時間：2010/06/20　PM04：00~5：30

　　地點：花蓮縣蒙厚愛文教發展協會會址

一、個人基本資料。（受訪者姓名、年齡、族群、出生與遷徙、工作經驗、家庭）

　　本人今年 56 歲，從小就出生在○○○，就是○○水泥礦場下方台地的部落。父親之前就住在那一個部落，傳統土地就是在現在的○○水泥礦廠區域，後來在下富世下方擁有水田耕地。我從小就跟著父母到田裡工作，在平地可以種植花生、地瓜、玉米，還曾經配合糖廠種過甘蔗。花生是經濟作物，可以賣給平地人；地瓜則作為主食、也作為養豬的食物；但後來念師專，就漸漸少在協助農作。

二、家族成員工作與經濟狀況、土地使用狀況。（有無原住民保留地、保留地性質、土地開發營收與家庭經濟的依靠）

　　我們家有保留地，但主要是在現在的○○水泥礦場的山上，以前就是竹林。今年我最近繼承父母的土地，也準備退休了，才開始整理那一塊土地。我民國 61 年念普師，還是會與父母耕作，依靠的就是家裡種田維繫我們子女念書，當時還是足夠供養我念普師。民國 70 年之後畢業進入教職，父親也有一年的時間在榮工處出去國外修建公路(民國 69-70 年之間)，母親也在國家公園找到臨時性的清潔工作，而且當時○○水泥也開始應租用土地開礦(山上耕作的產出比較少、比較多是在平地旱地)，我們就很少在到山上的傳統土地耕作，只是偶而到平地的水田種花生地瓜。（**家庭經濟發生轉變了嗎？**）對，因為有其他的專職工作可以做，不像種田是一期一期的種植收穫，而這些工作是可以每個月有工作，所以，就以這些工作為主。我自己也在進入教職之後。比較少在田裡工作。那薪水的誘因比種田收穫來的高而且穩定。以前主要是想到足夠就好了。

第一部份：對自己族群傳統土地使用習慣的認知及其經驗

1. 介紹在國家土地法規施行之前自己族群的傳統土地使用習慣。（土

地的 gaya 規範：開墾、休耕、租借、調解、權利概念、utux 與土
地 gaya 之間的關係）

　　我覺得每一個人的看法會有一些差距。當時亞泥案來說，應為家計
的需要、有人願意變賣，但是還是有部分還是建議鄉公所是用承租的方
式，讓土地真的可以對我們自己有生命的感覺，因為賣出去就買不回
來。但是沒有辦法。項我們這一輩的年輕人希望用租借的方式，我也堅
持租用的方式，但是沒有辦法，因為承辦人員、行政單位的立場。當時
亞泥土地還是用長年種植地瓜的情況。

　　土地有糾紛的時候，會先找村長、不會直接找鄉公所。以前我沒有
通富母與祖父母說有土地糾紛的情況，他們哪時候很珍惜自己的土地，
而且遵守 Truku Gaya，以前的人比較 mgaya。Gaya 維繫傳統土地的規
範，不會任意破壞而少紛爭。就像山上的領域，他們打獵會知道哪一個
位置，不會隨便侵犯。如果有侵犯的時候，她們會依照 gaya 來處理。
處理的方式一般是經過協調、不會發生爭執。

2. 傳統社會的土地使用與傳統文化關係。（土地的 gaya 規範在「社會互惠」的價值觀、以及由休耕與重分配介紹大自然生態平衡關係）

　　如何來看傳統土地使用與傳統文化的概念？我們在傳統土地耕作
的能作物、會與非原住民之間會有收購農產品的關係。使原住民什麼季
節有什麼農產品與非原住民連結。而我們自己族群也在土地耕作過程也
產生知識，知道什麼季節種植什麼、以及如何種植。(地方知識發生斷
層了嗎？)

　　我的概念就是，他們不會荒廢土地，會依據季節種植適當的作物，
維繫家庭經濟與生計，比如花生、稻穀，而地瓜可以養豬或自用、而玉
米自己可以吃。因為土地開墾是得來不易，由祖先傳承下來。

　　我很小的時候還記得與父母到亞泥山上那裡開墾耕作的情況、當時
還是有用燒耕的方式，種植水果、地瓜等、真的很辛苦、一直在使用那
塊土地，他們很珍惜土地、不願意變賣、因為那是傳統土地。

　　他們會先打聽土地有沒有人在那裡耕作，也不可能有人在使用的土
地還再去侵犯。像我祖父母，開墾的土地就是沒有人使用的，才去開墾
新耕地。

邊界的部分會使用石牆,但是使用久之後,邊界都很清楚,就算石牆或界石毀壞,邊界有就固定在原來講好的地方。而這的邊界是不可以任意移動地,那是有規範地,很重是邊界。在印象上,每個人會說我的邊界在哪裡,而不會佔到別人的土地。

在他們的概念,「生我者山,山無盡」,我與土地有生命上密切的關係,也不會隨便耕作,燒耕的時候也會很小心、不會超過自己的土地。也不會去侵犯別人耕作的土地,就算是一小片別人土地也不去佔有,不管邊界界石是否還在。

由以上的介紹,他們對(傳統)土地的概念是有權利的概念。在國家權狀確認之前,傳統土地(權利)是誰誰誰(名字)的土地,就已經很確認屬於誰的,甚至邊界也確認。有了權狀之後,更加重視自己土地權利,也更明顯。但傳統土地權利的概念在國家法律與權狀之前就已經存在,而原自於自己地 gaya 規範。其實,在我小時候,沒有所謂侵犯別人土地的概念及事情發生,大家都很珍惜自己的土地,也尊重別人土地權利的概念。在 Gaya 規範上,沒有人會說侵犯別人的土地,這樣情況之下,傳統土地邊界與土地權利概念就存在了。

(有財產的概念?)以前比較少用這一個名詞,只知道這一塊土地是我的,要維繫家庭的生計、並且給後代子孫繼承使用。比較有差別在於以前沒有貨幣金錢交易或是文字化簿冊登記,而沒有現在財產的名詞,但還是有傳統土地權利的概念。

2. 你個人認為:在國家統治之前,族人對於部落土地是否擁有特殊的權利或「部落領土」的概念?你對歷史上自己族群與外族或日本發生戰役的看法。

在我的記憶中,比較沒有聽過。是最近幾年比較重視土地之後,才被強調。一般只重視自己耕作土地的概念。

有關外族的侵犯與抵抗,我沒有這樣的經驗,所以比較沒有想法。參與還我土地運動的人會比較有感覺。

第二部份:國家建立現代原住民土地制度的運作與效果

1. 你對國家過去放領原住民土地法令的宣導與經驗,及執行成效與結果?

　　以前只要是村民大會宣導，會通知哪一塊土地將要放領。但是我比較沒有那樣積極，所以沒有注意。而放領的過程比較不清楚。尤其現在沒有村民大會，一般村民更不清楚，只有土審會開會才會知道，而土地放領公告的時候、地點一般村民都不清楚。

　　有關傳統土地登記調查的工作，我本身是重視我父母親的，而當時我只協助參與耕作的勞動。有關土地登記與調查是我父母的意見。而在我們家族的部分，傳統土地登記之前的傳統土地權利是被完全保障，只有一部分是○○水泥的土地沒有取得權狀。我聽我父親說，那時我還在念師專沒有畢業，有領到地上物的補償金，但不是要賣土地。但是，目前還是沒有辦法取回土地。

2. 在國家土地放領後，你與長輩認為該土地是國家賦予的權利？還是本來就是自己的土地？（既原住民有固有土地「財產權」概念嗎？是分配？還是歸還？）

　　在老人家的認知是自己固有的財產(土地)，依據傳統土地 gaya 規範，或是由祖先傳承下來的土地，哪一塊地是誰耕作的，部落族人都認知，也尊重別人的土地權利。依據傳統土地習慣與 gaya，那時候的族人也沒有土地糾紛。所以，我認為他們取得傳統土地其實是延自於傳統土地規範的傳統土地權利概念，不敢違反 gaya。所以，在國家法令建立之前，沒有土地糾紛。

　　而老人家他們對於國家所謂的土地放領的法令與規範其實沒有那樣的概念，並不清楚，也無法實際理解。老人家怎麼會清楚法律規定的意義與背景，大部分就是承辦員說什麼，就做什麼，哪裡會提到這樣的法令，反正國家規定什麼就做什麼。承辦員還是造法令進行，原住民也需要依據承辦員規定來做才可以取得權狀。

　　我記得那時候老人家沒有(國家法令的)這樣子的概念，就只是認為這塊耕作的土地就是祖先之前依據 gaya 規範開墾耕作的土地，就是老人家留給我的，就是我繼承的土地。在我的認知，土地清查與總登記之時，老人家沒有那樣子的(國家法律)概念。他們很重視祖先遺傳土地給我的土地歸屬於我的，這樣的概念。

　　當亞泥案件之後，發現土地有邊界與金錢有關係之後，才會開始重

視國家法律規定的土地權利這樣的概念,而發生傳統土地權利認知的轉換。對於傳統土地權利這樣的概念,是在國家法令規定之前,老人家就已經有這樣的傳統土地權利概念。

　　而國家現代的土地制度,重視土地權狀的權利,使原住民對自己的土地也更加重視,由其當發生土地糾紛或需要變賣。而現代土地權狀使原住民土地權利更清楚、也更容易使土地交易進行。但我不太贊成因為這樣而任意變賣傳統土地。

　　所以,我認為傳統土地權利應該不是國家賦予的,而是自己認為是自己傳統土地的權利。年長的族人會重視傳統土地這樣的概念,至於年輕人則不太了解傳統土地權利的概念,需要藉由教育的加強,讓原住民青年可以重視自己傳統土地的權利。

3. 你對國家規定「原住民傳統領域及保留地是屬於國有土地」的看法?而原住民族基本法中規定政府承認「原住民土地權利」是否產生衝突?

　　原基法與管理辦法的內容我不清楚,但這樣的說明的確有衝突。我們原住民對國家法令這樣的概念不清楚的情況下,依據傳統 gaya 規範而認知固有土地權利,這個概念還是在。但是,原住民面對國家新土地制度規範,原住民無法否定國家制度。

　　主要問題在於原住民的認知對於國家土地權利的概念並不清楚;另一方面,國家對於原住民傳統土地使用的習慣也不清楚。

　　對於依據傳統土地使用習慣的人、會去珍惜土地,他的權利需要保障,法令一定要保障他。而國家也需要先去認識原住民傳統土地習慣與制度,才能真得承認原住民族的土地權利,否則國家規範的原住民土地制度並不適合於傳統土地使用認知與原由,與原住民所認知的傳統土地習慣發生矛盾與衝突,而傳統土地使用者有所埋怨與不滿。其實原住民使用土地的概念很單純,需要保護傳統土地的使用。

　　(你聽過司馬庫斯櫸木事件的判決嗎?)我聽說過,但判決的結果我不清楚。

第三部份:原住民土地糾紛與制度變遷

1. 在現在國家原住民土地制度中,保留地土地糾紛要如何調解?

　　我的認知大概是透過鄉公所的土審會，而調解委員會我就不清楚。但我覺得沒有發揮功能，很多土地爭議都沒有辦法處理，如果說可以處理掉的，說實在，不好聽的、應該是站在他們那一方的，才會取得解決。我們社區裡面就是有幾塊土地，幾屆的土審很多都是土審委員自己的親友與家屬取得的土地。

　　大概關鍵點在於公告的階段，居民都不是很清楚，當清楚之後都已經公告過期，聽說很多都是公告之後照個相，許多傳統土地使用者的權益就損失了。我覺得土審委員一定要公正與獨立，而依據的規範必須尊重傳統土地權利與習慣。

　　據我所知，很多土審雖然知道傳統土地 gaya 規範，但對於傳統土地權利與 gaya 規範都不太重視，而依據國家法令申請對自己有益的土地權利。他們認為是合法的。

2. 你對『原住民族土地權利』的認知是什麼？（從傳統社會的土地管理，進到國家原住民土地制度，有哪些切入觀點？原住民族人的概念是否發生轉變？）

　　我自己的看法，原住民要自己珍惜我們的傳統領域與土地，而這也就是所謂的原住民族土地權利。我覺得國家訂好法令之後，要做好宣導，而必須要使所有的原住民要清楚法令的規定與土地的權利。而法律的訂定一定要重視傳統土地規範下使用土地的原住民的權益，這樣傳統土地權利的概念一定要在國家法律的保障給予空間。

3. 你覺得：國家在原住民土地上的機關，如國家公園，林務局，都市計畫，河川局…對於原住民的保障，符合原住民生活或發展需要嗎？

　　我想這些機關對於生態保育是很強調的。而有時候太強調生態保育而不利於當地原住民的傳統土地的使用與發展。但對於傳統土地權利的保障，則不清楚。

富世部落青年 B5 訪談摘要

　　報導人：**B5 部落工作青年**　（註：離鄉從事建築工程，不再以傳統土地耕作為家庭生寄青年）

　　時間：2010/06/04 PM07：30~9：00

　　地點：報導人住家

一、個人基本資料。（受訪者姓名、年齡、族群、出生與遷徙、工作經驗、家庭）

　　本人 41 歲，太魯閣族，從小就在富世部落出生，在我國小三年級之前父親是以務農維生，而我們小時候也被迫協助耕作。之後，父親到都市從事板模工作，賺的錢比較多且可以維繫家計，所以耕作的事情就由我母親持續一段時間，直到不久，母親也一起做板模。從此，家庭的經濟就不再以土地農作維生。

二、家族成員工作與經濟狀況、土地使用狀況。（有無原住民保留地、保留地性質、土地開發營收與家庭經濟的依靠）

　　我父母以板模維生，我自己目前公務的工作，也與土地耕作沒有關係，所以家庭經濟狀況都不是由土地耕作為主。後來父母為了感謝我太太為家庭的付出，所以買了一塊地給她，但大部分我們把土地當作是家族共同使用的土地，種植水果，給將來的小孩孫子可以一起去採用，我的家人都可以共同參與使用。

第一部份：對自己族群傳統土地使用習慣的認知及其經驗

1. 介紹在國家土地法規施行之前自己族群的傳統土地使用習慣。（土地的 gaya 規範：開墾、休耕、租借、調解、權利概念、utux 與土地 gaya 之間的關係）

　　我大概聽老人講，我們太魯閣族的土地習慣是沒有權狀，文字證明的概念是漢人傳給我們的。以前使用土地很重視環保，愛惜土地，也就是土地的生息，如果不能種植使用的土地就會休耕。部落建立(遷移到新土地)的過程是當土地不能使用、或是家人太多的時候，需要遷移到重新開墾的土地。一般部落成立大約是 20~50 戶。而部落比較富有的不

是土地比較多的，而是家門口的獵物比較多的，或是家中人口比較多的，也就是人丁比較多的人力比較強，才是富有的。

　　gaya 是很有約束力的。男生是要耕作打獵，女孩是工作顧家織布。gaya 很嚴謹，比現在法律好。以前打獵追群獵物，可能會看到好的土地回來報告耆老，家族成員多的可能會有人遷移到新的土地。找到好的土地是寬廣，水源，獵物多，可以建房。太魯閣族人對於土地使用的概念是很重視地域性。如果有人先佔而開墾了某一塊土地，別人也就不會越界侵犯，會畫出土地邊界，部落其他族人就會有共識，尊重之。如果有人侵犯，就會出草，那是我們的禮俗，有很好的規則，但被日本禁止。

　　但是，很早很早以前的 rudan 說，在我們族人進來台灣之前，已經有其他的人在使用土地。所以，我們遷移的地方也曾經有人使用。而我們族人遷移，重視土地使用，環保。所以，我們遷移出去的時候，土地會給其他人使用。

　　土地使用的 gaya 是這樣的，老人家對於土地的使用、轉移是說了就算數，口頭約定，不可以有人顛覆。當時土地權利的概念是可以用以物易物的方式，但是 gaya 規定土地是家族的根，不可以隨便買賣，沒有土地就不是人。土地主要是延續生存的目的，也就是維持家庭生活的空間。不是我們現在強調的「權利說」，現在是你有權狀就有權利，當時是你開墾的土地就是你的名字，並且重點是保障家族的生存，族人不可侵犯。

2. 傳統社會的土地使用與傳統文化關係。（土地的 gaya 規範在「社會互惠」的價值觀、以及由休耕與重分配介紹大自然生態平衡關係）

　　傳統社會的文化是慷慨的、分享的、認同努力工作的人，重視口頭承諾的。像我父親剛開始也是沒有土地，但是他很認真的為其他有土地的族人工作，取得族人的認同，建立了社會的互換工作關係，而有些有土地的人會給予我父親維繫家族生存而使用的土地，使他在這個部落定居養家，之後我父親也農作或板模、累積財富，也有土地使用。所以，我們族人是很重視分享的。

　　(太魯閣族的土地使用是共有制嗎？學術上是這樣分類的。)不是，土地是屬於開墾土地的家族，或是指家族的長輩，我們會說那是某某某

的土地。在擁有者同意之前,是不可以侵犯;但在建立好社會關係,當面溝通同意的時候,就可以分享,可能用一隻豬或雞或一瓶酒就可以交換一塊土地,而承諾之後就不可以反悔。這種分享與一般漢人說的部落共有是不一樣的。土地是某個在開墾耕作使用的人,他也管理這個土地,但卻維持分享的、交換的社會關係。如果漢人或學者,對我們土地的使用,可能會只看到族人分享的部分,就認為是土地使用是共有制,那是不知道我們太魯閣族傳統社會文化的學者的誤解。另外,一般部落的族人都是自己人、也就是有親戚關係,我們也有 gaya,所以很容易建立共享的機制。

3. 你個人認為:在國家統治之前,族人對於部落土地是否擁有特殊的權利或「部落領土」的概念?你對歷史上自己族群與外族或日本發生戰役的看法。

　　聽老人家說過有太魯閣事件,我們太魯閣族人很重視地域性,族人耕作的土地在哪裡,很清楚,其他族人不可以侵犯。有人侵犯會出草。部落領域也是一樣。當時也是害怕日本人會侵犯他的土地,也不想被消滅,所以會反抗日本人並產生戰爭。

第二部份:國家建立現代原住民土地制度的運作與效果

1. 你對國家過去放領原住民土地法令的宣導與經驗,及執行成效與結果?

　　我是聽老人家說,我自己沒有親身經歷,那時候老人家也搞不清楚情況下,他們有槍,國家命令要怎樣做就怎樣,反正都是統治者的說法。過程只要是來登記,清查、在清查,然後就給證明以及權狀。很多過程有瑕疵,沒有辦法保障原住民的權利。就像我家,原先我父親在部落灣有土地,大概在我大哥(民國 47 年出生)國小的時候(約民國 50 多年~60 年)還曾經上去耕作。但是國家一道命令說中橫公路周邊五公里的範圍都要拿給榮民使用或國家要拿回去,為了這個事情,我父親還上法院兩次,最後行政令和解,500 塊土地就沒有了。更不要說我們現在下面舊台電宿舍的土地。

2. 在國家土地放領後,你與長輩認為該土地是國家賦予的權利?還是本來就是自己的土地?(既原住民有固有土地「財產權」概念嗎?

是分配？還是歸還？）

　　我想這過程算是<u>國家給的土地權利</u>。主要是<u>教育的過程</u>，國家一直教育我們土地權必須是要有什麼條件才可以擁有，而且法律規定一定要怎樣做國家才保障，也就是<u>法條說</u>。且一直告訴我們，土地權利要依據法律取得所有權利。所以，我們會認爲那是國家給的權利，而且認爲理所當然。

　　而我父親也認爲，以前用口頭承諾可能會亂，容易產生糾紛；<u>現在制度的認定是清楚的，文字化</u>，大家都可以有自己土地的權狀，是比較不會發生糾紛。

3. 你對國家規定「原住民傳統領域及保留地是屬於國有土地」的看法？而原住民族基本法中規定政府承認「原住民土地權利」是否產生衝突？

　　我不知道有這個規定，因爲跟我的生活有距離。我的認知很簡單，原住民的土地權利是沒有法律的保障。

　　<u>問題在我們的法律建立</u>，仿其他西方國家的法律制度，四不像，沒有真正由自己的社會價值與國家環境設計出自己的法律。原住民的法案也是一樣，沒有依照我們族群的文化需要，都是依照大漢民族的想法，說我們需要什麼法律就制訂什麼法律，從來沒有真的問過我們。另外，是立法完之後<u>如何使用或解釋法律</u>，公務員或法官也是爲了保障國家或是漢人的想法，沒有爲了要保護原住民族的土地權利。所以說，<u>法律規定說政府承認什麼，但是國家可以用漢人的角度解釋國家承認的原住民族土地權利，解釋成漢人想像的原住民土地權利，那這個法律又有什麼用，我不相信這一套。沒有用。</u>

　　（你聽過司馬庫斯櫸木事件的判決嗎？）我沒有。（主要是依據這一個法條，再參考人類學的調查，確認司馬庫斯部落的原住民在他的傳統領域有使用林務局管理的國有林木的案件。他們是很團結，整個過程部落是一致對外。）那很好，如果原住民族自己對族群認同，且很尊重、也團結，不會自私，會成功。但是在我們部落可能會有問題。因爲我們太魯閣族比較不會團結，也有很多家族派系或地域性問題。

第三部份：原住民土地糾紛與制度變遷

1. 在現在原住民土地制度中，你是否知道保留地土地糾紛的事情？而原住民土地糾紛如何調解？

　　老實說，我不清楚。我的工作雖然會接觸一些法律，但是保留地這部分我不清楚，在我的工作跟生活上也比較沒有直接關係。另外是，<u>國家也不希望我們太清楚，規定的會是漢人或國家的想法，我們也沒有辦法理解</u>，這樣就比較沒有原住民會去抗爭。（你太太的土地也是保留地嗎？）對，也是保留地。反正國家怎麼規定，我們能說什麼。<u>要調解也是沒有辦法成功的，因為國家已經決定怎麼是贏什麼是輸的情況</u>，那樣的調解有什麼用呢？

2. 你對『原住民族土地權利』的認知是什麼？（從傳統社會的土地管理，進到國家原住民土地制度，有哪些切入觀點？原住民族人的概念是否發生轉變？）

　　我不知道怎麼解釋原住民族土地權利。我目前看到的情況是這樣。<u>原住民已經很嚴重的漢化</u>，接受國家的教育都是西方的土地權利的想法，沒有傳統文化的教育，只是告訴我們傳統土地的管理方式會容易造成糾紛與混亂。現在學校教育、公部門宣導，文化傳承的工作也是沒有真的把傳統文化的精神教育給下一代，我們只是跳舞給觀光客或長官看，然後分配經費。所以，你說原住民族土地權利會是怎樣認知，當然都會認為國家現在規定的什麼就是什麼了。

　　另一方面，<u>國家或公部門還是用大漢人的想法看原住民土地的事情，他重視的漢人的權利，不會是我們老人家說的土地權利</u>，甚至鄉公所的原住民菁英也只是顧自己的飯碗，或看能多做些什麼。（**如何使漢人重視？**）主要的問題是沒有辦法考究。依照現代的法律，我們沒有<u>文字登記的證據</u>，就沒有辦法爭取什麼權利。（**如果國家也採證經過調查的口述歷史呢？**）那樣才有機會把事實真相弄清楚，才知道如何保障原住民的土地權利。但是也怕有人會亂說假話，所以真的要經過調查，那調查的機關必須要很獨立的，不或受公部門或鄉公所影響的。不然，會更亂，讓有權利的人會亂拿土地。（**也就是要講實話，也就是要負法律責任？**）對。

　　我的想法比較消極。對原住民傳統文化習俗傳承，<u>我們須要先研究</u>

文化精神且作法要務實。我們是沒有文字記錄的民族，很多實際傳統的做法必須要務實，要先認識以前老人家爲什麼要那樣的精神；比如說土地，傳統文化是教我們對土地的愛惜，不要消耗土地而休耕，也就是比較環保、水土保持的使用土地，像現在也不是要休耕、國土保育什麼的，老人家很早就有這樣的想法。但是國家現代土地使用方式教我們要用文字登記之後，想要怎樣開發就怎樣使用，反正賺更多的錢就好了。所以，我們族群沒有文字傳承，耆老傳統規範會比較重視實務上的、核心價值的東西，傳統的技術也就保存下來。但是我們也沒有文字，所以國家否定我們，自己族人也不知道自己傳統文化。所以我說，我們族群成功在於沒有文字，所以會重視實用與傳統精神；但是敗也是因爲沒有文字，會被有文字的否定打壓。

3. 在原住民土地制度中，你覺得：鄉公所及鄉土審會是否在糾紛處理上發揮功能，並保障原住民土地的權利？法律制度與組織機關有需要改善的問題？

　　鄉公所怎麼說，他們可以解決自己人的需要，一般的人有土地糾紛，還是沒有辦法得到幫忙。我想是制度的問題。我講土審會好了。現在土審委員實際產生的方式是跟鄉公所有關係，也算公部門的一份子，他們當然要看鄉公所的臉色，爲了公部門說話。有些土審委員更結合公部門，一起來申請土地，這應該可以調查，要原民會去查例年來作過鄉長、鄉代表、村長、土審委員的，他們三等親內有多少土地、且是怎樣取得的？統計調查一下就知道了。這個制度到底是出了什麼問題。現在土審制度是可議的，如果可以開放一般關係的或知道傳統歷史的人也能一起討論，公開討論結果，就沒有這一些問題了。

　　（土地審查的制度有需要嗎？）我想是需要的，主要是功能要完整，該做的做好或鼓勵，不該做的要限制或處罰。土審爲原要獨立、公正、專業、不要自私、申請自己的土地。審核是重要的工作。（**我參加過其他的鄉土審會，委員會針對申請案件報告以前土地使用的歷史，也會講我們 gaya 應該是怎樣看這件申請者的權利，你覺得如何？**）我覺得這樣做才對，土審委員要敢講話，把知道的真相說出來，也就可以協助審查原住民的土地權利，保障我們原住民土地的權利。

4. 你覺得：國家在原住民土地上的機關，如國家公園，林務局，都市計畫，河川局…對於原住民的保障，符合原住民生活或發展需要嗎？

　　沒有辦法幫忙，反而會限制我們使用土地。問題就像我之前說的，在於法律的源頭，法律只是形式的。以結果來說，保留地原先說是保留給原住民使用的，禁止非原住民過來使用，但實際上不是讓財團進入租用土地，就是國家機關想要怎樣就怎樣。鄉公所的可以申請就申請。原住民傳統土地的權利反而被侵犯或是限制資源使用。

　　立法過程只重視哪一些有利益團體的最大利益，你說原住民的需要是什麼，哪裡有機會被保障。不是原住民立委的人數問題，而是其他所有非原住民的立委對原住民議題應該要重視原住民的文化與發展需要，要讓原住民的意見被尊重，不是由她們的需要來決定。

第四部份：原住民土地制度的反思

1. 你覺得：國家的原住民土地制度、原住民族傳統土地制度，兩種主要差別？如果原基法承認「原住民族土地權利」，法令制度規劃如何整合兩者？

　　兩個是有差別的，一個重視土地的永續使用，不可以隨便買賣，是家族的根；一個重視土地的開發，可以賺最多的錢就賺，重視土地開發跟獲得利益。

　　所謂承認，就是應該先尊重原住民的文化及社會規範，在尊重之後，才會真的承認傳統土地制度存在的價值，不只是實務的，尤其是精神面的。

　　要如何整合，我想就是「取其善，去其惡」。傳統土地文化重視愛土地的精神，那就不會有現在國土復育的問題。以前很多人誤解原住民燒山是破壞水土保持的根本原因，但是她們有真正調查我們是如何使用土地與休耕輪種的情形嗎？林務局過去砍了多少森林，說有造林，那就沒有問題嗎？但是現代土地制度管理會重視文字證據，這部分也是好的，這樣傳統土地經過實際的調查跟整理，會比較清楚。但是，從沒有文字證明到有文字證明的使用，這過程要重視原住民傳統的土地習慣與權利。

2. 聯合國原住民權利宣言認為原住民族土地權利需要「歸還」。你覺
　　得：原基法中「承認原住民族土地權利」要如何落實，才符合原住
　　民族發展的需要？

　　　　這跟我之前提到的，<u>法律立法過程、使用解釋過程，都是問題</u>。如
果立法院真的尊重原住民族原來的土地權利，須要先好好研究我們原住
民是怎樣使用土地、有什麼文化與存在價值，不要故意誤會。立法院也
不是要爭什麼原住民席次，主要是<u>重視原住民議題的法案</u>，看重我們的
需要，而不是只有財團的需要。在公部門，執行法律的時候也要存這尊
重原住民文化的心，不要以大漢民族的觀點及利益著想，才可以有機會
討論怎樣保障原住民的權利。

第五部份：綜合討論

1. 你覺得：原住民族傳統土地制度有必要保存嗎？傳統土地制度的知
　　識有助於族群永續發展嗎？原住民族學習現代土地管理技術才可
　　以永續發展嗎？

　　　　我相信原住民傳統土地使用的方式可以使土地永續的使用，因為我
們傳統休耕的概念是愛惜土地。這需要整理研究，把我們傳統文化的存
在價值作整理。

　　　　但保留某種生活的方式與精神，需要國家法律真正的保障，而且可
以避免財團的侵犯。我們可以將傳統生活的文化展演，得到國家的承
認、社會的尊重，如果有獲利的時候，回饋給部落的原住民而不是鄉公
所的公部門。

　　　　希望照顧與回饋是<u>有實質性的</u>，對於弱勢的族人可以不要一直成為
弱勢，有機會發展與培養。而不是大部分的利益是被已經環境不錯的原
住民菁英所把持住。我們原住民是應該重視分享與互助的。有人有困
難，就應該要協助，這是我們的文化，現在社會還需要什麼社會福利制
度，我們之前沒有國家管理的時候就已經在運作了。

2. 如果政府承認「原住民族土地權利」且尊重「傳統習慣」，並建立
　　土地管理制度。你覺得：政府先要如何研究各個族群土地使用習慣
　　及傳統文化，建立族群土地使用的知識體系？

　　　　像我之前說的，<u>承認是要先有尊重的態度</u>。雖然我們的文化習慣不

同,但是會互相學習。不是說原住民比較少,漢人就不尊重,或是一定
要我們學她們的價值或是西方的法律文化。我們的文化也有重要的東
西。這樣才有實際落實所謂「承認」的工作。不然,非原住民及政府會
認為原住民的傳統文化與知識是沒有價值的,那不可能會有誠心地尊重
的。

**3. 如果政府真地尊重「原住民土地權利」,你覺得:原住民社會內部
該如何面對這樣的權利?有哪些需要自己反省的地方嗎?**

原住民自己的確也要檢討。就新一代的原住民來說,自己的族語有
的都不會說,沒有能力在山上生活,已經離傳統生活的山林很遙遠了,
就算帶到傳統祖先生活耕作的土地,也沒有能力生活,更重要的是那個
心,已經沒有尊重自己傳統文化的信仰與態度了。在平地的現代生活,
享受物質,現代教育制度也沒有教授傳統生活的價值觀與態度,會讀書
考試、有新工作就已經很難得了。有關民族自己的根,則不被重視,以
前的生活態度,尤其是 gaya 的概念,現代學校沒有在教了。老人家也
漸漸凋零,口頭的承諾已經沒有人會遵守了,也很容易發生爭端。

Truku 是怎樣的人,自己族群的自信心,遵守傳統 gaya 的態度,認
真學習工作的態度,已經漸漸消失了。族群自我認同很重要,像你說的
司馬庫斯部落,她們很團結,所以可以爭取自己族群的權利。

**4. (提出本研究整理國外政府保障原住民土地權利的政策及制度,提
出「原住民族土地及海域法草案」)你覺得哪些可以作為國內參考?**

我第一次聽這樣的想法,國外的方法很像比較尊重原住民,耆老口
述的證據也可以經過調查而跟文字證據依樣有證據能力,而且有協助原
住民主張土地時的獨立調查機關,協助蒐集資料,這才是真正的尊重與
承認。

我不敢期待我們國家現在會做到這樣。我期待國家會重視保障實質
效益的東西,公部門不重視傳統土地的權利,人民的公僕還是保留以前
均證實其那種官僚想法。政府立法與執行法律應該要避免口號化、形象
化、象徵性的作法。土地審查的獨立性很重要,避免地方派系的參與及
干擾。原住民自己不要再侵犯原住民,尤其是那些環境比較好或受過教
育的菁英分子,應該要學以前的,可以服務分享。

　　（**最後有沒有要補充的？**）我還是要強調傳統生活習性要保留什麼樣的生活態度、文化價值。如果沒有深入反省，還是像現在這樣爲了表演給學者、觀光客、官員看，而自己族人沒有先認同傳統的文化以及族群認同的意識，財團、官員或自己原住民菁英賄絡一下，就沒有聲音，就被收買了，我很擔心將來會滅族，大家都跟漢人一樣，也就沒有原住民，只是成爲漢人社會裡面的窮人而已。gaya 已經被弱化了，族群文化教育也不被學校及家庭重視，就算真的要太魯閣族自治，到時候還是原住民族菁英自己欺負自己族人的權利及福利。除非，族人可以覺醒，族群認同，重新認識被忽略的 gaya。

富世部落青年 B6 訪談摘要

報導人：**B6 非農業專職部落工作青年**　（註：在鄉座警察且非農業維生之部落青年）

時間：2010/05/25 PM1：00~2：00

地點：報導人住家

一、個人基本資料。（受訪者姓名、年齡、族群、出生與遷徙、工作經驗、家庭）

本人 41 歲，太魯閣族，從小就在富世部落出生，父親是由砂卡噹溪的一個部落遷移下來。我求學時期參與家裡水稻耕作，而家族在遷移前的傳統部落也有土地，我很小的時候也曾經與家人上山耕作。

二、家族成員工作與經濟狀況、土地使用狀況。（有無原住民保留地、保留地性質、土地開發營收與家庭經濟的依靠、貸款情況、土地分配的情況與政策看法）

但國中畢業之後就與父親到外地從事建築工作，目前也經營工程小包的工作，大部分在外地工作。家庭經濟收入以建築工程為主要來源，種田比較沒有在使用。

第一部份：對自己族群傳統土地使用習慣的認知及其經驗

1. 介紹在國家土地法規施行之前自己族群的傳統土地使用習慣。（土地的 gaya 規範：開墾、休耕、租借、調解、權利概念、utux 與土地 gaya 之間的關係）

我大概聽老人講，我們太魯閣族的土地習慣是誰先開墾土地，就成為他們的地盤，其他族人也就不會近來搶那塊土地。很像就是說那是他們的土地，其他人說那是某某某的土地，大家都知道，也遵守規則。

2. 傳統社會的土地使用與傳統文化關係。（土地的 gaya 規範在「社會互惠」的價值觀、以及由休耕與重分配介紹大自然生態平衡關係）

土地也是有邊界，不會隨便搶。實際耕作的情況我不清楚，有什麼文化我也比較沒有映像，只知道以前在種水稻的時候，大家會互相幫忙，有時候先種你的田，有時候來種我的。實際情況比較不清楚，沒有

實際與老人家在田裡工作，比較不知道。

3. 你個人認為：在國家統治之前，族人對於部落土地是否擁有特殊的權利或「部落領土」的概念？你對歷史上自己族群與外族或日本發生戰役的看法。

聽老人家說過，那會拿人頭的時候，日本人來，有發生打仗，但實際的情形不清楚。後來日本人來了之後，我聽說政府曾經要我們老人可以搬到新城平原，說在平地比較好過，但是老年人說在平地沒有東西可以吃，我們以前靠山生活，比較不聰明，不知道如何在平地生活，所以還是回到山上。平地人比較聰明，會之道如何在平地有東西吃。

第二部份：國家建立現代原住民土地制度的運作與效果

1. 你對國家過去放領原住民土地法令的宣導與經驗，及執行成效與結果？

我是聽過他項權利，但實際情況不清楚。也不知道當時土地宣導是怎樣。

2. 在國家土地放領後，你與長輩認為該土地是國家賦予的權利？還是本來就是自己的土地？（既原住民有固有土地「財產權」概念嗎？是分配？還是歸還？）

當時我聽是這樣，有些老人家對國家的政策不理會，認為土地是我的，不需要去登記。不去登記，後來土地登記為別人的了。那些去登記的人是比較有腦筋的人。登記別人土地的名字，後來拿到土地權狀，變成他們家的土地，並且繼承給下一代。但是，部落多人都知道那一塊土地原先是哪一個老人家的土地。但是沒有權狀，拿不回來。

拿到權狀的下一代會說，這是我繼承來的土地，就不出面，也沒有辦法。法律是這樣規定的，誰拿到權狀，就是誰的土地。

（那老人家為什麼不去登記？）不是不知道政府叫他們登記，有時候是剛好人不在，有時候是認為不需要登記，因為這個土地本來就是屬於他的，而且部落的人都知道那是他的啊。所以，不理會。就是笨笨的吧。這種情況很多，其實是現代的法律規定，沒有辦法談什麼。（被別人登記之後的情形？）

3. 你對國家規定「原住民傳統領域及保留地是屬於國有土地」的看

法？而原住民族基本法中規定政府承認「原住民土地權利」是否產生衝突？

　　我不知道有這個規定。我只知道以前人家的土地取得有規則，但是沒有權狀。現在法律規定有權狀的土地就是他的了。沒有辦法講什麼。

第三部份：原住民土地糾紛與制度變遷

1. 在現在原住民土地制度中，你是否知道保留地土地糾紛的事情？而原住民土地糾紛如何調解？（原住民對原住民、國家、非原住民的差異）

　　我知道以前有很多土地名字被別人登記，權狀被別人拿去的情形。但是沒有辦法談，因為拿到權狀的人就可以不要出面，反正土地已經是他的了。上法院也沒有用，打不贏。除非他拿到權狀之後還有大愛的心，這樣有一點怪怪的。現在像你跟我一樣，應該沒有這樣的情況。

2. 你對『原住民族土地權利』的認知是什麼？（從傳統社會的土地管理，進到國家原住民土地制度，有哪些切入觀點？原住民族人的概念是否發生轉變？）

　　我不知道什麼是原住民族土地權利。我的經驗是這樣，原住民或老人不懂法律，國家或什麼人知道法律的，才會有土地的權利。也就是知道法律的，才會拿到土地權狀，有權狀國家才保障土地權利。一般是原住民受害，國家侵佔原住民土地，國家懂法律的人很多，原住民沒有辦法發聲，有很多這種情況。只有像大案子，原住民才會敢一起站出來，也會有人幫忙，就比較有可能爭取權利。

　　這個情況是原住民與國家之間有土地糾紛，比較大案子才可以解決。如果是原住民與原住民之間的傳統土地糾紛，就沒有辦法了。現在國家法律會保護偷偷登記土地的聰明人。

3. 在原住民土地制度中，你覺得：鄉公所及鄉土審會是否在糾紛處理上發揮功能，並保障原住民土地的權利？法律制度與組織機關有需要改善的問題？

　　鄉公所還可以解決一些土地糾紛的問題。但是就是鄉公所自己的人才有解決，一般的人有土地糾紛，還是沒有辦法得到幫忙。所以，還是沒有辦法實際幫助真正需要幫助的原住民。

4. 你覺得：國家在原住民土地上的機關，如國家公園，林務局，都市計畫，河川局…對於原住民的保障，符合原住民生活或發展需要嗎？

　　沒有辦法幫忙，反而會限制我們使用土地。

第四部份：原住民土地制度的反思

1. 你覺得：國家的原住民土地制度、原住民族傳統土地制度，兩種主要差別？如果原基法承認「原住民族土地權利」，法令制度規劃如何整合兩者？

　　就是剛剛說的，一個是開墾之後土地就是他的，別人不可以來搶。一個是先去想辦法登記，登記了拿到權狀，就是他的。現在就是看權狀，沒有辦法用說的，就算部落的人都知道那是他長輩登記別人名字的土地，也沒有用，不出面也沒有用。

2. 聯合國原住民權利宣言認為原住民族土地權利需要「歸還」。你覺得：原基法中「承認原住民族土地權利」要如何落實，才符合原住民族發展的需要？

　　我不知道。如果國家可以讓原住民有發聲的機會，應該會有很多人出來講，那是很好的，主要是有機關可以調查，到底是不是登記或佔用別人的土地。如果有可以討論或是協調的機會，應該會有很多這樣的案子。

3. 接上題，你覺得：法律制度如何設計，才可以達到原基法及國際公約的目標？比如，「個人所有制」，「部落共有制」或其它自主治理的制度選擇與設計？

　　我不知道，我們以前是沒有權狀，但是知道是誰開墾的土地，是誰的名字，不要登記。當然也不是部落共同使用你的開墾土地。也不是部落共有制度。

4. 你覺得：國家應該如何規劃新的原住民土地制度？你期望達到的效果目標？

　　可以討論是很好，讓土地被強佔的可以站出來講話，但是很難。現在只看權狀。

第五部份：綜合討論

1. 你覺得：原住民族傳統土地制度有必要保存嗎？傳統土地制度的知識有助於族群永續發展嗎？原住民族學習現代土地管理技術才可以永續發展嗎？

　　不知道。沒有實際得跟老人家在山上使用土地。沒有經驗。

2. 如果政府承認「原住民族土地權利」且尊重「傳統習慣」，並建立土地管理制度。你覺得：政府先要如何研究各個族群土地使用習慣及傳統文化，建立族群土地使用的知識體系？

　　不知道。這樣會比較好，不然他們會定很多限制我們使用土地的方法。

3. 如果政府真地尊重「原住民土地權利」，你覺得：原住民社會內部該如何面對這樣的權利？有哪些需要自己反省的地方嗎？

　　不知道。現在很多都不知道自己以前土地的使用方式，就像我不是耕種土地維生，也比較不知道如何使用土地，我只知道蓋房子。

4. （提出本研究整理國外政府保障原住民土地權利的政策及制度）你覺得哪些可以作為國內參考？

　　我第一次聽這樣的想法，國外的方法很像比較尊重原住民，原住民自己也知道如何使用管理土地大家都遵守規則。

5. （提出「原住民族土地及海域法草案」）你覺得：對原住民族土地權利更加保障嗎？符合國際人權規範？與國外政府保障原住民族土地權利政策比較，有哪一些特色？

　　我不知道。不清楚有什麼好壞。

參與土地管理機關公職之○○部落青年 B7 訪談紀錄

一、個人基本資料。　　（註：在鄉仍從事傳統土地耕作，但以公職為主要生計之部落青年）

受訪者性別：男　　年齡：40 歲　　族群：太魯閣族　　出生與遷徙：臺灣省花蓮縣

工作經驗：油漆工、烤漆工、板模工、電焊工、工廠作業員、預拌車司機、砂石車司機、庫房管理員、石裁作業員、公務員

家庭：父母、妻子計 4 口

二、家族成員工作與經濟狀況、土地使用狀況。

家族成員工作：

父親：農、牧師(退休)

母親：農、家管

妻子：公務員(公所主計主任)、

經濟狀況：小康家庭

土地使用狀況：種植造林及經濟作物。

有無原住民保留地：有 3 筆土地

保留地類型：特定農牧用地及山坡地保育地—農牧用地

土地開發營收：土地於農業耕作經營中，但無實際家庭經濟上的支助

家庭經濟的依靠：我本人服務公務收入及我妻子服務公務的收入。

第一部份：對自己族群傳統土地使用習慣的認知及其經驗

1. 介紹在國家土地法規施行之前自己族群的傳統土地使用習慣。

傳統土地規範：自己族群的傳統土地規範土地傳於男性，<u>並尊重自然的權利，使用的土地乃是向神(編織的神)「借用⁷」</u>，以<u>相互共存的心</u>而使用土地。

開墾：自己族群的傳統土地使用習慣在開墾方面，是燒山游耕的方式經營自己土地，並在分年移動耕耘。當時聽我父親介紹，家族在部落

---

7 這種「借用」概念是族人與自然創造者之間的關係，不是只在世上或法律上族人之間的土地「借用」關係。

式由一百三十多人組成,都依當時曾祖父的指示,在家族土地邊界內,逐年開墾一塊全家族可以維持生計的土地耕作。隔年就換到範圍內的另一塊土地。因為這樣種出來的食物比較大而豐富。

休耕:自己族群的傳統土地使用習慣在休耕方面,是經營自己的土地於收成農產品後,在已耕作後的土地,於隔年給予休息休耕,使能維持土地的養力。家族土地這樣耕作約四五年一輪。遵守 gaya 的耕作才會得到編織之神而來的豐富收穫。

租借:自己族群的傳統土地使用習慣在租借方面,是以口頭承辦後,即是完成租借形式,於承諾後逕將土地給予承租人使用,不用文字,至所承諾的期限反還土地。

調解:自己族群的傳統土地使用習慣在調解方面,是先直接協商,如何協商不成後,即至頭目或是族裡有德望的老者,請求調解協助,並以尊重頭目或是族裡有德望的老者所作的調解結果。

權利概念:自己族群的傳統土地使用習慣在權利概念方面,是非常重視自己對土地的權利,如被侵犯時,甚至以動武解決的情形。

休耕土地的規劃:土地每年給予休養。休耕輪作。

是游耕嗎?不是,而是在家族原有耕作範圍內的休耕輪作,而家族的範圍事先佔權與公開協商,並取得部落族人確認的。比較正確的說,是在家族傳統使用土地範圍內,不侵犯他人土地權利,而依據傳統土地使用規範與知識,一塊土地一塊土地的逐年使用,不會將地力耗竭還要持續使用,維持家族生存與生活環境永續之共生的概念。

2. 傳統社會的土地使用與傳統文化關係。

自己族群的傳統社會的土地使用與傳統文化關係有非常相關的關係,除在耕作時是以相互協助耕作,以工代工的方式互相協助,也就是 *smduk* 與 *smbaluh* 的概念。土地的規範其實在社會習慣中,以互惠的價值觀、共同經營土地,由休耕表示尊重自然的地位,經營是為保護及重心分配自然所給予的,在大自然生態平衡關係相信土地不能超載使用,以避免大自然權力反撲,在傳統信仰是相信與土地之間的關係必須要保持相對平衡。

3. 在國家統治之前，族人對於部落土地是否存在權利概念或「部落領土」的概念？你對歷史上自己族群與外族或日本發生戰役的看法。

　　在國家統治之前，族人對於部落土地是存在著一個非常嚴謹的權利概念，是一種不容許被侵犯的，在對部落領土的概念也是一樣，如果土地或者是部落領土被侵犯，往往會引起武力解決或是戰爭來解決問題，甚至會有大規模的出草行動。而在對歷史上自己族群與外族或日本發生戰役的看法，是因外族或日本人當時不了解，本族群對土地領域的尊嚴及重視，就如同國家領土的觀念。族人進到提她族人領域之前，會用較山的方式呼喊，通知對方我要來作客，而看到家門關著沒有人在，就不會貿然進入別人的家門。日本人因為不懂這禮節，被老人家戲稱為沒有禮貌的「猴子」。

第二部份：國家建立現代原住民土地制度的運作與效果

1. 國家 60 年代放領原住民土地法令的宣導與經驗，及執行成效與結果？

　　其實，只受過日本國小（註：蕃童學校）教育的老人家自始致終都不能理解現代國家法律的規定，什麼登記或會勘的。只有初中畢業或在地方工作的族人，才比較知道國家保留地制度的工作及取得土地權利的機會。但是，對原住民自己來說，在我高祖父以來，就說這家族的土地不是別人的，是我先管理的，部落其他族人也承認且不會侵犯，根本不需要政府來登記，就是如此了。

　　國家在 60 年代放領原住民保留地時，是以一個戰勝的文明統治者的角色及姿態，重新分配從戰敗者取得的戰利品的方式，為的是從新規範原住民的社會關係並平地化或文明化，卻不尊重原住民對於其自有土地及部落領土的領域，所以有許多的原住民，在土地法令面對放領原住民保留地時，並不是非常的公平。如在經濟上、社會上、政治上比較優勢的族人，所得到放領原住民土地面積多者至上數拾公頃；如在經濟上、社會上是弱者地位的族人，所得到放領原住民土地面積少者為不到 1 公頃、或遺漏登載、甚至被剝奪。

　　雖然國家 60 年代放領原住民土地有其歷史因素成份，但從土地法令的宣導與經驗，我個人認為至今，國家並沒有非常重視原住民保留

地,不管是法規面及執行成效面或結果上,其成效不如說是「成笑」。現行法規給原住民對於土地取得或賦予有著很高的希望,但是從實質上確有諸多的限制,可以說是常發生看「得到確吃不到」的結果,不是基層公務人員不積極協助原住民在土地的權益,而是不敢栽在太多的國家法律限制與法規競合的不確定裡面。

　　其實政府當時的宣導並不落實,或根本上是與傳統規範矛盾的。怎麼會是使用者就是土地權利的人,借族人使用不就成為別人的了,沒有使用或休耕的傳統土地不是被其他族人登記、就是變成國家的。但是像知識教育高、公務員、民意代表、地方村里長的部落族人就可以知道公地放領與設定登記的程序,並且可以合法的先登記成自己或親人的名下。所以,當時的土地設定、登記是有瑕疵的過程。如果國家有機會承認跟認識到這樣的過程,應該正視並尋求法律上、行政上的解決之道。

2. 在民國 60 年代,國家測量、登記、放領土地後,你與長輩認為該土地放領是國家賦予的權利?還是本來就是自己傳統土地?(是分配?還是歸還?)

　　在民國 60 年代,國家測量、登記、放領土地後,我個人認為與長輩認為該土地放領並不是國家賦予的權利,而是本來就是自己傳統的土地,經過打折、在打折的歸還本人,實際是以「賦予」代替「欺騙」,決在因原住民長期被外族統治,以無力反擊被侵犯,又以優勢的武力及強硬的政治統治所行的結果…

3. 原基法『原住民族土地權利』是保留地放領?還是傳統土地權利?(原住民族土地權利的切入觀點?原住民族人的概念發生轉變的脈絡?)

　　國家現代解釋原基法所謂承認『原住民族土地權利』,還是停留在保留地放領階段,而且是以保留地形態的管理與放領,決不是傳統土地權利的返還。我覺得,原住民族土地權利應該是實質的將所有傳統土地歸還;不僅如此,傳統領域,生活習慣,以及文化與土地相關的權利全部尊重。我們原住民族人對於土地的概念發生轉變的開始,源自日本統治時代,但是日本人統治台灣仍然以尊重的統治原住民土地關係;但是,自從政府執行原住民保留地私有化的放領政策,造成了原住民原先

尊重及互惠的社會關係瓦解，以至長期至今也難以真實恢復。

　　我自己在地方執行保留地管理業務，對於解決族人形形色色的保留地權利的法制保障，我覺得倍感艱辛。我現在依據管理辦法指示行政命令，而原住民傳統第區不是在山坡地、山林區、河川地、水源區等，不然就是在國家公園或森林文化園區之內。執行上，原住民的傳統土地權利必須要閃避這一些法律森林法、山坡地、國家公園法、土地法等等，找到原住民主張傳統土地權利的空間。可以這樣說，原住民土地權利的空間原先在國家近來之前是完整的、固偶的，但國家依法行政與在這些法律分割與限制之後，原住民傳統土地權利的形狀就零零落落、支解破碎的特殊情況。

　　雖然原基法已經通過五年，我在執行業務上還是沒有改變，國家所有的法律在上，原住民保留地管理辦法很難生存，只是行政命令。

第三部份：原住民土地糾紛與制度變遷

1. 在現在原住民土地制度中，你是否知道保留地土地糾紛的案例？而制度中，原住民土地糾紛如何調解？鄉公所及鄉土審會是否發揮功能？

　　在現在原住民土地制度中，保留地土地糾紛的案例非常多，而制度中，原住民土地糾紛絕大多數以鄉公所的調解委員會辦理調解，而鄉土審會只是形式上的功能調解功能罷了，就算鄉土審議決的處分結果，依然須辦理須依其他法規程序辦理，如收回違規私人土地，也必須經上級機關同意及法院判決，因原住民保證地開發管理辦法的法規位階太低。亟需要提高成正式的法律。

2. 你對國家規定「原住民傳統領域及保留地原來是屬於國有土地」的看法？

　　我認為國家規定「原住民傳統領域及保留地原來是屬於國有土地」的看法，是一種大漢民族，擺明欺侮原住民的一種說法，如前述所說的，是以一個戰勝的侵略者的角色及姿態，重新分配從戰敗者取得的戰利品的方式說法及作法。

3. 在現行原住民土地制度中，你覺得：法律制度（管理辦法、增劃編）與組織機關（鄉公所及鄉土審會）有需要改善的問題？

　　在現行原住民土地制度中,我覺得政府必須確實及實際的學習國外先進民主國家的作法,以尊重及平等的位階看待原住民保留地。

　　法律制度方面:提高原住民族土地管理法令的位階,建立完善的調解與調查機關,成為特別法。而不再受限在行政命令的位階。

　　管理辦法:政府應確實檢討及修正其法規的制度面及位階。並提升原住民土地開發管理辦法為原住民土地法,因民族習慣及生活方式不同,有必要的成為特別法的階層。

　　增劃編:增劃編是政府欺騙小孩子的作法,如同給會吵鬧的小孩糖果一樣,在實質的做法是由中央政府先行與各地區部落民眾及部落頭目、耆老等座談,了解原部落所有土地領域,〉在經專家及學者共同研討其劃定區域,而不是由鄉公所基層單位提報,然後附加限制條款。所以我說增劃編是欺騙的作法。

　　組織機關(鄉公所及鄉土審會)有需要改善的問題?(不方便陳述)

4. 你覺得:國家在原住民土地上的機關,如國家公園,林務局,都市計畫,河川局…對於原住民的保障,符合原住民生活或發展需要嗎?

　　我覺得國家在原住民土地上的機關,如國家公園,林務局,都市計畫,河川局…對於原住民的保障,對原住民生活或發展需要形成了一個阻礙,對於傳統領土的權利被剝削。

第四部份:原住民土地制度的反思

1. 你覺得:國家的原住民土地制度、原住民族傳統土地制度,兩種主要差別?如果原基法承認「原住民族土地權利」,法令制度規劃如何整合兩者?

　　我覺得國家的原住民土地制度並未實質保障原住民對於土地的基本權利、原住民族傳統土地制度與現行規定並無法契合,兩種主要差別在與對於原住民族土地是如何來的有很大的差異,原住民說是原住民族傳統土地是祖先流傳下來且有傳統土地規範使用;但是,國家認為傳統原住民族土地國家固有的,需要依據保留地制度管理。只要將這一個爭議點釐清,就可以開始整合。

　　如果原基法承認「原住民族土地權利」,法令制度規劃如何整合兩

者？我相信是有機會整合，只要是先實施傳統土地規則與現有管理法令共同折中，嘗試實施一段時間，定且配合民族自治來恢復傳統固有的土地權利。

2. 聯合國原住民權利宣言認為原住民族土地權利需要「歸還」。台灣原住民族屬於《宣言》指的原住民族嗎？你覺得：原基法中「承認原住民族土地權利」要如何落實，才符合原住民族發展的需要？

　　我雖然通過國家考試、也是土地管理本科出身，但我對於原住民族權利宣言及原基法不是很熟。保留地一直認為「原住民傳統土地都是國家的」。原基法的承認原住民族土地權，就需要先將這一個概念修正與調整。重新在認識原住民族土地規範與面對保留地的制度歷史，來承認原住民族的土地權利，才有機會法律保護原住民族的土地權利，不然在所有的法律限制原住民族土地權利的安排下，原住民族無法藉由法律有效開發土地、並且進行族群的發展。

大同部落耆老目前持續以傳統土地耕作、自給自足 B9 訪談紀錄

一、個人基本資料。

　　我是民國 24 年出生，現在 76 歲。我出生就在大同部落，上過日本蕃同學校二年級。我習慣在山上耕作，不喜歡到平地生活或打工。主要是種田維生、養活家庭。

二、家族成員工作與經濟狀況、土地使用狀況。

　　我在大同有祖傳的土地，保留地，目前還持續在山上耕作。種的東西會銷售到平地，有些自己種自己吃。

第一部份：對自己族群傳統土地使用習慣的認知及其經驗

1. 介紹在國家土地法規施行之前自己族群的傳統土地使用習慣。

　　我目前還在耕作。以前耕作的習慣不是為了種植拿去賣(經濟作物)，而是滿足自己家族或部落族人的需要，而維持所謂的輪種的方式。一塊休耕土地需要三四年以上，自然養成雜草與樹木之後，在 9、10 月左右，我們會進行除草及將四五年齡的樹木砍伐，將這一些草放一個月之後，會自然乾枯，在由地勢高的地方開始燒，成為肥料。之後經過幾次的除草，尤其是那種「猴子雜草」一定要連根拔除，元月也在整地，放著等到三月中四月初之間，開始種植陸稻、或小米等主食。當苗長到約 20 公分高的時候、我們就開始在同一塊地種植地瓜。而種植地瓜藤會爬滿整片地，將雜草壓蓋住而無法長大，而稻苗或小米則可以順利長大，所以也不特別除草。等到八月的時候，我們就可以收割稻子或小米。而這些主食剩下的梗我們也拔下放在地瓜田當肥料，地瓜就會長得很好。我們一般會持續將地瓜留在第二年，而不會特別種植其他主食。經驗是這樣，如果第二年還是在三四月種植稻子或小米等主食、這樣第二年收穫的量會減半、第三年會幾乎沒有。所以，我們第二年會維持地瓜田為主。另外，我們在經驗上也認為三月中到四月 10 日之前種植是最好的時間，因為怕八月之後的颱風，如果晚種植，收穫前很容易碰上颱風並且失去，尤其是陸稻最怕。

　　第二年維持種地瓜。地瓜是很重要的食物，地瓜我們會觀察，長三四個小瓜我會只留一兩個，這樣長的比較大。而且地瓜不用挖出來儲

存，因為會發芽，一般只在需要的時候才背籠子裝兩籠回家，就像在地下有一個自然的倉庫。而且地瓜藤可以用來養豬。而且冬天有雪霜，會把地瓜藤凍死，但是地瓜還是可以在地下保持新鮮，且天氣暖了之後又可以發芽，重新長出瓜藤，並且可以將瓜藤移植新的地瓜苗。更重要是，我們需要地瓜吃的時候，可以到地上挖就有食物可以吃了。

　　所以，第三年的三四月我們會考慮種植花生、玉米、紅豆、綠豆等其他的作物。情況也是一樣。會在元月或是二月將土地作整哩，地瓜也會全部清乾淨，一個月之後焚燒成堆肥，再除草整地，等三月的種植。花生、玉米這些就不怕颱風了，晚一些收成也還可以應付人力的不足，尤其有颱風來的時候。種到八九月收成之後，作整理，雜草及樹木就會自己張大，放至少要四年、五年以上，才可以在使用。就是上面講的耕種周期。整個過程都不會使用肥料。

　　而一般家庭會有四五塊土地在使用，而每一塊土地約三四分，這樣就足夠了。一塊可以休耕；一塊地種植主食，如稻子、小米、小麥，而混種地瓜；一塊地種植地瓜；一塊地作其他的作物，花生、玉米、綠豆、紅豆等，而混種地瓜。

　　我們耕作的地方是選擇有緩坡的土地，不是說完全平坦的就是好的土地，平地一般會蓋房子。另外一方面，有助於人力的種植與收穫，也有助於焚燒的時候由上往下燒，可以有效控制。而所種植的作物都不是需要灌溉，不像平地的水稻。我們在耕種的時候，一般是一塊地，兩個人力，種四天。有時需要人力的時候，可以換工(smbaluh)的方式。而我們在山上沒有使用牛這種東西，也只是使用鋤頭。這樣就可以耕作，並養活一家人了。

　　我們太魯閣族使用土地是有 gaya 的。開墾土地與繼承土地是有關係的。每個家的父親是要看家裡土地是否足夠家庭的需要，尤其是男孩子長大要結婚，一定要幫忙找適合的女孩結婚，並且在家裡共同生活時間，等到下一個男孩要結婚之後，在父親或長男提議下，家人會協助長男會在老家不遠的地方蓋新房子，同時分配新的土地耕作給他們。之後，這個小家庭也開始尋找新的土地耕作，並累積自己家庭需要耕作的土地。另一方面，男孩依照年齡依序結婚、並安排耕地與房子之後，最

小的兒子結婚之後就留在家哩，繼承最後的土地與房子，並負責照顧老家。首先，父親會對將獨立的男孩子尋找沒有人開墾過的土地，主要是看土質肥沃，不會硬，稍微緩坡土地。確定新耕地之後會再選定適當的範圍，並且在邊界處的雜草作整理，在 gaya 上，其他族人看到這樣的土地，就不會再來侵犯，並且這一個家長就可以帶領親友共同來開墾整理新土地。當時的工具是很簡單的，就是用鋤頭、刀子、斧頭並手工開墾，如果是很粗大的樹木，則會樹幹底部用燒的方式。所以，是需要家長尋找符合 gaya、而且沒有侵犯族人土地權利、並結合其社會關係來開墾給將來結婚的男孩子的土地。

（有關獵場呢？）獵場也是一樣，我們部落的獵場在哪裡，誰的獵場在哪裡，只有那一個獵場有關的部落族人才可以去放陷阱，也不是可以侵犯的。但是，我知道我們在砂卡礑溪這一帶部落的族人會有姻親關係，同時也向和平的方向移居，但是那一帶遷移過去形成部落的獵場是可以共同使用的，比較不一樣。

2. 傳統社會的土地使用與傳統文化關係。

有關土地看顧的 utux，是有這一個概念的。我的認知是剛開始開墾是需要依據 gaya 的，不可以侵犯別人的土地。如果發生這種情況，被侵犯土地的家族可以攻擊那一個人。日本管理的時候，發生土地糾紛也會去找警察，警察也是會詢問土地到底是誰的名字，依據傳統的 gaya 會將侵犯土地的人給予嚴重的處罰。如果這一個家族使用土地很多代之後，我相信這一個土地開墾耕作的歷代族人的靈魂會看顧這一塊土地，並且懲罰侵犯的人，保護依照 gaya 使用土地的後代。我覺得這一個看顧土地的 utux 就是祖靈 utux rudan。土地的邊界是在開墾的時候確定的，有時耕地隔壁有另外族人在使用，但是族人可以很清楚的知道邊界在哪裡，後來才會用石頭埋在之前約定的邊界上，任何人都不可以移動這一個石頭。甚至埋石頭的時候可以是某一方做這一件事情，另一方可以不用在場，因為沒有人會隨便。

3. 你個人認為：在國家統治之前，族人對於部落土地是否擁有特殊的權利或「部落領土」的概念？你對歷史上自己族群與外族或日本發生戰役的看法。

　　Truku 對於土地權利的概念也是有的。我的解釋就是自我管理、不要賣土地、好好使用養家，土地是誰名字的就是誰的，沒有其他人敢侵犯。50 年的時候開始有測量、登記、發權狀，我覺得這跟我們使用土地歸屬於誰的規則是一樣的事情，現在講的土地權利，我們以前也有這樣的概念，不是因爲國家來了我們才知道。

附錄八：金門馬祖東沙南沙地區未登記土地總登記之處理法律

　　「金門馬祖東沙南沙地區安全及輔導條例」立法公布時間為 1992年 8 月 7 日，廢止時間為 1998 年 6 月 24 日。而通過處裡因戰地任務而未登錄土地總登記者，既該條例第 14 之 1 條，則是在 1994 年 4 月 28日增訂。金馬外島地區因戰地任務而發生無償徵收或軍事原因而喪失佔有，以至於無法在土地總登記時取得設定與登記。所以，在 1994 年在此舉行為期三年的土地總登記，以歸還或取得所有權。其中，檢具有關權利證明文件、附具證明文件的定義為何，是條例對於金馬外島地區的歷史發展與族群原有土地管理制度的承認與採信有關。在形式上，該條例還是維持以所有制的財產權概念為基礎，設計土地總登記之土地糾紛「調處」機制。

　　本條例承認國家因戰地任務或軍事原因而損害人民財產權，並尋求事後的承認與補救；這是可以給予國家參考原基法承認原住民族土地權之後的補救問題。但對於原住民族經歷殖民統治而制度性地被剝奪固有土地權利來說，國家發動戰爭、征服「蕃人」、取得「蕃地」，是經歷否定「蕃人」的人格權或文化權而進一步剝奪土地財產權。所以，國家處理承認原住民族土地與自然資源權利的補救，需要由多元文化原則來重新認識、尊重，此種承認才實際地根本解決。

法規名稱：金門馬祖東沙南沙地區安全及輔導條例

第 14 之 1 條

　　本條例適用地區之土地，於實施戰地政務期間，<u>非因有償徵收登記為公有者</u>，原土地所有人或<u>合於民法規定時效完成取得請求登記所有權之人</u>或其繼承人，得於本條例修正施行之日起三年內，檢具有關<u>權利證明文件</u>，向土地所在地管轄地政機關申請<u>歸還或取得所有權</u>；其經<u>審查無誤後</u>，<u>公告</u>六個月，期滿無人提出異議者，由該管地政機關逕為辦理土地所有權移轉登記，如有異議，依照<u>土地法第五十九條</u>規定處理。

　　本條例適用地區之未登記土地，<u>因軍事原因喪失占有者</u>，原土地

所有權人或合於民法規定時效完成取得請求登記所有權之人或其繼承人，得檢具<u>權利證明文件</u>或<u>經土地四鄰證明</u>，申請爲土地所有權之登記。

前二項歸還或取得所有權登記審查辦法，由內政部會商財政部擬訂，報請行政院核定之。

未登記土地，於辦理<u>土地總登記期間</u>，應設<u>土地總登記委員會</u>，處理總登記有關事宜；其組織規程，由行政院定之。

法規名稱：金門馬祖東沙南沙地區未登記土地總登記委員會組織規程
法規沿革：中華民國 84 年 1 月 9 日連秘法字第一二○一二號發布

第一條、本規程依金門馬祖東沙南沙地區安全及輔導條例第十四條之一第四項規定訂定之。

第二條、土地總登記委員會（以下簡稱本會）掌理左列事項：

一、未登記土地界址糾紛調處事項。

二、未登記土地總登記權利糾紛調處事項。

三、其有關土地總登記事項。

第三條、本會置委員九人，均爲無給職，由左列人員組成之，並由縣長或主任秘書爲召集人，於開會時擔任主席。

一、縣長及主任秘書。

二、縣議會代表一人。

三、民政局局長。

四、地政事務所主任。

五、地方公正人士一人。

六、土地所在地之鄉（鎮）長。

七、土地所在地之鄉（鎮）調解委員會主席。

八、土地所在地之鄉（鎮）尊老一人。

第四條、本會委員由縣政府遴聘之，開會時應親自出席，共須有三分之二之出席始得開會，出席委員三分之二之同意始得<u>決議</u>。

第五條、本會委員對其具有利害關係之案件，應行迴避。

第六條、本會幕僚工作，由縣政府指派人員辦理。

第七條、本規程自發布日施行。

法規名稱：土地法

第五十九條

　　土地權利關係人，在前條公告期間內，如有異議，得向該管直轄市或縣 (市) 地政機關以書面提出，並應附具證明文件。

　　因前項異議而生土地權利爭執時，應由該管直轄市或縣 (市) 地政機關予以調處，不服調處者，應於接到調處通知後十五日內，向司法機關訴請處理，逾期不起訴者，依原調處結果辦理之。

附錄九：第五章參考案例二中，原住民申請土地主張所 自行調查資料

　　本附錄整理第五章參考案例二，既花蓮縣秀林鄉富世村舊台電立霧溪發電廠備勤宿舍土地使用的歷史調查；將管理機關依據地籍簿冊承認的「法律事實」之外的自行調查資料，包含第五章第一節介紹的該地舊地圖與美軍空照圖等，另附上以下佐證資料；凸顯出文字證據之地籍簿冊有遺漏登載，並需要耆老口述證據及佐證資料、以補正原住民族土地權之證據資料的證據力。

　　本附錄呈現保留地管理機關依據行政命令及土地法規，限制原住民主張傳統土地權利被剝奪，是限定在地籍簿冊與文字證據，而這項規定就可以保障殖民脈絡下的原基法的原住民族土地權利，是原住民菁英參與政府管理機關而「自我殖民」地呈現多麼荒謬的論點。而本案當事人自行收即佐證資料。這成果可以作為實踐原基法第 20 條「原住民族土地調查及處理委員會」的調查與處理，並尋求土地歷史真相的模式。

一、日據時期舊地圖：

(一) 參考案例該地區的蕃地地形圖加禮宛 (局部放大，紅色圓圈內 的長方型黑點表示房屋住家)

臺灣總督府民政部警察本署—大正三年(1914 年)繪製地圖

資料來源：中央圖書館　臺灣分館　日治時期期刊全文影像系統地圖資料庫
http://stfj.ntl.edu.tw/cgi-bin/gs32/gsweb.cgi/ccd=9Ho1xH/search?mode=basic

附錄圖 B：參考案例該地區的蕃地地形圖　加禮宛第四號(局部放大)

(二)參考案例該地區的臺灣地形圖　新城　(局部放大，紅色圓圈內的長方型黑點表示房屋住家)

大日本帝國陸地測量部測繪—昭和四年(1929年)繪製地圖

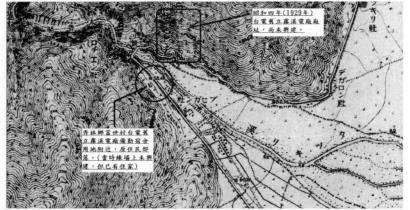

資料來源：中央圖書館　臺灣分館　日治時期期刊全文影像系統　地圖資料庫
http://stfj.ntl.edu.tw/cgi-bin/gs32/gsweb.cgi/ccd=9Ho1xH/search?mode=basic

附錄圖 C：參考案例該地區的臺灣地形圖　新城 (局部放大)

　　圖 5-4 是吉田初三郎昭和十年(1935)手繪彩色的太魯閣鳥瞰圖之中，本參考案例的該爭議土地局部放大，且已標示住家及綠色開墾情況。另外，由政府公務機關測繪舊地圖可之，在昭和四年(1929年)尚未興建台電舊立霧溪電廠及備勤宿舍，但是在大正三年(1914年)太魯閣戰役之前，已經有原住民在此耕作定居。

　　1935 年立霧溪發電廠尚未興建；顯見這些原住民並不是因為政府藉由公有荒地召墾以及現代國家的民法、土地法等相關規定，而是在此之前已經占有、擁有這些傳統土地。本案例之原住民主張的土地權是屬於「既存占有」的傳統土地權利，符合原住民族基本法及聯合國原住民族權利宣言所主張的「原住民族土地權利」，並不是保留地管理辦法所

謂的分配公有保留地或公有土地的私益請求而已。

二、日據時期戶籍資料：

舊地圖標示在電廠興建之前，已經有原住民定居並在該地區開墾耕作。但是，那些原住民是哪一些家族及哪一些人呢？陳情人藉由日據時期戶籍資料及耆老口述查證，是陳天道與陳松梅夫婦(後代是陳怡仁、陳麗君等)、林清山與林清秀父子（關係人是邱接興、李紅櫻等）、陳忠正與陳三良父子(後代是陳先進、陳孝文等)等等。另有高家與江家的歷史資料與使用區域尚待整理。

日據時期戶籍資料如下：

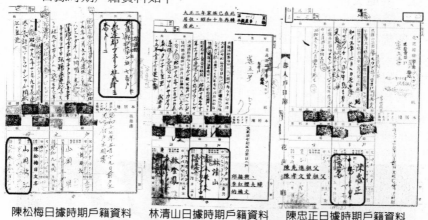

陳松梅日據時期戶籍資料　　林清山日據時期戶籍資料　　陳忠正日據時期戶籍資料

附錄圖 D：日治時期秀林鄉富世村舊台電立霧溪發電廠宿舍用地的既存占用該土地的家族戶籍資料

日據時期戶籍資料顯示：陳怡仁的母親、陳松梅是昭和八年(1933年)由秀林村咕嚕部落嫁入陳天道家族，而陳天道家族是本地區最先開墾耕作的家族之一，且在 1933 年之前以在此定居。邱接興、李紅櫻夫婦的姨丈林清山的家族是大正三年(1914 年)已經在武士岸部落(本區域的舊名)定居，而大正七年因娶妻而內遷內太魯閣，到昭和十年(1935 年)再回到家族傳統土地定居開墾。陳先進的祖父、陳忠正是在昭和九年(1934 年)由蓮花池部落遷居到此，定居開墾。

　　而上述的戶籍資料顯示：台電舊立霧溪電廠是在 1940 年才申請租用開始興建，而上述家族的原住民已經依據太魯閣族族群傳統土地制度，在此定居開墾。且與前述舊地圖的狀態相符合。所以，管理機關在《原基法》通過之後，還是依據有遺漏登載的地籍簿冊(圖 5-3)就宣稱主張回復既存占有之傳統土地權利的原住民，是沒有「土地使用權源證明」、且作成「查無渠等使用之事實」的裁量，是有瑕疵的。保留地管理的「法律／事實」認定只依據地籍簿冊，是明顯「制度欠缺」的情況，無法保障「原住民族土地權」。

三、其他文件：

　　昭和六年(1931 年)「蕃人所要地調查書」花蓮港廳研海支廳　武士岸部落之調查，陳述新城山北麓土地是適宜耕作的台地區域，且有太魯閣族人在此形成部落的陳述。

　　另外，也請陳松梅女士、林清香女士、江澄清先生、吳金成牧師、林添枝牧師等部落耆老，進行口述歷史的整理記錄，證明該地在興建立霧溪電廠備勤宿舍之前，已經是部落族人陳天道、林清山、陳忠正等家族的傳統耕作土地，而且當初日本警察是以「租借」的方式向族人借地興建發電廠備勤宿舍，並且言明之後會歸還土地。

附錄圖 E：了解參考案例歷史的林清香、李紅櫻、陳松梅耆老口述歷史紀錄、及耆老陳松梅女士現地口述當初耕作歷史

四、部落耆老透過公證人進行耆老口述轉換成公證的文字資料：

　　耆老口述歷史作為公證資料，與 1948 年空照圖、昭和十年繪圖、

日本陸軍地圖、日本戶籍資料、花蓮縣誌等資料相符。公證主要內容有：吳金成老牧師指出，該土地在民國 28 年之前、未興建電廠宿舍，但有陳先進祖父之豬舍；葉保進老牧師指出，在民國 26-27 年期間被要求集團移住到卓溪時路過本地休息，當地確實是陳先進等人祖先在此開墾耕作；張添枝老牧師指出，家住現今太魯閣國家公園管理處台地，民國 24 年到蕃童學校(今富世國小)上學必經過該地，有林姓同學就住在該土地，而有陳姓與林姓家族居住該土地開墾耕作；許通利耆老指出，親眼見到該土地有族人在該地種植小米穗成熟與其它旱作的情況；並有多位耆老江澄清(去年過世)、金正義、陳怡仁與本人等作過相關的公證。這些資料都足以證明在地籍簿冊登載台電民國 41 年 11 月使用之前，陳情人家族祖先已經開墾定耕該土地，地籍簿冊是有限制(以使用者或強佔者擁有陳述財產使用的權利)條件或遺漏登載的情況。秀林鄉公所作成<u>「查無渠與祖先等使用之事實」裁量，支持台電可以在保留地總登記前，且未協商換地補償前既排除原住民使用，是有待商榷的。</u>

　　相較該土地 1983 年登載之地籍簿冊（圖 5-3：台電是民國 41 年興建房舍、民國 63 年申請租用），部落耆老有更清楚的紀錄該土地使用之轉移之過程，是地籍簿冊遺漏登載者。而圖 5-5 之 1948 空照圖也已經證明該土地局部有房舍狀況、更證明耆老所陳述是比較接近於歷史事實。但是參考附錄十，管理執行機關公文回應，已依據國家保留地之法政策、擬定有遺漏登載之地籍簿冊為「法律事實」，且行政命令之保留地管理辦法在「否定原住民族土地與自然資源權利」下設計保留地制度，可對抗憲法位階的多元文化原則及法律位階的原住民族基本法對原住民族土地與自然資源權利的承認原則、尊重原則、法制原則與原住民族集體權利保障。

附錄表 C、參與公證陳述耆老資料　(註：時間都集中在 2009 年 12 月～2010 年 1 月。)

編號	陳述人	出生	性別	個人介紹
1	李◎◎	1923	女	住富世，在土地總登記之前其原墾土地被台電強佔之經驗。是實際經驗被排除使用的存活耆老，期待鄉長可以親自了解

2	吳◎◎	1935	男	住富世,退休牧師,家族傳統土地在大禮部落,蕃童學校上下學經過本案該土地區。
3	葉◎◎	1926	男	住加灣,退休牧師,太魯閣族文化工作者,家族集團遷移時經過本案該地區家庭。
4	張◎◎	1926	男	住富世,退休牧師,家族傳統土地在現今太魯閣國家公園管理處之舊部落。有蕃童學校同學在本案區域內。
5	許◎◎	1930	男	住富世,家族傳統土地在大禮部落,日治時期拜訪過該區域。
6	白◎◎	1938	女	住富世,在立霧溪電廠宿舍做過清潔管理的工作
8	金◎◎	1935	男	住富世,基督徒,在立霧溪電廠宿舍荒廢期間曬農作物。
9	高◎◎	1935	女	住富世,曾經與母親在該土地耕作。
10	陳◎◎	1934	男	住秀林,在土地總登記之前其原墾土地被台電強佔之經驗

部落耆老李◎◎的公證(其是被台電剝奪傳統土地當事人)

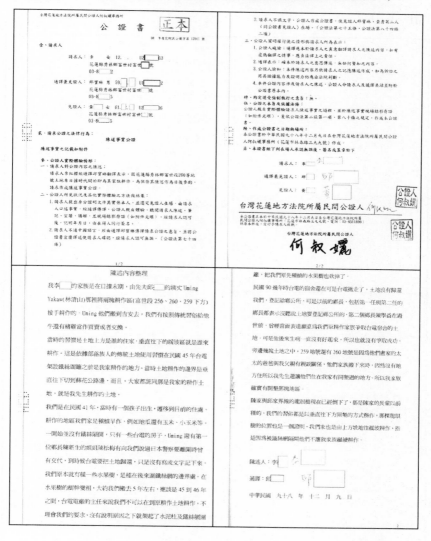

其他耆老之陳述(吳◎◎、張◎◎、葉◎◎等三位牧師與耆老許◎◎)

陳述內容整理

我是張□，民國24年□月□日生，我小時候住在大同，我讀過書經過未爭土地。我印象很深就時有看到土地上網越過去，對方楊桃地瓜、賸余海邊有房子。小時候我沒有看過有龍扯關難或隧道我大了之後才知道那八人家是窟。小時海不曉得他們是誰。

民國55年7月我退休，我從神學院畢業後來到富世教會擔任傳道人，我住了4年左右教會改成了盼望教會，我當時出來服務就去那邊過信徒，找去傳道的時候那一戶首領人家已經不在那邊了，房屋歡難會就沒有了，已變成電力公司會舍了。

我心願30幾年時還到古家，55年到富世擔任傳道時跑師啊，找去拝訪，我知那一戶當頭的人家叫陳三段，陳三段當頭我他們以前住在那裡，就是那一戶首領人家。就是第二段是爸爸陳忠仕家，陳家他們36年時有遷到吉安後來又遷回來。我也傳道時有看到土地上方有鐵絲網圍籬。

陳述人：張□□（印）

中華民國　九十□　年　一　月　三　日

（印）

陳述事實整理

我是張□，大正三年，民國15年□月□日生，我出生在現在太魯閣開發事公瀨部落，追到昭和十年代10歲時候才到日據時期的蕃童學校就讀(現在富世國小)，當時就是要經過現在台電宿舍的地方。上面好像有幾戶人家，我知道一家姓陳，一家姓林，所以我確實看到那邊是原住民開墾耕作的地方，那裡大部分種植小米、花生，還有可以做年粒的稻子。

我上學時候也曾經到黑瓶力的人家坐，因為有司機住在那裡。

我15-18歲時我在富世國小突的波北所擔任接電話的工作，第二次世界大戰之前我被派到花蓮交叉機場，回來的時候坐火車才覺多人多，有種農作物。

昭和十年代時候沒有潮腸，也沒有蓋台電宿舍，我二十多歲從花蓮警察局回來時在蓋身流脚，已經有一廠家台電宿舍，當時沒有潮腸。

我三十多歲時開始擔任傳道人時住在教會下面，是受教師現在住的地方，當時有看到鐵絲網，但沒有看到水泥路。

陳述人：張□□（印）
高□□（印）

中華民國　九十九　年　一　月　三　日

證　明　書

我是葉□□，民國15年□月□日生，我不是富世村的人，是天祥蓮花池的人，但我知道大約在民國26～28年內太魯閣43個部落全部被侵占，強制移到平地。那時候我們才把重要的東西從蓮花池移到富世，我們預計要去卓溪。我當時13-14歲，我當時有看到這邊的土地都是住在這邊的人的地方，都有種果樹，當時的房屋是他們自己的房屋，下方平地都是種東西沒有房子。當時的人都是種了東西就是他們在用的，不是別人的。當時沒有別人在用土地。我三年間來來去去，我確實看到部落的人他們土地上有種植物、果樹園、地瓜之類的。我知道親戚陳家家族他們在此開墾耕作，族人是由上面往下耕作到當時的公路邊。

陳述人：葉□□（印）

中華民國　九十九　年　一　月　三　日

陳述內容整理

我是許□□，民國19年□月□日生，以前唸書童教育所，以前的這面國小，我在大禮出生。要去中富世之男，10歲時我唸那裡有下坪起在大禮那邊，我在富世的學校開始要搬家到這，要到過這邊的田地，一年級的時候那邊還沒有蓋房子，我下家村的時在那邊休息，當時沒有什麼，沒到我去二年級的時候，爭土地不開始有蓋房子，當時是日本人說平地人在蓋工程，他們工程是在蓋毒的路，那邊也打做工程，就是會電器那邊，但也我知道那邊也是工程身有就的關係。

二、三年級之後都有帶我們去蕃地那邊照顧果樹，當時有看到照顧果院工程、架水泥、預置器，所以是後台13歲時那時他們在那裡蓋工程。那邊台電研合地的上面，有一家姓的的師祖(YI YANG)解祖難那裡的紀家，就在以前富治的上面，我國小一年級時我親寫稻子土地耕過，他們就在那邊土地都耕過，最小李樹成果期呈現的顏色。還有種的瓜，所以我很確定是有人在那裡土地是看的原後還沒做到有子之前我有耕作，也沒有鋼路關係，他們的男子在那邊地上面，下面種東西，沒有鋼關係，還有國民政府去施才有關係。

結高時候都是最北較靠近水方，我比較清楚那裡的狀況，那邊都是後來在現，另外一邊我沒有往去過走所以比較不清楚。

陳述人：許□□（印）（簽名）
通譯：□□（印）

中華民國　九十九　年　一　月　三　日

其他耆老之陳述(白○○、金○○、高○○、陳○○耆老)

陳述內容整理

　　我是白○○，民國27年○月○日生，我約14歲時，民國42年我到發電廠擔任冷作幫傭，做大約5-6個月，是我表妹介紹的。宿舍沒有圍牆隔離，後方有鐵絲網，上面的土地也都沒有圍牆，我可以自由走動上到宿舍上方去探妹家找她。

　　當時土地有種植水果樹，比如芒果、龍眼，我不知道是誰種的，我只知道土地上方沒有圍牆，還有有果樹。後來圍牆隔離是誰蓋的我就不知道了，不曉得是鄉公所還是台電後來才蓋的。

　　陳述人：白　　[印]

中華民國　九十○年　證人　何叔○　月　　三　日

陳述內容整理

　　我是金○○，民國24年○月○日生，我小時候住在第一部，就是現在的12鄰，我家前面因為沒辦去曬農作物，所以我就到口揀時埕鄰接之台電立霧溪發電廠的舊宿舍前空地曬農作物，那舊宿舍已經整個壞了，颱風也把宿舍吹垮了，所以我就利用那個空地曬作物。當時就曾看到舊宿舍上方皆上地有人耕作、種水果，有人收割。以前沒有圍牆隔離，民國四十多年才有圍牆。

　　老人家在曬穀子時我會到處跑去玩，沒有圍牆，行走很自由，沒有現在的水泥圍牆隔離。我回鄉45年去當兵，當時沒有鐵絲網，到我民國47年12月當完兵回來，我父親也由現在的12鄰遷移到高玉雲家族的土地上，就是今日金正理家那邊(我是金正理的兄弟)，當時才有圍牆鐵絲網。

　　陳述人：金　　[印]

　　通譯：邱　　[印]

中華民國　九十○年　　一　月　　三　日

陳述內容整理

　　我是高○○，民國34年○月○日生，我家遷住以前的台電高爾上方西半邊那裡，我6-7歲還住那邊，我大約8歲時因與發生戰爭住在石流起屋子吹垮了，所以我父親就搬到現在高家那裡住，我在9歲上口揀啓蒙教育所(現在的富世國小)，一二年級的那些師長都得跟去工作，後上學之前就是，我國小二、三年級就比較有覺我住在那邊種地瓜、花生，田地就在我家旁向山下的斜坡，位置很大，是那在金正理、金光輝他家的寬廣柱下的土地。以前都沒有圍牆，只有跟日本人蓋的宿舍那的有一些鐵絲網起來，下方還是可以跑來跑去。我民國48年8月結婚時也都沒有圍牆，我生完兩個小孩之後才比較有印象那個大概有鐵絲。

　　我結婚後其實才親到那個土地耕作，種植花生地瓜等，也有養牛，到我結婚之前，家族也送到以前土地耕作，也還有圍牆那邊還是那，我結婚之後搬到12鄰那邊，金光輝家族送我交稅用來，用稅交換，買地當時已經有溝好的圍牆那，大約民國47，我們現在的房屋下方的土地，就下方道路那片山揀時代13鄰有鐵絲網，當的時候中間有另外架設鐵絲網了。

　　陳述人：高　　[印]

　　通譯：邱　　[印]

中華民國　九十○年　公證人　何叔○　月　　三　日

陳述內容整理

　　我是陳○○，民國23年○月○日生，我父親是陳○○，我父親在我小學一、二年級過世，當時電力公司還沒有了，當時平原那邊電力公司籌備要蓋，還沒有蓋之前我站在鄰接松為今日那邊種花生、亭仔，我記得那邊有避避難所，下雨時可以躲在那邊。我媽媽以前告訴我這個土地地方給爸爸以前種小米等東西的，她父代我這些地方將來要記得是我們家的土地。

　　我國小二、三年級時電力公司開始蓋木造倉舍，那時我們家住在宿舍上方山腳邊。一部分沒有蓋房屋就讓我們還在繼續耕作，那裡的土地是我父親遺一的財產，大約國小三年級平地蓋了日式宿舍，地就被占走了。

　　土地上方是我們家族視域，Yudaw Umung 家族(姓林)、姓鄧的、還有姓江的(江遵吉)、姓陳三位的家族他們所耕作的土地。

　　圍籬是光復之後蓋的，日本人走了之後代理人住在那裡，我們種植地區就改到山腳處，平台那邊既不能種植了。

　　陳述人：陳　　[印]

中華民國　九十九年　　一　月　　三　日

該土地在台電排除原耕作住民使用前之使用人與邊界確認

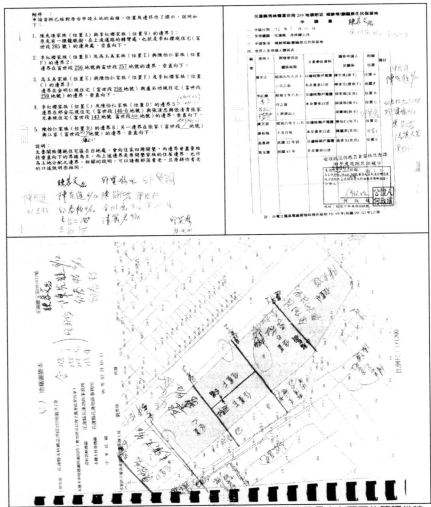

註：主要依據的原則是太魯閣族傳統土地使用習慣，土地使用是由上而下的確認當時
　　使用土地家族的土地所有邊界。

附錄十：參考案例二中管理執行機關對於附錄九之公證資料「依法行政」的回應

　　參考案例二中，陳情人質疑管理執行機關鄉公所依據有遺漏登載的地籍簿冊，與陳情人自行調查證據以及耆老公證陳述不同，確實發生公產機關排除陳情人使用傳統土地、致使當事人無法進行土地總登記與被剝奪之歷史事實，而 2010 年 1 月向監察院提出新資料與陳情。管理執行機關(鄉公所)對於監察院請求調查、延至 2010 年 10 月才提出相關的調查回附與法令解釋。

　　最根本原因在於本公文的說明四，「查無渠等使用之事實」。而其所謂的「事實」是定義在保留地管理辦法的殖民歷史脈絡的「法律事實」，而不是原基法規範國家承認原住民族土地與自然資源權利之「新法律事實」。所以，管理機關不調查前來事件當事人耆老之經歷陳述，也對於空照圖、舊地圖、日據時期戶籍資料等的歷史事實沒有興趣，只翻閱有遺漏登載之地籍簿冊。就像本文第四章所分析的國家原住民土地權利的殖民歷史觀點，故所謂「土地使用權源證明文件」就只限定在土地清查之後的地籍簿冊。有關陳情人自行調查資料就算是歷史實際的事實經過，在地籍簿冊上未加登載，則管理機關也視若無睹。故，管理執行機關在公文之說明四的後半段依據這種論點，認為在法律(政策)上定義所謂的「法律事實」、管理機關可以進一步依法否決當事人在此案例地當事人資格，也就沒有必要依據陳情人所提供的調查證據進一步依法調查需要。

　　此公文上述的論點也正呼應了本文第四章、有關國家殖民歷史觀點的原住民土地權利之論點。重點是，管理機關依據行政命令的此論點是與原基法之觀點相違背的，而昭告「人權立國」之的政府卻沒有任何機制可以檢討或修正法令制度，而只強調「依法行政」。就算人證物證擺在眼前、人民不斷陳情，政府機關也可以如此公開地「依法」踐踏原住民族傳統土地權利。

　　最後管理機關在公文說明五提出，執行機關依據「公益原則」，認為該區域進行公共造產對地方繁榮發展比分配給原住民私有還要符合

社會正義；既表明，陳情人一再主張調查「歷史事實」真相、並依據原基法政府承認原住民族土地與自然資源權利予以妥處，則此種人民權利是被歸屬於申請保留地分配之「私益」。這也說明我國政府現有所謂原住民族土地與自然資源權利，是限制在管理機關不需要公共造產、也不需要提供企業在林業礦業等之開發，原住民才有主張增劃編或分配的權利、如果人民主張「歸還」傳統土地權利，將會定義在民法的所有權主張與私權糾紛、而在欠缺文字證明文件下，原住民幾乎無法爭取傳統土地的權利。也正反映正文第四章的觀察，現有原住民(族)土地權利是國家特殊救濟的權利、是有限度的特權、而非原住民族基本人權(財產權)之保障。公文也拒絕承認管理機關拒絕調查陳情人自行調查資料的內容，與公共造產有關。

從本案例可知，原住民已經提出充分的證據指證地籍簿冊有遺漏登載之狀況，但仍然可以用法律手段刻意而合法地忽視之。顯見，國家對於原住民族土地（包函保留地與傳統土地）的認知還是殖民帝國時期的態度，也就是當管理機關有公共造產或產業經濟發展之需要，就宣稱該土地相關的財產權利的調查與證據必依現有法定程序與地籍簿冊，實際上也宣告了該土地屬於國有。政府從來不檢討日治以來「蕃地國有」之政策是否符合國家保障原住民族基本人權的歷史政策？而在聯合國通過的《原住民族權利宣言》與我國通過「原住民族基本法」之後，對於原住民族土地與自然資源保障的法治化，遠遠落後國際社會，也大多是口惠而不實的立法原則與政策。

花蓮縣秀林鄉公所 函

受文者：邱　君（富世村　　號）

發文日期：中華民國99年10月01日
發文字號：秀鄉經字第0990017322號函
速別：
密等及解密條件或保密期限：
附件：如主旨

主旨：有關監察院函為秦紅櫻等陳訴本鄉富世段255地號等土地，前經來貴祖先原墾並持續耕作，卻96年間申辦增劃編原住民保留地一案，本所復如說明，請　鑒核。

說明：
一、復有99年9月27日原經字第0990015643號函。

二、按行政院96年1月12日院臺建字第0960080805號函核定之補辦增劃編原住民保留地實施計畫略以：「一、原住民族社會於民國77年及83年間發起3次「還我土地運動」之訴求，台灣省政府為解決問題及尊重民意，自82年起賡續依「台灣省原住民社會發展方案」，籌劃保留地增編業務，於民國78年1月訂定「原住民使用原住民保留地以外公有土地增編為原住民保留地及劃設處理要點」，規定凡原住民於民國77年2月1日前繼續使用其他中央機關公有土地，得申請當時使用之公有土地，得向經濟（縣、市）公所申請。二、就高山地鄉情況不足，符合資格而滿限年之耕作者及兩側，要求籌備會賡續辦理原則，陸續改「增編原住民保留地工作計畫」、「增編原住民保留地增加工作計畫」、「補辦增劃編原住民保留地實施計畫」，以擴大受理原住民申請增編原住民保留地以外公有土地增編為原住民保留地等事項，以...

三、按上開增編原住民保留地相關工作計畫，作業規範及處理原則之規定，原住民為申辦公有土地增編原住民保留地，其申請之土地需...

四、本案陳情...

五、本所就原中土地之利用，已有興辦相關公共設施之規劃，按公有土地經營及處理所得第3項略以：「公有土地應儘量保持公有，由公有土地管理機關依相關法令規定自行辦理，提供各級政府辦理改出租、設定地上權、信託、撥用...

六、承上、本所就李君等陳訴96年間申請增編原住民保留地一案，准本所長依行政程序法調查事實真相，業已公用使用為由...

七、隨文檢陳李君等爭土地登記簿本，補辦增劃編原住民保留地實施計畫，本所96年4月2日秀鄉字第0960004682號函與李君等96年3月20日申請書各1份...

附錄圖 F：花蓮縣秀林鄉公文，2010.10.01 秀鄉經字第 0990017322 號函。

參考案例二中，陳情人質疑管理執行機關鄉公所依據有遺漏登載的地籍簿冊，與陳情人自行調查證據以及耆老公證陳述不同，確實發生公產機關排除陳情人使用傳統土地、致使當事人無法進行土地總登記與被剝奪之歷史事實，而 2010 年 1 月向監察院提出新資料與陳情。管理執行機關(鄉公所)對於監察院請求調查、延至 2010 年 10 月才提出相關的調查回附與法令解釋。

附圖 G：花蓮縣秀林鄉公文，2011.05.13 秀鄉經字第 1000003339 號函。

　　說明二的原民經字第 09600220322 號 (參考圖 5-6) 函示有關原住民保留地權利賦與工作規定，乃以公文函示限定「原住民保留地合法使用人」資格，並說明「造林獎勵金」與「禁伐補償費」的申請資格，而排除本案「設定保留地權利『申請人』資格」。

　　說明二、執行管理機關對於原住民質疑機關未調查事實真相、並依據有遺漏登載之地籍簿冊保障原住民族土地權利的疑慮，還是提出從所有地籍簿冊調查，而認定「該土地無台端及台端祖先等早年使用權原紀錄，現況亦無實際使用事實」。

　→管理機關還是依據管理辦法及公文函示的行政命令、延續以有遺漏登載之地籍簿冊為唯一法律事實的論述，即便原住民已經提出地籍簿冊有遺漏登載、台電有違法侵占的文字證據；並且對於本案的地籍簿冊是否有遺漏登載不提出解釋，只視之為理所當然地合法論述、或是公所權限之外。

　　其實管理辦法並沒有規範如何使用地籍簿冊之證明，而是土地法在登記的絕對效力之西方財產權習慣，並且作成原住民無看到的

公文函示之潛規則，而限制了法律位階的原基法要求政府承認原住民族土地權利、以及在立法、司法、行政逐行法律改革，反而以行政命令凌駕法律承認的原住民族集體權利保障。

　　說明三、指出鄉公所管理保留地的法令依據只能從管理辦法，必須先完成地籍簿冊登載才處理。台電之前的原住民使用情況，則管理機關沒有授予調查的法令依據與調查權利。對於原住民提出舊空照圖、日治地圖、日治戶籍資料、以及耆老法院公證的口述陳述，則「非本所權限範圍及能力範圍，恐由上級主管機關主導為宜」。

　　➔鄉公所對於鄉土審會是否有能力調查，作成權限範圍之外的理解，顯見公所對於管理辦法賦予原住民(族)土地權利的邊界，是限縮在地籍簿冊的法律事實，土審會作成意見只是此程序的橡皮圖章或內部殖民。並不是法令規範無法與時俱進的修正，而是主管機關及行政院部門對於之前剝奪土第權利的穩定。

　　說明四、本所已規劃太魯閣族文化館在案，公共造產之公益。對於原住民之質疑地籍簿冊遺漏登載的部分，已經依行政程序法回復。

　　➔管理機關視原基法補救與保障原住民族土地之歷史正義當為分配之私益，堅持公共造產之公益優先。

附錄十一：1953 年「臺電公司銅門工程處租用銅門村保留地案」公函命令

　　政府在 1948 年通過的山地保留地管理辦法而法制化原住民土地制度，並依據該辦法第二條：「山地保留地，係指本府（草案本為『日治時代』）因『維護山地人民生計』及『推行山地行政』所保留之『國有』土地及其地上產物而言」。公營事業機關台電要使用保留地，必須限制在原住民「均未予於利用，且對山胞一切鈞無妨礙」的生計為護之下，才推行山地開發之行政。

　　花蓮縣政府 1953 年以（42）府山經字第 18481 號函臺灣省政府民政廳，轉附「臺電公司銅門工程處租用銅門村保留地案」之 1025 坪保留地租用申請，作為臨時辦公室及工寮用地。臺灣省政府民政廳 42 民丁字第 6176 號函，依據花蓮縣政府的調查，該地是「日據時代清水發電廠之舊地，村民均未予於利用，且對山胞一切鈞無妨礙」，故回復「准予同意」，並令繳納租金。兩件公函附錄於下。

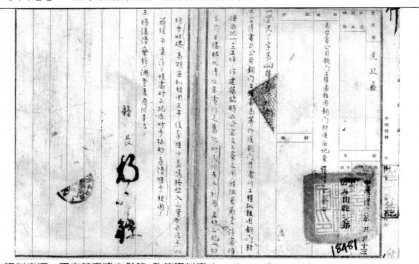

資料來源：國史館臺灣文獻館 數位資料庫 http://www.th.gov.tw/
附錄圖 H：花蓮縣政府 1953 年（42）府山經字第 18481 號函臺灣省政府民政廳

說明二、台灣電力公司銅門工程處為籌修復銅門發電所工程，擬租用銅門村保留地 1025 坪，作建築臨時辦公室及工寮之用，經派員勘查，該處確為前日據時代清水發電所之舊地，村民均未予利用，且對山胞一切均無妨礙。為期？擬租用三年⋯..按照入山管制辦法予以管理，平素該工程處對山胞亦時予協助，應請准予租用。

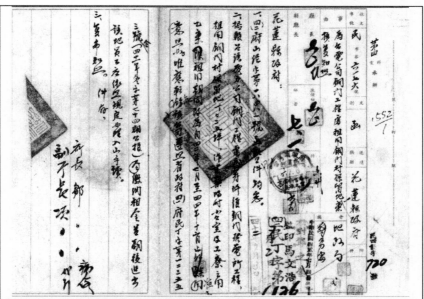

資料來源：國史館臺灣文獻館 數位資料庫 http://www.th.gov.tw/
附錄圖 I：臺灣省政府民政廳 42 民丁字第 6176 號函。

說明二、據報台灣電力公司銅門工程處為籌修復銅門發電所工程，租用銅門村保留地 1025 坪，作建築臨時辦公室及工寮之用乙案，除租用期間改為自四二年七月至四四年十二月止之外，准予同意照辦。唯應轉知該公司遵照省政府(四一)府民丁字第一二三五五三號令(四十一年多字第七十四期公報)，另繳納租金，並嗣後進出該地員工應依照規定辦理入山手續。

　　花蓮縣政府 1953 年以（42）府山經字第 18481 號函臺灣省政府民政廳，「經派員勘查」，報知：「該處確為前日據時代清水發電所之舊地，村民均未予利用，且對山胞一切均無妨礙」。在日治時期殖民政府是鼓勵將私人企業來東部開發，並鼓勵有效利用保留地或國有蕃地開發電廠。至於電廠開發之前是否真的沒有原住民已經開墾耕作之既存占有的情況，並無法由企業排除使用之後的舊電廠開發狀態來確認，多元文化當代憲政國家之「法律／事實」的確認，應該在現有地籍簿冊之外，訪查部落耆老口述歷史、日據時期戶籍資料、舊地圖、或空照圖來確認。

　　以第五章參考案例二的秀林鄉富世村舊立霧溪發電廠的備勤宿舍用地，是在 1939 年之後申請總督府租用，而在之前該土地確實是原住民已經開墾耕作、既存占有的傳統土地。以 92 歲過世的耆老陳松梅口述記錄：1939 年秋冬時節駐在所警察要求耕作族人借用，台電開發電廠完成就歸還。耆老公證、日據戶籍資料、舊地圖、空照圖、電廠開發史，也強化這樣的「事實」：地籍簿冊是有所遺漏登載的「法律／事實」。而現在管理機關依據地籍簿冊未登載耆老口述內容，既認定該土地的使用是「村民均未予利用，且對山胞一切均無妨礙」的情況。

　　另外，臺灣省政府民政廳 42 民丁字第 6176 號函提到，臺灣電力公司應「遵照省政府(四一)府民丁字第一二三五五三號令(四十一年冬字第七十四期公報)，另繳納租金」一事，臺灣省政府民政廳有進一步規範山地保留地地租用事宜。該命令參考附圖 J。

　　依據(四一)府民丁字第一二三五五三號令指出，管理辦法第 22 條（註：依據傅寶玉等編輯（1998：582），是第 23 條）規定：平地人民耕種或利用山地保留地應納租金並充鄉公所之專款。管理辦法並未對公營事業或公務機關租用保留地做任何規定，而該命令作成參佐平地人民租用的規定。對於公營事業機關如臺灣電力公司、臺灣紙業公司等係營利社團，並非各級政府機關，其使用山地保留地時，應比照台灣省政府各縣山地保留地管理辦法第 22 條之平地人民租用程序繳納租金；至於各級縣政府機關如公路局、樟腦局等如需用山地保留地時，應依照土地法第 26 條之規定報請撥用，不必訂立租約繳納租金。為無論公營事業機關或各級政府機關嗣後使用山地保留地時，管理機關必須確定沒有原住民使用的保留地，並均應事先徵得省府民政廳同意。

臺灣省政府令

中華民國四十一年十二月廿五日
(四一)府民丁字第一二三五五三號

事由：據議員謝漢儒詢示山地保留地管理辦法旌疑一案，令仰遵照。

宜蘭縣政府
府屬各機關、各縣政府（除宜蘭、臺南、雲林、彰化、澎湖縣）：

一　民政廳呈據宜蘭縣政府

南澳鄉公所電稱略以：「前奉頒臺灣省各縣山地保留地管理辦法第廿二條規定

（四一）寅有宜府山二字第一三○號代電略以：「據本縣
決定其應納租額收充鄉公所之專款，呈准先作山地建設費用」。茲查本鄉保留
地內有其他邊墾（公路局、樟腦局）建屋，是否依照本條文規定履行，及該機關

：「平埔人民耕種或利用山地保留地未納租金者，由鄉公所在明按照當地情形
使用保留地時應向何機關請准，諸多疑義，謀請示遵」」

二　查公營事業機關如臺灣電力公司、臺灣紙業公司等保營利社團，並非各級收
府機關，其使用山地保留地時，應比照臺灣省各縣山地保留地管理辦法第廿二
條之規定徵納租金；至各級政府機關如公路局、樟腦局等如需用山地保留地時
，應依照土地法第廿六條之規定報請撥用，不必訂立租約徵納租金。惟無論公

營事業機關或各級政府機關劃撥使用山地保留地時，均應強先徵得本府民政廳
同意。

三　令仰遵照。∥

主席　吳國楨

資料來源：國家圖書館 政府公報資訊網 http://gaz.ncl.edu.tw/

附錄圖 J：省府四一府民丁字第一二三五五三號令（省府 41 年冬字第 74 期公報）

　　由此可知，台電自稱在沒有租約的情況(參考圖 4-9：台電 D 東電字第 09809000021 號函回覆鄉公所之調查)下，自 1952 年 11 月開始占用該土地、興建房舍，作為發電廠備勤宿舍之用，而到 1974 年土地總登記之後才向縣政府租用土地（依據地籍簿冊登載，既圖 5-3：案例二系爭土地的『山地保留地現況調查表』）。在時間先後順序上，台電在 1952 年 11 月就占用原住民耕作土地，而省府民政廳做成該命令函示是之後的 1952 年 12 月。所以，臺灣電力公司應該占用立霧溪電廠備勤宿舍用地是未經過省府民政廳申請同意逕行占用，違反台灣省政府民政廳(四一)府民丁字第一二三五五三號令，沒有經過合法申請、租用、或撥用的過程，來占用已經有原住民使用的該山地保留地。

　　再經由附錄九、與該土地有歷史淵源的當事人及家族後代的佐證資料及耆老口述調查，台電是在 1957~58 年之間，強制排除原先在此開墾耕作的原住民使用既存占有之傳統土地，未經過協商合意、補償地上物的過程，就強制架設鐵絲圍籬、摧毀果樹與作物。這也違反當初山地保留地開發管理辦法的原則：公營事業機關與各級政府機關在「村民均未予利用，且對山胞一切均無妨礙」之下，才可以租用閒置的山地保留地，如秀林鄉銅門村發電廠用地的租用。對於像立霧溪發電廠備勤宿舍用地在已經有原住民傳統耕作使用的保留地，管理辦法並沒有規範政府要如何保障原住民生計之下，出租使用這種原住民「既存占有」之傳統土地的規定。所以，台電在 1957 年左右強制排除原住民「既存占有」的傳統土地權利，是違反臺灣省政府民政廳 42 民丁字第 6176 號函的規定。另外，從現在原住民族基本法的角度，這些侵犯正是需要糾正的「過去之惡」。

　　有關文字證據遺漏登載部分，也因為台電在土地清查、總登記之前，強制排除原先在該土地上開墾耕作的原住民，侵犯其「既存占有」的傳統土地權利，才使得原住民族土權利在總登記前後產生「非線型」的土地權利轉變，也彰顯保留地制度擬制的「蕃地國有」的概念，產生對於原住民族土地權的制度性侵害。所以，主張回復傳統土地權利的原住民無法在地籍簿冊尋得其家族歷來使用傳統土地的文字證據，是國家制度強制排除、或未加以法制保障的結果，並不是原住民自由意願、事先知情、取得同意的情況。

　　政府在通過原基法之後，對於原住民族傳統土地的使用證明及變遷調查，不應該再以文字證據為唯一的「土地使用權原證明」，應該參考美加紐澳等政府的原住民族土地制度改革，以多元文化原則，承認文字證據與口述證據具有相同的法律效力與證據能力，並建立獨立調查機關，將耆老口述傳統土地使用與被剝奪之歷史予以文字化、影像化、網路化並確認其證據力強度，以重新獨立清查、調查並確認「法律／事實」為何，主動協助不熟悉國家土的制度與司法調查程序的原住民之糾紛調處，並重新進行文字證據與口述證據有等同證據能力的土地總登記。

附錄十二：土地總登記之前機關之間以換地方式保障原住民土地使用權利案例

　　土地總登記之前，1950 年南澳鄉金岳村原住民已經使用的保留地，在某些原因下（註：從圖示來看，應是金岳村由原居住深山山地區域集體移住到接近平地出海口區域的過程。），以「維護原住民維生計」為理由，由民政廳與農林處出面，將此原住民已經使用的保留地進行機關之間的換地方式，與農林廳所轄營林用地交換（依據收文字號：<u>39 民出簽收字第 367 號</u>，案由：民政廳所轄北峰區南澳鄉金岳村保留地與農林廳所轄營林用地交換合約書，資料來源：<u>國史館臺灣文獻館 數位資料庫 http://www.th.gov.tw/</u>）。這也符合 1948 年山地保留地管理辦法第二條：山地保留地為『維護山地人民生計』及『推行山地行政』的目地。所以，機關之間對於原住民已經再使用的土地會採用「換地方式」來「維繫生計」，以保障原住民土地使用權利，會採換地之權宜。但此種保障不是原基法規範政府的承認原則，也不保證機關不會強制排除原住民使用既有土地。

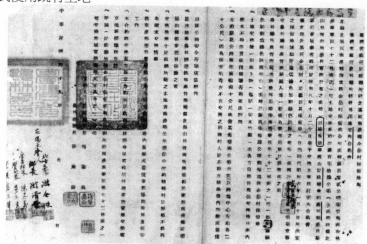

附錄圖 K：民政廳所轄北峰區南澳鄉金岳村保留地與農林廳所轄營林用地交換合約書

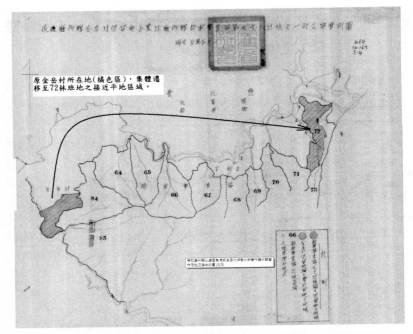

附錄圖 L：民政廳所轄北峰區南澳鄉金岳村保留地與農林廳所轄營林用地交
　　　　換實測圖

附錄十三：太魯閣族傳統土地財產權利制度與民法物權的比較 （註：筆者在 2011/2/16 修正時加入）

筆者在碩士畢業之後，參與台灣大學法律學院蔡明誠教授與東華大學民族學院蔡志偉老師的研究計畫案—「原住民族傳統財產權納入民法物權之研究及條文研擬計畫」，研究原住民族財產權與民法物權篇的關係。而在期間，筆者將太魯閣族耆老對於傳統財產權利安排與制度，藉由民法物權篇的架構，既權利主體、權利客體、權利內容的概念，並且由個人主體擴張到傳統社會組織的角度，來詮釋太魯閣族傳統財產權利安排之社會核心價值與社會規範。這種整理比較將原住民傳統財產權利安排之習慣對照到民法物權概念，可以觀察到在多元文化原則與承認原住民族土地權利的概念下保障社會正義，本研究第三章太魯閣族傳統土地制度也存在民法物權規範的社會組織與權利結構性概念，而且民法所重視的私有財產權制度也只是傳統太魯閣族傳統土地制度的其中一小部分。這也就是本研究在第三章論述到原住民族傳統土地財產制度是私有制與公有制並存的制度與習慣之原因，但不表示西方財產權體系的土地制度可以完全理解或保障原住民族土地財產權體系或傳統土地權利。

為了將本研究第三章太魯閣族傳統土地制度與第四章國家民法物權與土地法的規範，作上述關聯的比較，而在本論文增加此篇附錄。訪談整理主要有兩個部分，一個是楊盛涂校長對於傳統太魯閣族社會組織與財產習慣作介紹；另一部分是將葉保進耆老等訪談太魯閣族傳統土地制度並以民法物權的概念整理。這樣的整理也可以回應到 2009 年民法物權篇第 757 條依據法律與習慣的物權法定主義的修正。

富世部落座談會：

時間：2010/11/21 (周日) 下午 2：00~5：00

地點：花蓮縣蒙厚愛文教產業發展協會會址

出席人數四人：葉保進牧師(退修牧師、文化工作者)、吉洛牧師(文化工作者)、白世義校長(退修國小校長)、邱金蘭女士

A、太魯閣族部落傳統社會財產規範：

● 耕地：早期太魯閣並無文字，土地以石牆、造林，果樹為界限，休耕時多是種白揚樹，因為實心的樹比較難長，但樹又比石頭更難移動，所以大部分都是種空心的白揚樹，大家心中都有 *gaya* 規範，不會有私心，而對於超界了會有很深的詛咒。

● 獵場：多為氏族所有，且只要有部落認同的人都可以使用，也就是獵場所有人的親朋好友或該落部友善人都可以使用，而獵場則由該氏族命名。如果一個部落裡有二個氏族，看上同一片獵場，則以先到的先得，

● 但如果真的發生爭議或問題(*Mreurng*)的時候，一開始當然個人先解決，不行由鄰居證明(*kari*)，不行再來由長老協調，可能是重新分配，因為心裡都有 *gaya* 規範，所以大部份都會很願意分配，但是如果真的還是不滿意，則打獵證明或獵人頭，而成功獵到動物或人頭的一方，則部落的人都會相信他，反之，如果輸了的那一方，則要受到社會上很大的壓力，大家都覺得他在騙人，用社會的力量去制約。

● 吵架的時候，雙方因為心中都有 *gaya* 在規範，所以通常很快就會合好，合好的時候會共食所飼養動物的血，以單方賠償(*Smahug*)或互相賠償(*mssahug*)來重建雙方社會上的關係

● 早期，生活在山地的關係，一個部落十戶就是個大部落，沒有空間就可能有人必須移居，也因為這樣，所以公有共有的概念比較少，惟水源及道路為公有。

● 如果所有人要離開現有地，遷移(*thjil*)的時候，土地大多都會交由自已的兄弟或世族中的人，使用或代為保管，等到永遠自己後代要回來，因為 gaya 規範，氏族中的人就會交還給後代。如果強制遷移，

則在傳統概念上該傳統土地還是歸最後的原耕作家族的名義所有。

- 以前的生活僅有所有(*tndxgal*)和出租、出借(*plabu*)的概念。以就是現代所稱的所有權語地上權的概念。但之前沒有抵押的行為。
- 而在太魯閣族以前生活時，有種無體物稱為靈力(*bhring*)，就像是很會打獵的人把自己獲得的獵物尾巴交由自己的徒弟，則徒弟的打獵技巧及功夫都會有很大提升，當下，以物易物地象徵性的東西回贈即可，但之後徒弟打獵獲取的動物都要分給那位給他靈力的人。

B、太魯閣族傳統財產權利的基本概念：

- 傳統太魯閣族社會沒有文字記錄，但在社會規範與口頭約定的過程中，建立以先佔權的時間、開墾耕作的勞動、公開的使用與告知、當面確認並建立邊界等過程，而建立該族群對財產所有權利的社會共識與規範。此規範在生活上稱為 *Gaya*，而傳統信仰上是由 *Utux* 在監督族人是否遵守 *Gaya*，並作適當的裁判與懲處。太魯閣族社會在 1970~1980 年代之前生活上還保有此規範的運作。
- 太魯閣族傳統財產權利有所有權的概念，以先佔者之名字決定(*ne ni ma*)。不需要文字登記，但所有者藉由規範與公開取得社會共識。
- 太魯閣族傳統財產權利的安排，與社會組織、規範與傳統文化相關；以現在概念來說，是包含了私有制與共有制的混合模式。

訪談：報導人楊盛涂校長 (國中退休校長、文化工作者)
時間：2010/11/26 (周五) 上午 9：00~12：00
地點：楊校長自宅

A、太魯閣族部落傳統社會組織：

● 族群->部落聯盟->部落->家族->家庭->個人　沒有細分社會階級,平權社會

● 領導者 *mgalan kari*：1.代表所領導部落對外發言 2.主持部落內部團體活動舉行 3.部落法令的執行 4.部落內部爭議最後的協調。

● 長老 *rudam*：令人尊敬、有名聲、熟悉規範。　祭司 *msapuh*：負責傳統醫療。

B、領導者的產生：

● 時機：過世、年老、人口增加而遷徙產生新部落。　條件：理性、聰明、勇敢、分享、不隨便、敬畏祖靈、其他人信服

● 方式：長老們會議之間討論與推舉,不一定是原來領導者的後代,主要以個人的能力及祖靈的意願決定。並在平常生活中觀察、誰的能力與行為符合條件。

● 部落會議：領導者以集合長老討論公共事務,糾紛調處、團體狩獵捕魚、歲時祭儀與耕種。在領導者家前、部落守望台。

C、社會組織的內部規範：

● 以 *gaya* 作為約束規範族人行為的標準法令,背後相信有 *utux* 祖靈決定遵守 *gaya* 的判決與結果

● 沒有文字紀錄、依據族人的良心、以及相信 *utux* 祖靈與遵守 *gaya* 的態度。

D、對於本研究在太魯閣族傳統財產習慣整理的圖與表格內容,也採取支持與同意的看法。

原住民族傳統財產權納入民法物權之研究 --- 太魯閣族

一、權利主體

附錄表 D：現代國家財產權權利主體與太魯閣族傳統財產習慣的權利主體

權利主體與財產/資產之所有方式與權利主體							
現代國家法律之權利主體 一物只有一所有權，主體 可以是自然人或法人				太魯閣族傳統財產習慣之權利主體 以先佔者之名字決定 (*dxgal ne ni ma*) 是 誰所有，來代表權利 (*tndxgal*)			
所有型式	權利主體	法條	意涵	所有型式	權利主體	意涵	對象
單獨所有	自然人或法人		一人享有一物所有權	個人所有 (*ne na ku*, 我的)	個人、家長	以某個人(家庭戶長)的名字歸屬、並管理支配	個人勞動物、家屋、耕地、作物、獵場
共同共有	自然人或法人	§827	沒有應有部分，應得公同共有人全體之同意	共同、分別共有 (*ne ni da*, 我們的)	氏族	以某家族的名義使用管理支配	獵場、獵團狩獵
分別共有	自然人或法人	§817	應有部分很明確，共有人得隨時自由處分	共同共有 (*ne ni da*, 我們的)	部落	以某部落的名義歸屬、依規範共同管理支配	道路、瞭望台、水源、河流域、副產物
區別共有	自然人或法人		數人區分一建築物而各有其專有部分				

準共有	自然人或法人	§831	所有權以外的財產權				
總有			註：我國民法尚未採用。	近似總有	部落	以部落名稱，確立傳統規範與活動領域範圍、以獵場之外圍邊界為主	部落傳統領域土地與自然資源
共同所有	全體國民		國家與領土、以全體國民的名義交由政府管理	近似總有	族群	以族群之名，確立傳統規範與活動領域範圍、以獵場之外圍邊界為主	族群傳統領域土地與自然資源

註：物權的所有歸屬，與社會組織、傳統規範、生活環境有密切的關係，由此可見原住民族文化權應包含原住民族土地權利的概念。

耆老在座談過程對太魯閣族傳統土地財產制度的描述，整理如下：

1. 太魯閣族群沒有文字與登記制度，但有社會組織與社會規範，對於「物」會有價值的與所有歸屬的概念，依據 gaya 規範安排。

2. gaya 規範是以「先佔」為規範，先佔者的名字作為指稱「物」的所有與歸屬。也有交易(換)、贈與、繼承的物權轉移。「物」有個人所有與家族、部落、族群共有的情況，，。

3. 先佔權利是依據時間優先、勞動能力，並依據傳統 gaya 規範，取得部落所有族人的認同而擁有。

   3-1. 依據傳統 gaya 規範，住宅、耕地、獵場的選擇，必須確認該物沒有人擁有使用的情況下，才可以施行先佔權。如果發生物權的衝突，則在部落組織內部協商調解之時，會以是否有詢問與確認來判斷侵犯者的犯罪之嚴重性。

   3-2. 時間優先：在確定物沒有人的名字下，先發現者可以依據所要的範圍，在邊界作上記號(結草、砍樹、立石柱、種地瓜)，則其他人就不可以任意進入或侵犯。

3-3. 勞動能力：土地面積與範圍，依據自己的能力及家族人口的需要而開設，不過度貪心與占有。在邊界確認之後，會招集家庭成員依勞動能力開墾、建住宅。如果平坦面積很大，也會歡迎其他親友或原部落族人共同遷移過來。

4. 獵場：也已先占來確定，而獵物是自由生息與活動的。獵場是以氏族、個人為安排所有權利，也決定誰可以依據 gaya 狩獵。一般是一塊山頭是某一個家族(氏族)的名稱，就算是同部落的其他族人，也不可以任意侵犯。家族(氏族)獵場會再區分個人獵場的範圍，與狩獵方式及原生家庭男子分家有關。而狩獵活動方式有個人與集體、靜態陷阱與動態追獵，來安排獵物的擁有，但也會依據 gaya 分配給其他族人分享。獵人對於獵場周邊環境與邊界需要很熟悉。

5. 獵物：追獵的獵物進入別人獵場或部落之時，有不同的處理方式。不同部落之間會由領導者代表先約定好是否可以允許互相進入追獵以及獵物的分配方式、甚至就規範不可以進入追獵。這由部落之間的友善關係決定。而獵人會依此規範追獵，否則會產生衝突。

6. 水源、道路：不可為個人、家族獨佔，必須為共有。道路經過別人土地，必須詢問並取得同意。

7. 河流：　也不是部落、家族獨佔。漁獵方式會集體以改變一段河道方式，抽乾就河道而抓取魚獲，並共同分享。而河道為相鄰部落所共有，集體漁獵需要知會，並且以有限範圍為限，不以滅絕的方式進行。使用毒藤始於昏迷，也會注意使用的量。

8. 領域：不同部落、族群，都有約定的活動領域之邊界。還是以先佔權還確認。而在此領域內，族人依據傳統生活規範生活，而以部落或族群名稱稱呼。

9. 「物」的所有者的名稱會依社會 gaya 規範決定及轉移，世代的生活之後，也會由最先發現者的名稱、或事件而改變。部落名稱會以地形、地物、環境動植物狀況、當代事件、人物來決定，如洛韶、新白楊、布洛灣、赫赫斯、哈洛固台等。

二、權利客體

附錄表 E：現代國家法律財產的權利客體類型與太魯閣族傳統財產習慣
　　　　　的權利客體類型

權利客體與財產/資產之權利客體類型整理						
現代國家法律財產的權利：客體類型為人力所支配，獨立滿足人類社會生活需要			太魯閣族傳統財產習慣的權利客體類型：在傳統社會規範 *gaya* 與社會關係上，物的種類也分無體與有體之類型			
資產型式	權利客體	取得規範	資產型式	權利客體	權利所有者	規範
無體物	名譽	出生、人格基礎	無體物	名譽、名聲		絕對捍衛
無體物	能力	經歷、證照	無體物	能力、技術		勞動培養與生活教育
無體物	知識	學歷、著作	無體物	(*Gaya*)知識		學習耆老與生活實踐
			無體物	(*bhring*)靈力		勞動學習或長輩傳授
有體物	動產	勞動、交易	有體物	勞動工具	個人	個人技術與勞動使用
			有體物	農作物	個人、家庭	家庭在耕地勞動收穫
			有體物	狩獵物	家庭、氏族	男子在獵場狩獵勞動
有體物	不動產	登記制、所有權	有體物	耕地住宅	個人、家庭(家長之名)	先佔開墾、協商交換
			有體物	獵場	個人、氏族	先佔確認、管理保育
			有體物	河川流域	部落、部落同盟	公共資源、共同保育
自治領域	原住民族自治區域	原住民族土地：傳統領域+原住民族保留地	自治領域	傳統領域土地	部落族群共享共有	外人任意侵犯有被視為敵人而被馘首可能
	國家領土	全體國民所有				

註：原住民族在沒有文字使用習慣下發展的土地制度，其登記制度也許沒有文字登記的財產歸屬行為，但規範上還是有歸屬的概念。所以，原住民族傳統土地制度並不是以文字登記為主要標準，而是在 Utux 見證下，社會共識所約定的先佔權 gaya 規範為依據。

三、權利內容

附錄表 F：現代國家法律財產的權利內容類型與太魯閣族傳統財產習慣的權利內容類型

權利內容與財產/資產之權利內容						
現代國家法律財產的權利內容（該支配關係為「權利內容」）直接支配權利客體之權利，稱為支配權			太魯閣族傳統財產習慣的權利內容			
支配關係	權利內容	權利與義務	支配關係	權利內容	權利取得規範	權利與義務
支配權	所有權	絕對的權利	支配權	(tndxgal) 近似所有權	先佔時間、有效勞動、公開宣告、社會共識保障	近似所有、同時強調分享
用益物權	地上權		用益物權	(plabu) 近似地上權	約定租借、當面口頭承諾、有 Utux 作見證	近似契約關係、強調維護社會關係責任
	典權					
擔保物權	抵押權		不需要擔保物權概念	無抵押權	註：傳統社會規範與社會關係，所有借租用、交換都是需要當面協商，即依約定(契約)執行，遵守口頭承諾是受 gaya 規範、不需要抵押。	
	質權			無質權		
	留置權			無留置權		
準物權	礦業權		不需準物權概念	無礦業權	註：原住民族沒有國家掌控領土與自然資源對應到人民使用的抽象概念；但與自然資源共存。	
	漁業權			無漁業權		
保留	使用權	實質上，保留地	土地	集體權	原住民族土	傳統習慣調

地財產權		制度下，原住民只有使用權。	與自然資源權		地與自然資源權利	查與形成習慣法

※物權的種類也依九十八年新修正條文，物權得依習慣法創設。

附錄十四：國外案例 Mary and Carrie Dann v. United States 案[8]

　　本案在本論文參考案例有相似的原住民族土地權之議題，且很有代表性，故特別摘錄在本論文附錄。本案主要在釐清何謂原住民族傳統土地權利、以及政府在歷史上公平處理對待的問題，以及現在如何來重新認定原住民族傳統土地權利主張的基礎與原則，並探討政府對於歷史上不公平對待原住民族土地權利的補救與補償問題。雖然，我國政府在日治時期並未與原住民族進行合意過程、也並未簽立傳統土地的契約，但在以維護原住民生計而建立保留地、附錄十一之 1953 年「臺電公司銅門工程處租用銅門村保留地案」、省政府四一府民丁字第一二三五五三號令、附錄十二的換地原則，都是政府單方面對於原住民族使用、占用、擁有傳統土地之承諾，更不要提到原住民族基本法（2005）、聯合國原住民族權利宣言（2007）、兩公約施行法（2009）在保障基本人權、反歧視、保障集體文化上，重新對於原住民族土地權利的立法修正與法制保障。

一、摘要：

　　1993 年美洲國家組織（the Organization of American States，OAS）的美洲人權委員會（the Inter-American Commission on Human Rights）受理美國公民 Marry and Carrie Dann 姊妹[9]的請願（petition）。Dann 姊妹(the Danns)是生活在內華達州，Crescent Valley 中 Western Shoshone 族部落的某牧場，而兩位姊妹所屬的 Danns band 是屬於 Western Shoshone 族的原住民。她們請願其與所屬部落的傳統土地原先是屬於 Western Shoshone 民族所使用與佔用的傳統祖先土地，但是美國政府藉由以下不公平手段妨礙她們使用、占用祖先傳統土地：藉

---

[8]　本附錄參考美洲人權委員會報告，下載自
　　http://www1.umn.edu/humanrts/cases/75-02a.html。文件名稱為 "Mary and Carrie Dann v. United States,Case 11.140, Report No. 75/02, Inter-Am. C.H.R., " Doc. 5 rev. 1 at 860 (2002).，下載日期 2011/06/26。

[9]　Marry and Carrie Dann 姊妹因為本案而獲得 the Right Livelihood Awards 1993。http://www.rightlivelihood.org/dann_speech.html

由在印第安土地主張委員會(the Indian Claims Commission，ICC)成立之前表明該傳統土地屬於聯邦政府所占有、或藉由強制自該土地遷移而到取、或藉由承諾或默認外來開發者進入傳統領域。所以，訴願人主張，美國政府違反了國際人權規範，尤其在 OAS 的美洲人民權利與責任宣言(the American Declaration of the Rights and Duties of Man) [10] 都已經規定第 2 條(法律上平等與反歧視權)、第 3 條(自由權與實踐)、第 6 條(家庭保護權)、第 14 條(工作權)、第 18 條(公平審理權)、第 23 條(財產權) (para. 2) 。

另一方面，美國政府否認 Dann 姊妹的指控是與人權保護無關，而只是牽涉到國內土地使用問題的處理以及依法處理之冗長法律程序而已，且政府各部門都已經在關注。此外，Dann 姊妹所使用的內華達州內的農場是她們父親時期(政府)給予的專屬土地，她們也擁有該土地的 title, ownership and possession(財產、所有權、擁有權)。只要 Danns 姊妹配合 the Bureau of Land Management (BLM)的規定就可以保證持續在公有土地上使用與畜牧。而政府更確認地指出，Danns 姊妹與 Western Shoshone 族所宣稱的傳統土地權利，已經在 1872 年被非原住民所占用的討論中，失去了土地的財產權利(interest)，而整個過程是在 ICC 成立之前經由公平的程序完成。美國政府進一步解釋，1979 年 ICC 在內政部長的見證下、依據 1872 年的環境標準提供(award)了 2614 萬美金的失去土地補償（compensation），已經補救了該傳統土地權利之爭議 (para. 3) 。但是，八成的 Western Shoshone 原住民當時已經藉由投票反對接受該筆賠償，並表達不希望賣出或割讓（cede）傳統領域，且要求美國政府正視 1863 年簽訂的 the Treaty of Ruby Valley（1869 年政府宣告）。

美洲國家組織的人權委員會依據調查證據與論點之後，作成調查報告認為：美國政府在公平處理 Danns 姊妹的財產權利（the Danns' right to property）的要求上，未盡到在 OAS 美洲宣言(the American Declaration)

---

[10] American Declaration 是世界人權宣言(Universal Declaration of Human Rights，UDHR)通過之前，1948 年第九屆美洲國家國際會議（International Conference of American States）通過的美洲宣言，並依此宣言逐漸發展並成立美洲國家組織（OAS），以及通過美洲國家組織憲章（2001）。

第 2 條[11](平等權與反歧視)、第 18 條[12](公平審理權)、第 23[13]條(財產權)相關保障 Western Shoshone 族傳統土地之財產權利的國際責任(Para. 5),並提供建議的處理原則。

二、主要爭點:

本案在本論文參考案例有相似的原住民族土地權之議題,主要在釐清何謂原住民族傳統土地權利、以及政府在歷史上公平處理對待的問題,以及現在如何來重新認定原住民族傳統土地權利主張的基礎與原則,並探討政府對於歷史上不公平對待原住民族土地權利的補救與補償問題。

(一) 政府的公平對待:

美國政府宣稱在 1872 年與部分部落簽訂流失土地的條約與傳統土地被非原住民侵占的情況。政府宣稱原住民族已經失去了傳統土地的財產權利,現在許多傳統土地已經「**合法過程**」而屬於公有土地,且在歷史上與法律上此處理程序是「**公平**」的結果、並排除此爭議與人權保障有關。但是,委員會重新審理歷史過程與證據,確認此爭議與國際人權規範與原則相關,而規範所謂原住民族傳統土地成為公有土地的公平過

---

[11] 條文內容為 Article II:All persons are equal before the law and have the rights and duties established in this Declaration, without distinction as to race, sex, language, creed or any other factor.

[12] 條文內容為 Article XVIII :Every person may resort to the courts to ensure respect for his legal rights. There should likewise be available to him a simple, brief procedure whereby the courts will protect him from acts of authority that, to his prejudice, violate any fundamental constitutional rights.

[13] 條文內容為 Article XXIII: Every person has a right to own such private property as meets the essential needs of decent living and helps to maintain the dignity of the individual and of the home.本條文特別指出:私有財產是對個人以及家庭維持適當的生活不可或缺以及維護其尊嚴的必需品,且是每一個人擁有的權利。原住民族土地並不必然以西方文字登記制、定耕勞動、市場價值的私有制才保障,而是依據人權與反歧視基礎並考量該民族歷史、文化、社會、經濟、經驗等因素,而確認原住民族土地權利包含各種可能傳統使用、占用、擁有的管理模式,並在國內法律層面調整多元法律體系的建立(Para. 124-132)。

程,必須經過充分告知與相互同意才是公平的對待。反過來,委員會也針對政府不公平安排傳統土地權利的補救與糾正:國家基於管理制度必須安排原住民族個人或團體的充分參與並提供充分告知與相互同意的法律程序。委員會也糾正政府,對於原住民族傳統土地權利是否存在,也必須承認傳統土地權利、並經過考究歷史過程之公平對待。

(二)原住民訴願人的主張:

1. Right to Property:依據美洲宣言(the American Declaration)第 23 條(財產權)與 ILO 第 169 號公約第 14 條,訴願代表認為 Western Shoshone 族傳統土地之財產權利還是存在,只是政府應該在國家法律體系建立必要的傳統土地調查程序,但未採用適當的法律程序保障而受到剝奪。(para.44-47)

2. Right to Equality under the Law:政府與 ICC 認為 Western Shoshone 族傳統土地財產權利已經消失,採用無法律概念的逐漸侵占(gradual encroachment)的法律解釋,是對原住民族歧視的法律對待。尤其,政府依據公共利益徵收原住民族財產的補償標準與非原住民族的財產有很大的差異,更是明顯的歧視對待。(para.53-55)

3. Right to Cultural Integrity:原住民族的文化是依存在其傳統土地的生活與實踐,訴願人主張傳統土地的使用是維繫其傳統文化完整的權利。公民與政治權利公約(1969 年)第 27 條提到少數民族的固有文化權利的保障,也已經包含原住民族使用傳統土地與自然資源的權利。(para.59-62)

4. Right to Self Determination:自決權的權利表示個人或民族可以依據自己的意願來決定自己的命運。對原住民族來說,也包含如何使用其土地與自然資源的安排。而本案來說,美國政府已經剝奪了訴願人對於祖先傳統使用土地與資源的使用方是與安排。(para.63-64)

5. Rights to Judicial Protection and Due Process of Law:美國政府的司法保障與法律處理程序,在法律制度基礎上依據不公平的程序合法化並否定訴願人 Dann's 的法律保障權利;即便有 ICC 的建置,該單位的調查還是依據之前政府已經宣告 Dann's 與 Western Shoshone 族所宣稱的傳統土地權利已經在 1872 年被非原住民所占用與公平地處理而失

去；致使訴願人失去當事人法律主體的地位。對於美國行政體系的否認致使司法體系也剝奪訴願人的法律近用與保障，是違反美洲宣言的第 18 條公平審理的權利。(para.67-75)

三、委員會對爭議的審理

1. 委員會定義有關國內法律承認原住民族土地權利，應包含他們不同或特別模式的土地控制、擁有、使用、享受的傳統土地與財產，而且這些土地與資源是他們歷來佔有的。而這種土地權利轉換到國內法律的承認必須要在完全認知與互相同意下進行。其中，有關對原住民族土地權利的國際法律原則與規範(norms)在註解中指出，是依據：美洲宣言(American Declaration), ILO Convention No. 169, ICCPR 第 27 條及 UNHRC 對此條文作成的第 23 號一般建議，聯合國原住民族權利宣言草案，OAS 美洲原住民族權利宣言草案，以及其他相關的國際法院判決。 (Para. 130)

2. 美國政府與 The Indian Claims Commission(ICC)在處理 Western Shoshone 民族的土地主張，並不符合國際人權規範(norms)、原則與標準。(para. 139) 因為，政府與 ICC 只依據政府與特定的原住民族代表簽約 (para. 142) 即主張傳統土地權利已經消失。而原住民族在土地登記時欠缺有力證明文件，且 ICC 在調查階段也欠缺獨立檢視歷史與其他證明文件的事實調查。(para. 140) 所以，委員會認定政府的處理方式是違反法律上公平對待之歧視。

3. 原住民族土地權利的任何決定或變動，必須要在完全告知與互相承認的基礎上進行。特別強調所有原住民族成員的完全地與精確地告知，成員必須可以以個人或整體的名義有效的參與機會，此也是國際法律處理原住民族土地權利的「事先自由知情同意」原則。(Para. 140) 依據這項分析，政府過去雖然與特定的 Temoak Band 部落簽定條約，並未符合充分告知與互相承認的原則。(Para. 136,141) 以及 ICC 的處理方式並未獨立與充分調查歷史證據以及確認該族宣稱傳統土地財產的存在，而只是依據之前政府所謂公平處理的結論而中立的宣告原住民失去傳統土地權利，是有爭議的。所以，政府與 ICC 無法宣稱是有效且公平地的處理，也無法符合國際人權規範。(Para. 142) 而

Danns 姊妹確實遭受法律上不平等的保障。(Para. 145) 所以，ICC 認定 Western Shoshone 民族傳統土地權利已經消失是不符合國際人權規範與原則的決定。進一步來說，政府依據 ICC 上述的處理而認為原住民族傳統土地成為國有土地是不符合國際人權規範。(Para. 143)

四、委員會結論：

（一）本案結論：

1. 本結論不決定 Danns 姊妹(或 Western Shoshone 民族)的傳統土地權利的範圍與內容，這屬於比較複雜的法律與事實的判斷，交由政府依據國內的法律制度實際決定。而本結論只規範美國政府處理的法律程序與方式必須符合<u>國際人權規範與原則</u>。建議美國政府主要處理原則如下：

  A、美國政府應提供 Mary and Carrie Dann 姊妹有效的補救措施；包含在美洲人權宣言第 2 條、第 18 條、第 23 條在國內法律或其它有效的方法之人權保障，以補救她們及 Western Shoshone 民族傳統土地權利的損害。

  B、美國政府應重新檢視自己國內的法律體系，以確定原住民族傳統土地權利在法律程序與權利保障已經符合國際人權規範、原則與標準。

2. 本結論也確認美國政府現有法律規範與處理程序在本案之訴願人主張爭議是違反美洲人權宣言的規範。

（二）後續追蹤：

　　美國政府對本案還是堅持某些立場，並且認為國內法與 ICC 的處置是合法與公平的，而訴願者還有爭取得空間，且訴願人的傳統土地爭議不屬於國際人權議題(para. 175-176)。但是，訴願人認為在整個國內的法律與政策改革還是有所助益，雖然目前在立法改革過程還未重視並排入處理議程之內，但相信遲來的正義與改革還是有所價值(para. 180)。

五、本論文對本案的觀察：

　　美洲人權委員會對本案的審理結論來看，對原住民族土地權利的定義是<u>依據國際人權規範與反歧視原則下發展</u>，而不是各國政府單邊宣告

立法而定義;且從委員會整個分析脈絡來看,原住民族目前在國內法律上是否還持續擁有或正在使用傳統原住民族土地,並不是國際人權規範與原則所關注的唯一指標;而其原則在於確認其歷來傳統使用土地權利且與該族群文化存續相關者,且此權利變動過程是否原住民族取得充分參與、完整告知與互相同意的公平對待,既「事先自由知情同意」的原則。

　　另外,如果政府單方面使用看似「合法的」程序來否定原住民族傳統土地占有、使用的權利,而產生原住民族傳統土地權利的法律變動或剝奪,都是違反國際人權規範與原則,都需要糾正國內法律與程序、以重新確認原住民族土地權利並進行補救。而美國政府曾經與原住民族合意而簽定條約、並之後成立 ICC 印地安土地主張委員會的機制但沒有獨立判斷與審查政府單方面宣告的原住民土地糾紛,在原住民族土地制度設計與法律運作基礎上還是存在違反人權瑕疵。

六、本案對於我國原住民族土地制度改革的參考:

　　國家已經與原住民族在國家建構與文化接觸之初、進行憲法層級的合意或是簽立條約,並不表示原住民族土地權利必受法制保障,國家還是有可能在與原住民族合意之後,政府藉由行政手段或立法程序侵犯原住民族土地與自然資源權利。所以,在當代多元文化憲政主義的標準來看,美國政府與原住民族還是需要進行法制改革、修正法律制度的邏輯,以維護原住民族土地權利。而此改革與修正的基礎在於依據基本人權保障與反歧視的概念出發,保障原住民族土地權利。

　　過去,政府依據法實證主義的概念安排國內原住民族土地權利的法制化:對於美加紐澳等國政府與原住民族之間是屬於「線型憲法結構」下的「國家建構」,原住民族主張傳統土地權利是依據舊有國家在法律的承認。這樣的法實證主義的權利基礎概念,對於像我國原住民族在十九世紀末才與現代殖民主義國家接觸的「非線型憲法結構」下的「國家建構」,原住民族土地權利基本上會進入到殖民統治的脈絡、乃至於採用西方財產權理論及法實證主義原則、以救濟式分配來重新安排原住民的土地,並將大部分的原住民族土地剝奪而國有化。

　　但是,當我國憲法增修條文肯定多元文化原則與尊重民族自由意願

安排原住民族事務、通過原住民族基本法、兩公約施行法之後,既應以進入多元文化當代憲政國家的標準來看,原住民族土地與自然資源權利的基礎是依據基本人權保障與反歧視的概念出發,以重新檢是殖民時期原住民族失去人格權、文化權、財產權、發展權的基本人權迫害,將這樣的概念運用在我國原住民族土地與自然資源權利的探討,則提供我國原住民族土地權利受法實證主義的自我限制、政府「因現狀而中立」或機關「諾斯悖論」的障礙,產生了實質的效用。我國政府應該站在憲法層次的多元文化原則,修法改革確認原住民族土地與自然資源權利的源頭來自於基本人權的保障,重新檢視原住民族基本法建立之前的森林事業計劃與保留地制度,對於依據地籍簿冊為唯一的土地使用權源證明作的潛規定要明確的修正,將口述證據與文字證據給予相同的證據能力,建立獨立的土地調查委員會確認文字證據與口述證據在土地變遷的證據力強弱。相對地,政府不應持續的依據殖民侵略的「理蕃」政策發展森林事業計劃與保留地制度,依據西方財產權概念建立救濟式分配私有化,並透過原住民族土地與海域法而合理化、正當化、法制化殖民侵略原住民族土地權利。